中国政法大学大健康法治政策创新
中心著作出版基金资助

非自愿医疗程序研究

陈绍辉 ◎著

FEI ZIYUAN
YILIAO
CHENGXU YANJIU

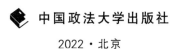

中国政法大学出版社

2022 · 北京

图书在版编目（ＣＩＰ）数据

非自愿医疗程序研究/陈绍辉著. —北京：中国政法大学出版社，2022.10
ISBN 978-7- 5764-0685-6

Ⅰ. ①非… Ⅱ. ①陈… Ⅲ. ①精神病患者(法律)－治疗－强制执行－研究－中国
Ⅳ. ①D924.399.4

中国版本图书馆CIP数据核字(2022)第183240号

出 版 者	中国政法大学出版社
地　　址	北京市海淀区西土城路 25 号
邮　　箱	fadapress@163.com
网　　址	http://www.cuplpress.com (网络实名：中国政法大学出版社)
电　　话	010-58908435(第一编辑部) 58908334(邮购部)
承　　印	固安华明印业有限公司
开　　本	720mm×960mm　1/16
印　　张	17
字　　数	260 千字
版　　次	2022 年 10 月第 1 版
印　　次	2022 年 10 月第 1 次印刷
定　　价	56.00 元

目　录

CONTENTS

导　论

一、研究背景

2012 年 10 月 26 日，全国人大常委会表决通过了《中华人民共和国精神卫生法》（以下简称《精神卫生法》），并于 2013 年 5 月 1 日起施行。《精神卫生法》的颁布填补了我国精神卫生领域的法律空白，是我国精神卫生领域具有里程碑意义的大事，[1] 其对于推动我国精神卫生事业的健康发展，保障精神患者的合法权益，无疑具有非常重要的意义。[2]《精神卫生法》共 7 章 85 条，对心理健康的促进、精神障碍的预防、诊断治疗和康复、精神卫生工作的保障及患者权益的维护等作了较为全面的规定。应该说，《精神卫生法》的制定和实施为法学研究提供了十分丰富的素材和主题，但不无遗憾的是，《精神卫生法》实施至今，学界对精神卫生法律问题的研究似乎并没有取得显著进步。即便是学界和公众最为关注的非自愿医疗问题，从非自愿医疗的概念、性质、类型等基本理论，到非自愿医疗的实体要件和程序，都缺乏深入的研究，更未达成一致观点。以最基本的概念为例，对于违背精神障碍患者意愿所采取的入院和治疗，学界所使用的概念就有强制

---

〔1〕　张世诚、张涛："精神卫生法的立法过程和主要内容"，载《中国卫生法制》2013 年第 1 期。

〔2〕　刘鑫："精神卫生法的理想与现实"，载《中国卫生法制》2013 年第 9 期。

医疗、[1]强制住院、[2]强制治疗、[3]强制入院治疗、[4]非自愿医疗、[5]非自愿治疗、[6]非自愿住院、[7]非自愿住院医疗[8]等，其混乱程度可见一斑。

我国《精神卫生法》的重要成就之一是实现了对非自愿医疗的初步规制，其中第30条规定了非自愿住院的条件，第31～36条规定了实施非自愿住院应遵循的程序。然而，《精神卫生法》构建的非自愿医疗制度仍未摆脱"医疗模式"的思维方式，非自愿医疗程序从启动、诊断到作出决定基本上是医疗机构一家独揽，[9]所构建的法律程序存在以下待完善的问题：①缺乏中立的审查机构及审查程序，患者权利缺乏有效的法律救济；②非自愿医疗的类型单一，未能适应精神医疗的发展趋势，建立多元化的非自愿医疗类型；③患者入院后的非自愿治疗缺乏必要的法律规制，患者的住院存在时间长、出院难等问题。如何解决非自愿医疗程序所存在的突出问题，从而进一步推动相关法律程序的发展完善，无疑是理论和实践值得关注的问题。

从实践看，尽管我国《精神卫生法》明确规定精神障碍患者的住院治疗

---

〔1〕 王岳：《疯癫与法律》，法律出版社2014年版；陈绍辉：《精神障碍患者人身自由权的限制——以强制医疗为视角》，中国政法大学出版社2016年版；周维德：《强制医疗中精神障碍患者人格权保护研究》，中国政法大学出版社2016年版；李霞：《精神卫生法律制度研究》，上海三联书店2016年版；刘东亮："'被精神病'事件的预防程序与精神卫生立法"，载《法商研究》2011年第5期。

〔2〕 刘瑞爽："精神障碍患者非自愿收治程序设计的若干法律问题研究（上）"，载《中国卫生法制》2014年第2期；刘清萍、冉晔、张静："论精神障碍患者强制住院异议机制的完善"，载王岳主编：《精神卫生法律问题研究》，中国检察出版社2014年版，第272页。

〔3〕 张步峰："强制治疗精神疾病患者的程序法研究——基于国内六部地方性法规的实证分析"，载《行政法学研究》2010年第4期。董丽君："我国精神病人行政强制治疗法律制度研究"，湘潭大学2014年博士学位论文。

〔4〕 孙也龙："精神卫生法中入院治疗制度的完善"，载《中国卫生政策研究》2015年第4期。

〔5〕 本书编写组编：《中华人民共和国精神卫生法医务人员培训教材》，中国法制出版社2013年版；谢斌："中国精神卫生立法进程回顾"，载《中国心理卫生杂志》2013年第4期；王安其、李筱永："精神障碍患者非自愿医疗的法律问题研究（上）"，载《中国卫生法制》2015年第2期。

〔6〕 刘鑫："精神卫生法的理想与现实"，载《中国卫生法制》2013年第5期。

〔7〕 刘白驹：《非自愿住院的规制：精神卫生法与刑法（上、下）》，社会科学文献出版社2015年版。

〔8〕 国务院法制办公布的《精神卫生法》征求意见稿中曾使用"非自愿住院医疗"这一概念。孙东东、曾德荣："精神障碍患者非自愿住院医疗与强制医疗概念之厘清——与陈绍辉博士商榷"，载《证据科学》2014年第3期。

〔9〕 魏晓娜："从'被精神病'再现看我国非刑强制医疗制度之疏失"，载《国家检察官学院学报》2015年第4期。

实行自愿原则，但患者的住院仍然以非自愿为主，精神专科医院的患者非自愿住院率高达60%以上，[1]从中可见非自愿住院的普遍性和广泛性。相关研究表明，我国《精神卫生法》并没有降低非自愿住院的比例。以上海市为例，《精神卫生法》实施前2年该市精神障碍患者的非自愿住院比例约94%，除了《精神卫生法》实施后的第1年有所降低外（低于90%），1年后非自愿住院的比例又上升到90%。[2]我国《精神卫生法》的立法目的之一是"保障精神障碍患者的合法权益"，包括尊重患者的自主权，减少非自愿住院的适用，从实践看上述立法目的并没有完全实现。因此，如何实现对非自愿医疗行为的规范，降低非自愿住院的适用比例，是《精神卫生法》实施过程中必须认真对待的问题。

同时，我国《精神卫生法》并未消除不当收治和"被精神病"问题，且现行非自愿医疗制度在实施过程中也暴露出一些新问题，从而难以充分保障精神障碍患者乃至正常公民的合法权益。例如，我国《精神卫生法》授予监护人同意精神障碍患者非自愿住院的权利，这就造成实践中部分监护人滥用其同意权，从而导致精神障碍患者"被精神病"的发生。此类案件多数都是因家庭矛盾、经济纠纷引起，当事人并不符合非自愿医疗的条件却被近亲属或监护人强制送往医疗机构接受治疗，从而导致纠纷的发生。以张某琼案为例，张某琼与其丈夫张某安因家庭矛盾，共同到荆门市口腔医院精神门诊咨询，张某安向接诊医生口述，声称张某琼疑心重、脾气大长达3年，家属无法管理。随后，张某琼在荆门市口腔医院住院部被诊断为精神分裂症，并被强行入院，实施隔离住院治疗28天。[3]本案中，被告医院仅凭张某安的口述和签字同意，在没有证据证明张某琼存在伤害自身或他人的行为或危险的情况下，对其实施强制性住院治疗，已构成对张某琼人身自由权利的侵害。在王某喜案中，王某喜因与家人存在家庭矛盾而被认为患有精神疾病，被其女

〔1〕 马华舰等："精神科医生对患者非自愿住院决定的影响因素研究进展"，载《中国卫生资源》2017年第5期。

〔2〕 马华舰："立法后精神障碍患者非自愿住院的影响因素及对策研究"，上海交通大学医学院2019年博士学位论文。

〔3〕 湖北省荆门市中级人民法院民事判决书，(2016) 鄂08民终392号。

儿、女婿送往宜昌市优抚医院强制住院 10 天。王某喜入院后被诊断为"双相障碍—躁狂发作",后经过被告医院全院讨论诊断为无精神障碍。王某喜出院后以被告医院、女儿和女婿侵害其人身自由为由向法院提起诉讼。[1]本案中,王某喜并不符合《精神卫生法》第 28 条第 2 款规定的强制送诊的条件,因而其女儿、女婿的强制送诊和医院同意治疗的行为违反了《精神卫生法》有关精神障碍住院治疗实行自愿原则之规定,侵害了王某喜的人身自由。

此外,患者入院后,即便不再符合非自愿住院的条件,如果监护人不同意其出院,也将面临出院难的问题。例如,在被媒体称为"精神卫生法第一案"的徐某新诉青春康复院人身自由权案中,[2]徐某新因患精神疾病被家人送往上海青春精神病康复院(以下简称康复院)住院治疗达 10 年之久,期间多次要求出院均被康复院拒绝。2013 年 12 月,徐某新以被康复院与徐某兴(徐某新的监护人)强制住院的行为侵犯其人身自由权为由向法院提起诉讼,请求法院判决康复院立即停止侵权。一审和二审法院均认为徐某新系非自愿住院患者,其是否可以出院,目前仍然需要征得其监护人同意,故康复院因未取得徐某新监护人同意而拒绝徐某新提出的出院要求并无不妥,从而驳回徐某新的诉请。在二审判决作出后,徐某新经过再审、另行起诉、鉴定等艰难努力,前后历经 5 年诉讼,最终于 2017 年 9 月"飞越疯人院"。[3]本案中,徐某新经治疗已经基本康复,并不再具有危险性,完全符合出院条件,但由于监护人拒绝同意其出院,即便是经历多次漫长的诉讼,并得到律师、公益组织和媒体的持续帮助和关注,徐某新仍然难以走出精神病院的高墙。

针对违背精神障碍患者意愿治疗的相关法律问题,学界关注的焦点是刑事强制医疗,相关研究内容涉及强制医疗的基本理论、实体要件和程序构造等方方面面,成果十分丰硕,但对于《精神卫生法》所规范的非自愿医疗缺乏必要的关注。从实践看,《精神卫生法》实施过程中所暴露出来的问题都折射出我国非自愿医疗制度仍存在弊病,且这些问题都指向程序方面的不足。

---

〔1〕 湖北省宜昌市中级人民法院判决书,(2017)鄂 05 民终 1311 号。

〔2〕 上海市第一中级人民法院民事判决书,(2015)沪一中民一(民)终字第 2108 号。

〔3〕 《精神卫生法》第一案原告历经五年诉讼,成功"飞跃疯人院",载 https://www.sohu.com/a/195462119_260616,最后访问时间:2022 年 1 月 17 日。

因此，本书专注于《精神卫生法》规范的非自愿医疗，且聚焦于我国法律对非自愿医疗程序缺乏规制这一核心问题，就非自愿医疗的程序构建提出一些粗浅的看法。

二、研究现状

（一）国内研究现状

我国《精神卫生法》规定的非自愿医疗，国内学界已有所关注，研究内容大致包括以下方面：①非自愿医疗的基本理论研究。学界主要围绕非自愿医疗的类型、性质、依据等问题展开。如对于非自愿医疗的法律性质，不少学者将其定性为民事行为或监护行为，[1]但也有学者认为应属于行政行为。[2]对于非自愿医疗的正当性依据，学者普遍认为是警察权和国家监护权，[3]但一些学者明显对美国法上的警察权（治安权）存在认识上的误区，将其混同于警察法上的警察权。刘白驹研究员则从历史和比较视野对非自愿住院制度的发展变迁作出系统阐述。[4]②非自愿医疗的实体要件研究。主要涉及对《精神卫生法》规定的非自愿医疗条件的理解和适用，[5]也有学者提出了相关完善建议，如胡肖华教授提出应借鉴美国强制住院的标准，将"无法独立生活"或"病情恶化"等作为我国强制医疗的实体标准；[6]魏晓娜认为应将"治疗目的"等作为非自愿入院的标准；[7]陈绍辉博士在其系列著述中对强制医疗

---

〔1〕　王岳：《疯癫与法律》，法律出版社 2014 年版，第 54 页；孙东东、曾德荣："精神障碍患者非自愿住院医疗与强制医疗概念之厘清——与陈绍辉博士商榷"，载《证据科学》2014 年第 3 期。

〔2〕　董丽君："我国精神病人行政强制治疗法律制度研究"，湘潭大学 2014 年博士学位论文。

〔3〕　郝振江："论精神障碍患者强制住院的民事司法程序"，载《中外法学》2015 年第 5 期；雷娟："强制医疗法律关系研究"，苏州大学 2015 年博士学位论文；董丽君："我国精神病人行政强制治疗法律制度研究"，湘潭大学 2014 年博士学位论文。

〔4〕　刘白驹：《非自愿住院的规制：精神卫生法与刑法（上）》，社会科学文献出版社 2015 年版，第 234～320 页。

〔5〕　戴庆康等：《人权视野下的中国精神卫生立法问题研究》，东南大学出版社 2016 年版，第 219～277 页；刘白驹：《非自愿住院的规制：精神卫生法与刑法（下）》，社会科学文献出版社 2015 年版，第 657～682 页。

〔6〕　胡肖华、董丽君："美国精神病人强制住院治疗法律制度及其借鉴"，载《法律科学》2014 年第 3 期。

〔7〕　魏晓娜："从'被精神病'再现看我国非刑强制医疗制度之疏失"，载《国家检察官学院学报》2015 年第 3 期。

的实体要件作出了系统研究，包括危险性要件的判定标准及方法，并提出应将"治疗可能性"作为强制医疗的实体要件；[1]也有学者对法律规定的危险性要件提出质疑。[2]③非自愿医疗制度的完善对策研究。在《精神卫生法》颁布之前，这方面的研究主要是提出相关立法建议。如刘东亮博士认为只有法院或者依法设立的具有司法机关性质的独立主管机关才有权宣判精神病并决定是否需要对精神病人实施强制医疗；[3]张步峰通过对国内六部地方性法规的实证分析，指出现有地方立法存在的问题，并提出相应的完善建议；[4]姚丽霞提出应针对不同性质的强制治疗构建起相应的送治、收治、救济等程序。[5]《精神卫生法》实施后，相关研究主要集中在对非自愿医疗程序的反思和完善。④非自愿医疗程序研究。当前研究主要是对非自愿医疗程序的评析与完善建议，相关研究较为琐碎，且观点不一。如对非自愿医疗的送治或申请主体，有学者认为应扩大送治人范围，[6]也有学者认为应予以限制；[7]对于诊断、定期评估、出院等程序问题，学者亦各有阐述。[8]针对我国非自愿医疗程序缺

---

〔1〕 陈绍辉：《精神障碍患者人身自由权的限制——以强制医疗为视角》，中国政法大学出版社2016年版，第152~229页；陈绍辉："论强制医疗程序中危险性要件的判定"，载《河北法学》2016年第7期；陈绍辉："'治疗可能性'要件：遵从抑或摒弃"，载《西南政法大学学报》2014年第1期；陈绍辉："论精神障碍患者强制医疗中的最小限制原则"，载《中国卫生政策研究》2016年第3期；陈绍辉："论精神障碍者非自愿治疗的要件——以 O'Connorv、Donaldson 为例"，载《医学与法学》2014年第4期。

〔2〕 王岳：《疯癫与法律》，法律出版社2014年版，第67~80页；王岳："反思精神障碍强制医疗的'危险性'原则"，载《中国卫生法制》2014年第5期。

〔3〕 刘东亮："'被精神病'事件的预防程序与精神卫生立法"，载《法商研究》2011年第5期。

〔4〕 张步峰："强制治疗精神疾病患者的程序法研究——基于国内六部地方性法规的实证分析"，载《行政法学研究》2010年第4期。

〔5〕 姚丽霞："以法律层面的立法完善精神病人强制治疗程序"，载《法学评论》2012年第2期。

〔6〕 王岳：《疯癫与法律》，法律出版社2014年版，第96~97页。

〔7〕 戴庆康、葛菊莲："精神障碍患者保安性非自愿住院的主体与标准问题研究"，载《南京医科大学学报（社会科学版）》2013年第3期。

〔8〕 刘白驹：《非自愿住院的规制：精神卫生法与刑法（下）》，社会科学文献出版社2015年版，第659~682页；陈绍辉：《精神障碍患者人身自由权的限制——以强制医疗为视角》，中国政法大学出版社2016年版，第230~300页；王岳：《疯癫与法律》，法律出版社2014年版；戴庆康等：《人权视野下的中国精神卫生立法问题研究》，东南大学出版社2016年版，第219~277页；刘瑞爽："精神障碍患者非自愿收治程序设计的若干法律问题研究（上、下）"，载《中国卫生法制》2014年第2、3期；王安其、李筱永："精神障碍患者非自愿医疗的法律问题研究（上、下）"，载《中国卫生法制》2015年第2、3期。

乏中立审查机构的缺陷，一些学者认为应由法院行使非自愿医疗的决定权，还有学者对法院决定强制住院的程序构造提出相应的设想。[1]

尽管学界对非自愿医疗的法律程序问题有所涉足，但多数研究仍停留在对现行法律的评述，而对非自愿医疗的程序构造缺乏整体考量和系统阐述。针对非自愿医疗的审查机制，也有学者提出应由法院行使非自愿医疗的决定权，但相关论证和审查程序的构建仍有较大的探讨空间。同时，国内学界对国外非自愿医疗制度的研究十分匮乏，对于代表性国家（地区）的非自愿医疗的程序构造及运行机制等缺乏深入研究。

（二）国外研究现状

疯癫是在任何已知社会都能看到的现象，它是在实际和象征的层面，对社会结构以及稳定社会秩序的观念本身构成了严重威胁。[2]无论是为了防卫社会，抑或保护患者本人之健康，对拒绝治疗的精神障碍患者的强制治疗在各国都是普遍现象。无论如何定义非自愿医疗的性质和作用，恐怕都无法否认其对个人自由所施加的严重限制，非自愿医疗必然应成为法律规制的对象，相关法律问题也是学界长久不衰的研究主题，这在英美国家尤为明显。针对国外的研究现状，以下主要以英美国家为代表，对相关文献作简要梳理：

1. 美国。在美国，精神障碍患者的非自愿医疗称为民事拘禁（civil commitment）或非自愿拘禁（involuntary commitment），相关研究多数都是在宪法正当法律程序的理论框架下展开，成果十分丰富，大致包括以下三类：①专著。有关精神卫生法最为全面、权威的研究是 Perlin 教授所著，共计 5 卷本的《精神卫生法：民事和刑事》，其中第 1 卷对非自愿拘禁所涉及的实体要件和程序问题有着十分全面的评述。[3]Miller 教授所著的《后改革年代精神病人的非自愿拘禁》对非自愿拘禁的正当性依据、实体要件、程序标准等有着系统论述，较为全面地反映了 20 世纪 80 年代美国民事拘禁法的全貌，只是各州民事拘禁法在此后

---

〔1〕 郝振江：“论精神障碍患者强制住院的民事司法程序”，载《中外法学》2015 年第 5 期。

〔2〕 ［英］安德鲁·斯卡尔：《文明中的疯癫——一部关于精神错乱的文化史》，经雷译，社会科学文献出版社 2020 年版，第 3 页。

〔3〕 Michael L. Perlin, *Mental disability law*: *civil and criminal* (*volume* 1), Virginia：LexisNexis Law Publishing, 1998.

30 余年变化较大，因而参考价值相对有限。[1]也有部分著作是从司法精神医学的视角对民事拘禁评估中所涉及的问题进行了探讨，这类著作偏向于司法实务，对于了解民事拘禁的实际运行具有较高的参考价值。[2]②案例、资料汇编。这类文献主要是对精神卫生法领域的案例、文献资料进行汇编与评析，其中包括与非自愿拘禁相关的判例和经典文献，能够为初学者提供指南，代表性著作为 Ralph Reisner 等编著的《法和精神卫生：民事和刑事》和 Alexander 等编写的《法和精神障碍》。[3]③论文。有关非自愿拘禁的论文十分丰富，可谓汗牛充栋，其研究主题涉及明示拘禁的理论依据、实体要件、正当程序、权利保障等方方面面，其中非自愿拘禁所应遵循的正当程序是研究的重点，包括非自愿拘禁程序的评述、证明标准、患者的正当程序权利保护等。[4]

2. 英国。英国是世界上最早制定精神卫生法的国家，精神卫生法律制度

〔1〕 Robert D. Miller, *Involuntary civil commitment of the mentally ill in the post-reform era*, Springfield, Illinois: Charles C Thomas, Pub. , 1987.

〔2〕 Debra A. Pinals, Douglas Mossman, *Evaluation for Civil Commitment*, New York: Oxford University Press, 2012. Gary B. Melton et al. , *Psychological Evaluations for the Courts: A Handbook for Mental Health Professional and Lawyers*, New York: The Guilford Press, 2007.

〔3〕 Ralph Reisner, Christopher Slobogin, Arti Rai, *Law and the Mental Health: Civil and Criminal Aspects*, St. Paul, MN: Thomson/West; George J. Alexander et al. , *Law and Mental Disorder*, North Carolina: Carolina Academic Press.

〔4〕 代表性论文为: Note, "Civil Commitment of the Mentally Ill: Theories and Procedures", 6 (1969). *L. Rev.* 1288, (1966); Note, "Developments in the Law: Civil Commitment of The Mentally Ill", 87 *Harv. L. Rev.* 1190, (1974); Note, "Developments in the Law: The Law of Mentally Ill", 121 *Harv. L. Rev.* 1114, (2008); John Q. La Fond and Mary L. Durham, "Cognitive Dissonance: Have Insanity Defense and Civil Commitment Reforms Made a Difference?", 39 *Villanova Law Review.* 71, (1994); Bruce J. Winick, "Therapeutic Jurisprudence and the Civil Commitment Hearing", 10 J. *Contemp. Legal Issues* 37, (1999); Marybeth Walsh, "Due Process Requirements for Emergency Civil Commitments: Safeguarding Patients' Liberty Without Jeopardizing Health and Safety", 40 *B. C. L. Rev.* 673, (1999); Christopher Slobogin, "A Jurisprudence of Dangerousness", 98 *NW. U. L. REV.* 1, (2003); Valerie C. Collins "Camouflaged Legitimacy: Civil Commitment, Property Rights, and Legal Isolation", 52 *Howard L.* J. 407, (2009); Hon. Milton L. Mack, "Involuntary Treatment For The Twenty-First Century", 21 *Quinnipiac Prob. L. J.* 294, (2008); Janice Lim, "Civil Commitment in the 21st Century", 50 *U. S. F. L. Rev.* 143, (2016); Alexander Tsesis, "Due Process in Civil Commitments", 68 *Wash & Lee L. Rev.* 253, (2011); Richard C. Boldt, "Emergency Detention And Involuntary Hospitalization: Assessing The Front End of The Civil Commitment Process", 10 *Drexel L. Rev.* 1, (2017); Dan Moon, "The Dangerousness of The Status Quo: a Case For Modernizing Civil Commitment Law" 20 *Widener L. Rev.* 209, (2014); Christyne E. Ferris, "The Search for Due Process in Civil Commitment Hearings: How Procedural Realities Have Altered Substantive Standards", 61 *Vand. L. Rev.* 959, (2008).

十分完善，且该国的非自愿医疗制度独具特色，对英美法国家尤其是英联邦国家影响十分深远。目前，学界对精神卫生法的研究成果较为丰富，大致包括以下两类：①专著。有关英国精神卫生法和非自愿医疗的代表性著作是Gostin等著的《精神卫生法的原则和政策》，该书对精神障碍患者非自愿评估、入院、社区治疗命令、裁判所救济程序等有着系统阐述。[1]此外，不少具有教材性质的著作结合《英国精神卫生法》的规定，对有关非自愿入院和治疗的规定予以介绍。[2]②实务性质的著作。这类著作主要为精神卫生专业人员理解和运用精神卫生法的相关规则提供操作性指引。代表性著作有：Richard M. Jones所著的《精神卫生法手册》，该书从法律实务的视角对《英国精神卫生法》有关精神障碍患者的入院评估与治疗、裁判所的审查等作出了详细阐述和评论（2012）；[3]Honathan Butler的《精神卫生裁判所：法律、实践和程序》对精神卫生裁判所的组织、体系及其审理程序有着全面介绍，对于了解裁判所的实际运行程序很有帮助。[4]也有不少著作系针对精神卫生专业人员提供相关操作性指南，这些著作对于了解英国精神卫生法的实际运作亦有助益。[5]

3. 其他国家。John E. Gray等合著的《加拿大精神卫生法和政策》对加拿大非自愿医疗的实体条件、程序及救济程序有着十分全面的介绍。[6]也有相

〔1〕 Lawrence Gostin：*Principles of mental health law and policy*，Oxford：Oxford University Press.

〔2〕 代表性著作为：Peter Bartlett，Ralph Sandland，*Mental health law：policy and practice（fourth edition）*，Oxford：Oxford University Press，2014；Kris Gledhill，*Defending Mental Disordered Persons*，LAG Education and Service Trust Limited，2012；Brenda Hale，*Mental health law*，London：Sweet & Maxwell，Thomson Reuters，2010；Brenda M. Hoggett，*Mental Health Law（Second Edition）*，London：Sweet & Maxwell，1984；Nicola Glover-Thomas，*Reconstructing mental health law and policy*，London：Butterworths LexisNexis.

〔3〕 Richard M. Jones M. A，*Mental Health Act Manual（Fifteenth Edition）*，London：Sweet & Maxwell.

〔4〕 Jonathan Butler，*Mental Health Tribunals：Law，Practice and Procedure*，Jordan Publishing Limited，2013.

〔5〕 代表性著作为：Robert Brown，*The Approved Mental Health Professional's Guide to Mental Health Law*，Cahfornia：SAGE Publications Inc.；Paul Barber，*Mental Health Law in England & Wales：A Guide for Mental Health Professionals*，California：SAGE Publications Inc.

〔6〕 John E. Gray，Margaret A. Shone，Peter F. Liddle，*Canadian Mental Health Law and Policy*，Toronto：LexisNexis Canada Inc.，2008，p.150.

关人权机构对欧盟成员国有关非自愿入院和治疗的实体条件和程序作出了系统梳理，从中可以宏观地了解欧洲国家有关非自愿医疗的基本概况。[1]同时，欧洲人权法对成员国国内法以精神疾病为名剥夺个人自由作出了限制性规定，也有学者对《欧洲人权公约》有关精神障碍患者的入院、治疗和人权保护等作出了系统深入的研究。[2]限于资料收集能力和语言障碍，笔者对大陆法系国家尤其是德国、日本和法国的精神卫生法和非自愿医疗制度的文献掌握相对有限，国内相关研究亦十分匮乏。以德国法为例，目前只有张丽卿教授对德国的精神病人收容制度有所介绍，且集中于对收容要件的探讨，[3]但这一研究成果年代久远，尚不能完全反映当前德国非自愿医疗制度的概况。

4. 简要评述。在英美国家，精神医疗的发展及其立法可谓源远流长，法与精神病学（law and psychiatry）的研究亦素来备受重视，并早就获得承认和尊崇，相关文献及教学资料很早就可以轻易获得，精神病人在刑法和民法领域内的权利、法律争议及法院判决也从未停歇。[4]就美国而言，有关非自愿拘禁的研究多数都是在正当程序的理论框架下围绕司法判例展开，内容多涉及对非自愿拘禁立法和判例的评析，因而具有很强的实务取向。英国有关精神卫生法的研究也有类似之处，几乎所有的著作都是围绕英国精神卫生法的内容展开，或者面向相关实务工作者，为相关精神医疗从业者提供指南或操作指引。这些研究有助于我们深入了解英美国家非自愿医疗制度的基本理论、程序规则及其运行。尽管我国与英美国家在观念、文化和制度等方面存在巨大差异，这些国家的法律制度也未必能够移植到我国，但其中某些具体理念、规则和解决相同问题的方法等仍具有参考价值。

---

〔1〕 European Union Agency for Fundamental Rights, *Involuntary placement and involuntary treatment of persons with mental health problems*, FRA-European Union Agency for Fundamental Rights（2012）.

〔2〕 Peter Bartlett, et al., *Mental Disability and the European Convention on Human Rights*, Leiden：Martinus Nijhoff Publishers.

〔3〕 张丽卿：《司法精神医学——刑事法学与精神医学之整合》，中国检察出版社 2016 年版，第 145~163 页。

〔4〕 [美] 马克斯韦尔·梅尔曼等：《以往与来者——美国卫生法学五十年》，唐超等译，中国政法大学出版社 2012 年版，第 47~48 页。

三、研究思路

本书以《精神卫生法》非自愿医疗的程序问题为研究对象，旨在研究非自愿医疗所应遵循的法律程序，为推进我国非自愿医疗制度的发展完善提供理论准备。尽管《精神卫生法》对非自愿医疗的实施程序作出了相应规范，但这一程序规范仍然存在不足，尤其与正当程序原则的要求存在差距，这就为本书研究提供相应的研究空间和意义。为此，本书在论证非自愿医疗程序的基本理论的基础上，通过采取比较研究和类型化研究的方法，揭示各国（地区）非自愿医疗的程序模式及发展趋势，针对我国非自愿医疗程序存在的问题，提出完善我国非自愿医疗程序的思路和建议。围绕非自愿医疗的程序问题，本书分六章展开研究与论证：

第一章在对非自愿医疗概念进行界定的基础上，厘定非自愿医疗的类型与体系。根据非自愿医疗的方式，将非自愿医疗分为非自愿住院和非自愿社区治疗。其中，非自愿住院还衍生出一种相对独立的特殊类型，即紧急非自愿住院。因此，非自愿医疗的类型包括非自愿住院、紧急非自愿住院和非自愿社区治疗，而非自愿住院包括非自愿入院和非自愿治疗两个环节。

第二章主要探讨非自愿医疗程序的基本理论。一是论证法律程序在非自愿医疗中的价值，即通过法律程序实现对非自愿医疗的规制和对精神障碍患者基本人权的保障。换言之，非自愿医疗程序具有权力制约和人权保障的双重价值。二是明确非自愿医疗程序所应具备的基本理念，包括程序正当和程序效率，并强调相关程序设计应考虑两者之间的平衡。

第三章在分析现行非自愿医疗的程序构造、运行特点和存在问题的基础上，提出完善我国非自愿医疗程序的总体思路。结合《精神卫生法》有关非自愿医疗的规定，客观描述我国非自愿医疗程序的内部构造及存在的问题，在充分考虑我国国情及精神卫生服务体系的基础上，基于人权保障、程序公正和程序效率理念，提出完善非自愿医疗程序的思路。即建立非自愿住院、紧急非自愿住院和非自愿社区治疗为一体的非自愿医疗体系，并构建由法院决定非自愿医疗的司法审查程序。

第四章通过比较研究方法，对英美法系国家和大陆法系国家（地区）的非自愿医疗制度进行全面研究，重点分析相关国家（地区）非自愿医疗的程序构造及运行机制。在此基础上，结合其他国家（主要是欧洲国家）的非自愿医疗制度，比较和总结各国非自愿医疗制度在类型、实体要件、程序模式等方面的异同，并指出非自愿医疗程序的发展趋势，包括非自愿医疗类型的多元化、实体要件的多样化以及非自愿医疗决定程序的法律化，等等，从中汲取可供我国借鉴的经验。

第五章和第六章是前文研究的延续和深化，分别针对非自愿医疗程序的类型化构建和非自愿医疗审查程序的构建展开研究。第五章分别探讨了非自愿住院、紧急非自愿住院和非自愿社区治疗的程序构造，并提出相应的完善建议。第六章在对非自愿医疗审查程序的三种模式进行比较分析的基础上，进一步探讨我国建立非自愿审查制度的必要性及具体模式的选择，并就我国的非自愿医疗审查程序的具体构造提出相应的理论设想。

四、研究创新与不足

（一）研究创新

学术创新是学术研究的使命和追求。本书试图在现有研究基础上推动研究主题的创新发展，主要创新点体现在以下方面：

1. 有关建立多元化非自愿医疗体系之观点。当前，我国《精神卫生法》仅规定非自愿住院这一非自愿医疗类型，非自愿医疗的类型较为单一，难以适应精神卫生服务发展的趋势和满足患者治疗的需要。本书提出应建立非自愿住院、紧急非自愿住院和非自愿社区治疗为一体的非自愿医疗体系，并对这三种类型的非自愿医疗程序进行构建和完善。[1]

2. 有关紧急非自愿住院制度的构建。在对域外紧急非自愿住院制度进行比较分析的基础上，结合我国实际，提出我国应建立紧急非自愿住院制度的观点，并进一步论证了我国紧急非自愿住院的基本程序，包括紧急非自愿住院的条件、启动程序、决定主体、期限和法律救济等。

---

〔1〕 对于在社区环境下违背精神障碍患者意愿的治疗，本书使用"非自愿社区治疗"这一概念，其内涵、外延与"强制社区治疗"完全一致。

3. 有关非自愿社区治疗程序的构建。采取比较分析方法，在对域外非自愿社区治疗制度进行比较分析的基础上，总结分析了非自愿社区治疗的实体条件和程序，并就我国非自愿社区治疗的程序构建提出相应的建议，特别是提出我国应建立附条件出院和辅助性非自愿社区治疗这两种类型的非自愿社区治疗。

4. 有关非自愿医疗审查程序的构建。各国（地区）非自愿医疗审查制度大致包括司法审查模式、行政审查模式和裁判所审查模式，三种模式各有利弊，均有值得借鉴之处。本书论证了我国采取司法审查模式的理论依据、现实基础及可行性，并进一步对非自愿医疗的司法审查程序进行理论构建。

（二）研究不足

如前所述，违背精神障碍患者意愿所采取的入院和治疗之概念表述存在较大的分歧，特别是在《精神卫生法》对此没有作出明确规定的情况下，存有分歧恐怕在所难免。至于采取哪一概念更为适当，相关学者基于各自的考量和判断可能持有不同的观点。考虑到《中华人民共和国刑事诉讼法》（以下简称《刑事诉讼法》）规定了（刑事）"强制医疗"，其适用对象、条件、程序和决定主体均迥异于《精神卫生法》规定的"强制医疗"，为避免不必要的混淆和概念上的争议，本书对非刑事领域的"强制医疗"，一律使用"非自愿医疗"这一概念，且将"非自愿医疗"作为上位概念（不包括强制医疗，与强制医疗并列），它包括非自愿住院、紧急非自愿住院和非自愿社区治疗三种类型，其中非自愿住院包括非自愿入院和非自愿治疗两个环节。尽管本书对这些概念均有详细论述，但这一复杂的概念体系，以及以"非自愿"替代"强制"之做法，是否会引起概念上的误解或混淆，不无顾虑。

本书系以非自愿医疗的程序问题为研究对象，受制于此，以及笔者以往研究成果，为避免重复和偏离研究主题，本书没有针对非自愿医疗的基本理论、实体要件等重要问题展开研究，因而在一定程度上影响了本书的理论深度和全面性。有关非自愿医疗的实体要件及司法判定仍是理论和实务中的疑难问题。例如，有关非自愿医疗的实体要件仍存在一定的分歧，其分歧的核心是应采取危险性要件还是需要治疗要件，以及需要治疗要件在非自愿医疗实体要件中的地位该如何确定。又如，危险性要件应如何认定？认定的标准和方法是什么？司法裁判中又是如何认定这一要件的？以上问题无疑值得进一步深入研究。

五、术语解析

（一）非自愿医疗与强制医疗

精神卫生法领域，对于违背精神障碍患者意愿所采取的治疗，理论和实践中所使用的概念极不统一，包括强制医疗、强制住院、非自愿医疗、非自愿住院等，不一而足。鉴于《刑事诉讼法》明确规定了"依法不负刑事责任的精神病人的强制医疗程序"，本书遵循立法表述，认为"强制医疗"仅指《刑事诉讼法》规范下的无刑事责任能力的精神病人的强制住院与治疗。为避免混淆和误解，对于精神卫生法领域违背精神障碍患者意愿的治疗，则使用"非自愿医疗"这一概念。因此，本书中，"强制医疗"和"非自愿医疗"是两个独立的概念，两者有着各自的内涵和外延，不存在包含或重叠关系，且本书仅对"非自愿医疗"的程序问题展开研究，不涉及"强制医疗"。

（二）非自愿社区治疗与强制社区治疗

对于在社区环境下违背精神障碍患者意愿的治疗，目前普遍称之为"强制社区治疗"。考虑到本书以"非自愿"代替"强制"一词，为保证用语的统一，针对这一非自愿医疗类型，本书使用"非自愿社区治疗"这一表述，其内涵和外延与"强制社区治疗"完全一致。

（三）精神障碍患者与精神病人

对于患有精神障碍或精神疾病的人，相关规范性文件和日常表达所使用的表述并不统一。《精神卫生法》使用的表述为"精神障碍患者"，《中华人民共和国刑法》（以下简称《刑法》）和《刑事诉讼法》表述为"精神病人"，日常用语中多使用"精神病人"这一称谓。在《精神卫生法》颁布前，为避免"精神病人"这一概念可能带来的污名，也有学者主张使用"精神障碍者"这一表述。鉴于本书系研究《精神卫生法》规范领域的非自愿医疗，因而使用"精神障碍患者"这一术语，但为表述方便或为保证翻译的准确性，文中也可能使用"精神病人"这一表述，在这种情况下，它们的内涵和外延是一致的，系对同一事物的不同表述。

第 一 章

非自愿医疗的概念与类型

第一节 非自愿医疗的基本概念

在精神卫生法领域，对于违背精神障碍患者意愿所采取的入院和治疗，学界所使用的概念并不统一，甚至一度较为混乱。2012 年，随着《刑事诉讼法》和《精神卫生法》的颁布实施，我国实际上建立了二元化的强制性治疗制度，其中《刑事诉讼法》规定的强制医疗系针对实施暴力犯罪行为的无刑事责任能力的精神病人；《精神卫生法》第 30 条第 2 款规定的"住院治疗"实际就是"非自愿医疗"，系针对对本人或他人已经实施伤害危险行为或者具有伤害危险的精神障碍患者。在此背景下，越来越多的学者倾向于认为"强制医疗"仅指《刑事诉讼法》规定的"强制医疗"，而对于《精神卫生法》领域的违背精神障碍患者意愿的入院和治疗则使用"非自愿医疗"这一概念。[1]本书亦采取这一概念区分，并将研究对象限定为《精神卫生法》领域的非自愿医疗，不涉及《刑事诉讼法》规范的（刑事）强制医疗。鉴于非自愿医疗

---

[1] 也有学者使用"非自愿住院"或"非自愿住院医疗"等概念，鉴于我国《精神卫生法》所规定的非自愿医疗是以住院方式为之，因而这一表述也是适当的。参见刘白驹：《非自愿住院的规制：精神卫生法与刑法（上、下）》，社会科学文献出版社 2015 年版；孙东东、曾德荣："精神障碍患者非自愿住院医疗与强制医疗概念之厘清——与陈绍辉博士商榷"，载《证据科学》2014 年第 3 期。然而，考虑到"非自愿住院"并不能涵盖其他类型的违背意愿的治疗，如非自愿社区治疗，因而本书采用"非自愿医疗"这一概念，并将其作为非自愿住院的上位概念。

与相关概念之间的关系仍然较为复杂，有必要进一步厘定相关概念的内涵和外延，以避免概念上不必要的混淆和误解。

一、非自愿医疗的界定

（一）非自愿医疗的概念

各国（地区）《精神卫生法》对非自愿医疗有着不同的表述和定义，其内涵和外延可能并不完全一致。在美国，非自愿医疗一般称为民事拘禁（civil commitment）或非自愿拘禁（involuntarily commitment），[1]是指国家（州）基于其固有权力而对具有危险性或因精神疾病而严重失能的精神病人采取的强制性的住院或治疗。在英国，对于违背精神障碍患者意志将其收治入院治疗或评估的措施，一般称为拘禁（detention）或民事拘禁（civil detention）。[2]在日本则称之为措置入院，是指都道府县知事在收到申请或依职权发现精神病人或疑似精神病人具有自伤或伤害他人危险的，经诊断确认其患有精神疾病且有住院必要的，命令将该患者收治入院治疗之措施。尽管不同国家和地区对非自愿医疗的定义各有不同，但均倾向于将非自愿医疗等同于非自愿住院或强制住院，其原因可能是住院仍是非自愿医疗最为普遍的方式，也是法律规制和理论研究关注的重点。

在我国，学界对非自愿医疗的定义并未达成一致。具有代表性的观点认为，非自愿医疗是指违背患者意志，不同程度地限制患者自由，使患者在特定的医疗机构接受一段时间的观察、诊断或治疗，包括非自愿就诊和接受医学检查，非自愿入院观察和非自愿住院治疗。[3]这一定义对非自愿医疗采取十分宽泛的理解，将非自愿就诊（送诊行为）、入院观察和治疗都纳入非自愿

---

〔1〕 这里所说"民事"（civil）并不表明民事拘禁是民事行为，而是相对于"刑事"而言。在美国，精神卫生机构对精神病人的拘禁通常被视为是州的行为，是州对个人人身自由的剥夺。因此，被拘禁的精神病人对民事拘禁不服所提起的诉讼都是以州或精神卫生机构的主管部门为被告，其诉讼相当于我国的行政诉讼。

〔2〕 Jonathan Butler, *Mental Health Tribunals: Law, Practice and Procedure*, Jordan Publishing Limited, p. 83, 2013; Peter Bartlett, Ralph Sandland, *Mental health law: policy and practice (fourth edition)*, Oxford: Oxford University Press, 2014, p. 236.

〔3〕 本书编写组编:《中华人民共和国精神卫生法医务人员培训教材》，中国法制出版社 2013 年版，第 94 页。

医疗的范畴，但仍然是以非自愿住院为核心。鉴于我国《精神卫生法》仅规定了非自愿住院，很多学者更倾向于对非自愿住院的概念进行定义，如认为非自愿住院治疗是指在精神障碍患者没有表示接受治疗的情况下，或者在精神障碍患者明确拒绝治疗的情况下，违背其意愿，将精神障碍患者限制在精神病院的病房内，接受医疗干预措施的行为。[1]

笔者认为，非自愿医疗是指违背精神障碍患者意愿所采取的治疗，包括非自愿住院和非自愿社区治疗，前者系将患者限制于医院内使其接受全日住院治疗；后者是通过一定的强制措施使患者在社区中接受门诊、社区精神康复等治疗方式。就我国当前而言，由于《精神卫生法》仅规定了非自愿住院，因而非自愿医疗即指非自愿住院。

（二）非自愿医疗的范围

就理解而言，"非自愿"相对于"自愿"而言，未经患者本人同意的治疗，都可称为"非自愿医疗"。在早期，对精神障碍患者的治疗都采取非自愿或强制的方式，自愿入院和自愿治疗直到 19 世纪后期才开始获得法律的认可。例如，在美国，自愿治疗直到 1881 年在马萨诸塞州的立法中才获得承认，[2]其普遍确立则要等到 20 世纪前半期。自愿原则在精神医疗领域的确立具有重要的意义，这意味着知情同意原则同样适用于精神障碍患者的入院和治疗，且不得随意否定和排斥患者作出治疗决定的行为能力。时至今日，那种患有精神疾病即将其推定或认定为无行为能力的观点已不合时宜，事实上多数国家和地区对精神障碍患者采取行为能力推定，即除非是经法定程序认定该患者无行为能力，否则应推定其具有行为能力。同时，精神障碍的治疗与生理疾病的治疗本质上并无区别，都应尊重患者本人的知情同意权，实行自愿原则。对此，我国《精神卫生法》第 30 条第 1 款规定："精神障碍的住院治疗实行自愿原则。"换言之，只有在法定的例外情形下方可对患者采取非自愿医疗。

---

[1] 戴庆康等：《人权视野下的中国精神卫生立法问题研究》，东南大学出版社 2016 年版，第 200 页。

[2] 陈绍辉："美国马萨诸塞州精神病患者非自愿治疗制度初探"，载《医学与法学》2014 年第 2 期。

以治疗是否遵循患者本人意愿为标准，非自愿医疗主要包括两种情形：一是精神障碍患者以口头、书面或行为等方式明确表示拒绝治疗的；二是在精神障碍患者没有明确表示同意或拒绝治疗的情况下，在其近亲属或他人安排下接受住院治疗。两者都是在没有取得患者本人同意的情况下所采取的治疗，都可称之为"非自愿医疗"。在第一种情形下，精神障碍患者以言行明确表示不同意治疗，甚至以行为或肢体动作抗拒治疗，此时往往需要采取强制手段，如约束、强力，甚至是警方的介入等，这明显属于非自愿医疗的范畴。在第二种情形下，尽管患者没有明确表示拒绝，但也没有明示同意，且治疗客观上限制了患者的人身自由，仍可被视为非自愿医疗。[1]

然而，一些国家并没有将第二种情形纳入非自愿医疗的范畴，而是建立了相对独立的入院/治疗类型。例如，《日本精神卫生福利法》将此情形称为"医疗保护住院"，是指经专科医生诊断，认为精神障碍患者有医疗和保护住院之必要的，且该病人不能作为自愿住院患者时，经其保护人同意后进行的住院治疗。[2]医疗保护住院一般适用于患者无同意能力的情形，为达到治疗和保护之目的，无需本人同意，由保护人同意后进行的住院。在英国，则称为"非正式入院"，其中包括那些不能作出入院和治疗同意表示的精神障碍患者，他们没有积极反对入院或住院，但此种情形下的入院明显不同于自愿入院。[3]因此，对于那些没有表示拒绝，也没有表示同意住院的精神障碍患者可将其

---

〔1〕　此种情形，英国和加拿大称之为"非正式入院"（informal admission）。不同于取得本人同意的自愿入院，非正式入院患者未经替代决定作出者（如监护人）的同意，不得随意出院。因此，在加拿大，一些省给予非正式入院患者与非自愿入院患者相同的程序和权利保护。参见：John E. Gray, Margaret A. Shone, Peter F. Liddle, *Canadian Mental Health Law and Policy*, Toronto: LexisNexis Canada Inc., 2008, p. 191.

〔2〕　参见《日本精神卫生福利法》第33条。

〔3〕　在英国，存在多种类型的非正式患者，只有那些能够理解住院需求和同意接受医生建议的人才可被完全界定为"自愿"。以下情形不能视为"自愿"，相对于强制入院属于"非正式"状态：①不愿接受医生建议，且希望离开医院或拒绝治疗的患者。这部分患者往往是被说服住院和接受治疗，因为一旦拒绝住院，根据1983年《精神卫生法》第2条或第3条的规定，他们将被强制住院，因而不得不"同意"入院；②未成年人在其父母或承担监护责任的当地未成年人服务机构送往医院而"自愿"入院的；③由于大脑损伤或痴呆等原因，还存在大量不能作出入院和治疗知情同意的人，他们没有积极反对入院或住院。关于非正式入院的进一步介绍，参见第三章第二节。

称为"不主张权利患者"或"非正式患者"。[1]一些国家对这些患者的治疗作出单独的制度安排，甚至将之作为独立的入院类型，没有将其纳入强制医疗或非自愿医疗范围，如日本的"医疗保护住院"，英国的"非正式入院"——它区别于作为"正式入院"的非自愿入院。"这种分类的目的是保护'不主张权利的（non-protesting）'患者的安全，同时也为无知情同意能力者提供必要的住院和治疗措施。此举的主要优点是可确保未拒绝治疗者不被错误地界定为非自愿或自愿患者；同时也有助于遏制被当作非自愿患者而错误收入院的人数的大量增加。"[2]然而，世界卫生组织仍然认为，应以保护非自愿患者的方式来同样保护不主张权利患者的权利。例如，需要由 1 名以上的精神科医生对患者的行为能力和是否适合自愿治疗进行评估，并达成共识。不主张权利的患者应像非自愿患者一样按照强制性自动复核程序进行复核，包括对其精神状态的初次确认和进行持续的定期评估，以确定其状况是否发生变化。如果通过入院和治疗，患者恢复了知情决定的能力，那么必须将其转移出不主张权利的患者之列。[3]

二、非自愿医疗概念之演变

（一）从"收容"到"强制治疗"

在我国，无论是强制医疗，还是非自愿医疗，这些术语都是近 30 年才开始被广泛使用并为人们所熟知。在此之前，较为接近的用语是"收养""收容""收留"等。例如，我国第一所由政府举办的专门收治精神病人的机构是 1908 年成立的京师内城贫民教养院附设疯人院，其管理者京师内城巡警总厅颁布的《附设疯人院简章》中就使用了"收留""收入"等用语；[4]1930 年北平市政府核准的《北平特别市疯人收养所章程》则使用"收养"一词；1935 年《中华民国刑法》规定，心神丧失者"得令入相当处所，施以监护"，

---

　〔1〕 刘白驹：《非自愿住院的规制：精神卫生法与刑法（上）》，社会科学文献出版社 2015 年版，第 300 页。

　〔2〕 世界卫生组织：《精神卫生、人权与立法资源手册》，2006 年，第 63 页。

　〔3〕 世界卫生组织：《精神卫生、人权与立法资源手册》，2006 年，第 63 页。

　〔4〕 如《附设疯人院简章》第 1 条规定："本院附设于教养院内，以收留疯人勿使外出致生危险为宗旨。"第 3 条规定："疯人来院时由医生诊视其症，其症轻可治者送入医院，其疾重难愈者则收入院内。"

从而建立对精神病人施以监护的保安处分制度。[1]这里的"监护"包括强制治疗及其他改善处分。[2]1945 年上海市政府颁布的《上海市卫生局收容精神病人鉴诊办法》则使用了"收容""收留"等用语;[3]中华人民共和国成立后,"收容"一词仍在精神卫生领域延续使用。例如,针对复员军人精神疾病的治疗问题,国务院及相关部门所发布的文件均使用"收容"一词。[4]针对当时精神病人肇事肇祸事件屡有发生的问题,国务院和地方政府在相关文件中都强调要加强对精神病人的"收容管理",[5]这种对精神病人的"收容",明显具有强制色彩,实质上就是强制医疗。官方文件中对"收容"一词的使用一直延续到 20 世纪 60、70 年代,[6]直到 20 世纪 80 年代中期,"强制"一词才在相关文件中出现,包括"强制住院治疗""强制收治""强制医疗"等。例如,1986 年上海市人民代表大会常务委员会颁布的《上海市监护治疗管理肇事肇祸精神病人条例》使用了"强制性监护治疗""强制住院治疗"等概念。[7]1988 年公安部发布的《全国公安机关第一次精神病管治工作会议纪要》强调"对严重危害社会治安的精神病人,应当强制收治"。1990 年广

---

〔1〕 值得注意的 1935 年《中华民国刑法》明确规定将"强制治疗"作为保安处分的一种,但其适用对象为花柳病和麻风病人,并不包括精神病人。

〔2〕 翁腾环:《世界刑法保安处分比较学》,商务印书馆 2014 年版,第 243 页。

〔3〕 如该办法第 2 条规定:"凡属精神失常而有疯癫行为者,不分国籍性别职业年龄,由医院警局或家属护送该所者,概予收留鉴诊。"

〔4〕 例如,1954 年国务院颁布的《复员建设军人安置暂行办法》第 13 条规定:"对于患有精神病的复员建设军人……如果病情严重需要治疗,家属无法照管或无家属照管,由省(市)卫生部门设法收容,收容期间医疗、生活费用由医疗单位向省(市)卫生部门报销。"卫生部 1955 年 2 月下达的《关于〈复员建设军人安置暂行办法〉中有关医药问题的批复》中,则使用"收容治疗"一词,国务院于 1955 年 5 月颁布的《关于安置复员建设军人工作的决议》也使用该用语。

〔5〕 例如,国务院于 1956 年 3 月下达的《国务院批转湖北省人民委员会对精神病人的收容管理问题的请示》中指出:"收容管理的对象,应当是病情严重、无家可归或者家庭无人照管,对社会可能发生危害的精神病人。"

〔6〕 如,1963 年卫生部、内务部、公安部联合下发的《关于加强精神病人管理和治疗工作的联合通知》强调"对于城市中病情严重,危害性大和无家可归、流浪街头的精神病人,应当由精神病院积极收容治疗"。

〔7〕 参见该条例第 4 条:"经精神病司法医学鉴定确认为肇事、肇祸的精神病人,应分别对其实行强制性监护治疗:有肇事行为的精神病人送卫生部门所属医院诊治;有肇祸行为的精神病人送精神病人管治医院监护治疗。"第 9 条:"需强制住院治疗的肇事精神病人,卫生部门所属医院凭市或区、县公安机关签发的《收治肇事精神病人入院通知书》,办理入院手续。"

东省政府颁布的《广东省收容安置肇祸肇事精神病人暂行办法》使用"强制治疗"的概念,[1]吉林省政府颁布的《吉林省危害社会精神病人强制医疗若干规定》则使用了"强制医疗"这一术语。2000 年以来,我国各地先后制定了 6 部有关精神卫生的地方性法规,其中杭州市和宁波市的《精神卫生条例》均明确使用了"强制住院治疗"。[2]尽管《上海市精神卫生条例》对精神疾病患者的强制住院规避了"强制"一词而使用"医疗保护住院治疗",但在该条例中仍出现了"强制医疗"这一术语。[3]同期,卫生部门所发布的相关文件中也开始普遍使用"强制治疗""强制医疗"等用语。[4]可见,对于违背精神病人意愿所采取的治疗,无论是相关规范性文件,还是政府及其部门所发布的正式文件,普遍使用的表述是"强制医疗"或"强制(住院)治疗"。

（二）"非自愿医疗"概念的确立

在 2011 年《精神卫生法（草案）》公开征求意见之前,非自愿医疗或非自愿住院等概念很少被使用,至少是较为陌生的概念。[5]通过文献检索可见,20 世纪 80、90 年代,涉及"非自愿住院"的文献寥寥无几,仅有的数篇文献都是在对国外精神卫生法的介绍中提及这一概念。[6]在《精神卫生法》颁

---

〔1〕《广东省收容安置肇祸肇事精神病人暂行办法》第 5 条规定,对于"有杀人、伤害、放火、强奸、爆炸等行为的"精神病人,公安机关在将其收容后,应会同卫生部门进行强制治疗。

〔2〕 参见《杭州市精神卫生条例》第 29 条和《宁波市精神卫生条例》第 28 条。

〔3〕 该条例第 48 条规定:"法律、法规对精神疾病患者的强制医疗有特别规定的,从其规定。"

〔4〕 如 2002 年卫生部等部门发布的《中国精神卫生工作规划（2002—2010 年）》规定,公安部门要"依法做好严重肇事肇祸精神疾病患者的强制收治工作";2004 年卫生部等部门颁布的《关于进一步加强精神卫生工作的指导意见》规定:"对严重肇事肇祸精神疾病患者实施强制治疗,安康医院负责做好治疗工作。"2009 年卫生部制定的《重性精神疾病管理治疗工作规范》使用的是"强制性治疗",国家卫生计生委等部门发布的《全国精神卫生工作规划（2015—2020 年）》则多处使用了"强制医疗"这一概念。

〔5〕 非自愿治疗或非自愿住院系英译术语,较为接近的英文词汇为 involuntary hospitalization（非自愿住院）、involuntary treatment（非自愿治疗）、involuntary admission（非自愿入院）,其中较为正式的用语是 involuntary admission,联合国《保护精神病患者和改善精神保健的原则》（The protection of persons with mental illness and the improvement of mental health care）即使用 involuntary admission。

〔6〕 通过 CNKI 全文检索,1979～2000 年期间,以"非自愿医疗"和"非自愿治疗"为搜索词的文献为 0;以"非自愿住院"为搜索词的文献仅有 8 篇,其中 5 篇是对美国、日本等国精神卫生法的介绍。

布后，有关"非自愿住院"的文献才有所增加。[1]同样，在官方发布的相关文件中，也很少使用"非自愿"一词，迄今仅出现过2次：一是国家卫生和计划生育委员会于2009年10月颁布的《重性精神疾病管理治疗工作规范》规定："在精神卫生医疗机构对患者实施应急医疗处置之前，患者家属或者监护人应在《重性精神疾病应急医疗处置非自愿医疗意见书》（表1-8）上签字同意。"但这一表述在2012年版的《重性精神疾病管理治疗工作规范》改为"患者家属或者监护人应在《重性精神疾病应急医疗处置知情同意书》（表1-8）上签字同意"，删除了"非自愿"一词；二是2011年6月国务院法制办公布的《精神卫生法（草案）公开征求意见的通知》第27条规定"非自愿住院医疗"，但这一表述在最后通过的法案中被删除，取而代之的是医疗机构应对具有伤害自身或危害他人安全危险的严重精神障碍患者"实施住院治疗"之表述。随着《精神卫生法》的颁布实施，对于精神卫生领域违背患者意愿的治疗，精神医学界和法律界越来越倾向于使用"非自愿医疗"或"非自愿住院"等表述，以区别于《刑事诉讼法》规定的（刑事）强制医疗。

（三）《精神卫生法》规定了非自愿医疗吗？

如上所述，我国《精神卫生法》并没有使用"强制医疗"或"非自愿治疗"等术语。国务院法制办公布的《精神卫生法》征求意见稿中曾使用"非自愿住院医疗"的概念，但最终通过的法律却完全规避了"强制""非自愿"等字眼，只规定了"实施住院治疗"。目前尚不清楚立法机关为何将"非自愿"一词予以删除，其目的可能是淡化《精神卫生法》第30条第2款的强制色彩，毕竟医疗机构并非行政机关，明确授予其限制人身自由的权力明显缺乏正当性，但这一模糊化的表述所带来的困惑是：《精神卫生法》规定了非自愿医疗吗？也有人对此持质疑态度。

笔者认为，我国《精神卫生法》当然规定了非自愿医疗，其法律依据是第30条第2款以及第31~36条等相关条款。就文义解释而言，第30条第2款的表述为："诊断结论、病情评估表明，就诊者为严重精神障碍患者

---

[1] 通过CNKI全文检索，2011年为124篇，2012年为106篇，2013年为110篇，2014年为95篇，但同期有关"强制医疗"的文献每年维持在700篇以上。

并有下列情形之一的，应当对其实施住院治疗……"此处对于符合条件的严重精神障碍患者实施住院治疗使用的是"应当"一词。在法律规范中，"应当"表示的是一种义务指令，它所引导的规范模式属于强行性法律规范的范畴。在法律权利义务体系中，由强行性规范所引导的行为，都属于法律义务的范畴，即法律主体有按照法律规定积极作为或不作为的义务。[1]就此而言，第30条第2款应为强行性规范和义务性规范，医疗机构经诊断评估认为严重精神障碍患者具有伤害自身或危害他人危险的，就必须对该患者实施住院治疗。对患者本人而言，医疗机构的住院治疗具有强制性，从而排除其意思自治。

就体系解释而言，《精神卫生法》第30条第1款确立了精神障碍住院治疗的自愿原则，第2款则是对自愿原则的例外规定，即规定非自愿医疗的适用情形。第31条和第32～35条分别规定了对本人具有伤害危险和对他人具有危害危险的精神障碍患者的非自愿住院程序，前者需经监护人同意，后者则由医疗机构经诊断评估决定，并规定了相应的异议程序，即再次诊断和鉴定程序。同时，《精神卫生法》第35条第2款规定："监护人阻碍实施住院治疗或者患者擅自脱离住院治疗的，可以由公安机关协助医疗机构采取措施对患者实施住院治疗。"很明显，医疗机构作出的住院治疗决定具有强制性，患者及其监护人拒绝遵守的，公安机关可采取强制措施保障其执行。因此，我国《精神卫生法》第30～36条对非自愿医疗的实体和程序作出了系统规定，医疗机构依此程序作出的住院决定并不以患者本人自愿或同意为前提，这一决定具有强制力、执行力等强制法律效果。

就历史解释而言，我国《精神卫生法》第30条脱胎于《精神卫生法》征求意见稿的第27条，[2]且国务院法制办在公开征求意见的通知中明确指出"精神障碍患者的非自愿住院医疗制度"是草案的重点内容。可见，草案的起草机关和立法机关都将非自愿住院作为立法的重要内容，第30条所指的"实

---

〔1〕 谢晖："'应当参照'否议"，载《现代法学》2014年第2期。

〔2〕 该条内容为："精神障碍的住院治疗由患者自主决定。只有精神障碍患者不能辨认或者不能控制自己行为，且有伤害自身、危害公共安全或者他人人身安全、扰乱公共秩序危险的，才能对患者实施非自愿住院医疗。"

施住院治疗"就是指非自愿住院。同时,《精神卫生法》制定的重要背景是强制治疗的法外行使和滥用而导致"被精神病"问题层出不穷,如何通过立法实现对非自愿医疗的规范是立法的重要目标。正因为如此,最后颁布的法律专章规定了"精神障碍的诊断和治疗",而对非自愿医疗的规范则是重中之重。如果认为《精神卫生法》没有规定非自愿医疗,那么,实践中普遍存在的非自愿医疗的法律依据又是什么?这恐怕是无法回答的问题。

值得注意的是,学界普遍认为我国《精神卫生法》第 30 条第 2 款规定的就是非自愿医疗,全国人大法工委编写的有关《精神卫生法》的解读性著作,[1]以及精神医疗行业所编写的培训教材都使用了"非自愿医疗"这一概念,[2]并认可我国《精神卫生法》规定了非自愿医疗制度。

三、非自愿医疗与强制医疗

《精神卫生法》领域违背精神障碍患者意愿的治疗,也经常被表述为"强制医疗",但 2012 年修正的《刑事诉讼法》专章规定了"依法不负刑事责任的精神病人的强制医疗程序",学界尤其是刑事诉讼法学界倾向于认为强制医疗仅指《刑事诉讼法》规范的刑事强制医疗,而不包括《精神卫生法》领域的非自愿医疗。精神医学界也更倾向于使用"非自愿医疗"或"非自愿住院"等术语。为避免混乱,本书亦采取这一区分,对于《刑事诉讼法》和《精神卫生法》所规范的违背个人意愿的治疗分别表述为强制医疗和非自愿医疗,两者系不同概念,有着不同的适用对象、条件、决定主体和实施程序。

在我国,非自愿医疗和强制医疗在适用条件、对象、实施程序、决定主体等方面存在巨大的差异(参见图表1),[3]但这种差异主要是由于现有法律制度安排所致。理论和实践中我们过度地强调了两者的差异,而忽视两者的

---

〔1〕 信春鹰主编:《中华人民共和国精神卫生法解读》,法律出版社 2012 年出版,第 95~97 页。

〔2〕 参见本书编写组编:《中华人民共和国精神卫生法医务人员培训教材》,中国法制出版社 2013 年版,第 94~117 页。

〔3〕 孙东东、曾德荣:"精神障碍患者非自愿住院医疗与强制医疗概念之厘清——与陈绍辉博士商榷",载《证据科学》2014 年第 3 期;陈绍辉:《精神障碍患者人身自由权的限制——以强制医疗为视角》,中国政法大学出版社 2016 年版,第 76~77 页。

共性——实际上两者的共性可能多于差异：①就法律性质而言，两者都是国家为了保护患者本人或他人人身、财产权利及公共利益，依照其固有权力而对具有危险性的精神障碍患者所采取的限制人身自由的措施，且不具有惩罚性；②就适用对象而言，两者都是适用于具有危险性的精神障碍患者，只是刑事强制医疗要求患者具有实施暴力犯罪的再犯危险性；③就治疗方式而言，两者都是采取住院治疗，即通过隔离式的住院使患者在一定期限内接受持续的治疗，其人身自由、自主权、通讯、会见乃至个人生活均受到严重限制；④就法律效果而言，都是在不确定的期限内剥夺患者的人身自由，通过强制性治疗达到恢复患者的健康并消除其人身危险性的目的；⑤从境外经验看，无论是刑事强制医疗还是非自愿医疗，患者的强制住院都必须经法院的裁决，否则医疗机构无权将患者强制收治入院。就此而言，强制医疗和非自愿医疗在决定主体、程序方面并无本质区别，这在美国、德国等国家尤为如此。

图表 1　非自愿医疗和强制医疗的区别

	强制医疗	非自愿医疗
法律依据	《刑法》《刑事诉讼法》	《精神卫生法》
法律性质	刑事保安措施	非刑事强制措施
目的	以防卫社会为主要目的，兼顾患者健康权	以保障患者人身健康权益和公共利益为双重目的
适用条件 适用对象	实施暴力行为，危害公共安全或者严重危害公民人身安全，经法定程序鉴定依法不负刑事责任的精神病人，有继续危害社会可能的，可以予以强制医疗。（《刑事诉讼法》第 302 条）	已经发生伤害自身或危害他人安全的行为，或者有伤害自身或危害他人安全危险的严重精神障碍患者。（《精神卫生法》第 30 条）
送治主体	公安机关	近亲属、所在单位、当地公安机关、民政部门等
适用程序	刑事诉讼特别程序（《刑事诉讼法》第五编第五章）	《精神卫生法》第 30～36 条规定的程序

	强制医疗	非自愿医疗
决定主体	法院	我国：具有伤害自身危险的患者，监护人决定；具有危害他人危险的患者，医疗机构决定 德国、美国等国家：法院 苏格兰：精神卫生审查裁判所
实施机构	安康医院或其他医疗机构	符合《精神卫生法》第25条规定的医疗机构

四、非自愿医疗与非自愿住院

在精神卫生领域，非自愿住院也是较为常见的术语，其对应的英文是 involuntary hospitalization 或 involuntary admission，在美国则一般称为 involuntary commitment，直译为"非自愿拘禁"，其含义与 civil commitment（民事拘禁）相同，且经常交替使用。非自愿住院是指未经精神病人的知情同意，将其收住精神病院或其他精神卫生机构。[1]换言之，非自愿住院是将不愿接受治疗之严重病人送往医疗单位接受治疗，且治疗需以住院方式为之。[2]实践中，精神病人的治疗包括住院治疗、门诊治疗等多种模式，非自愿住院则是以全日住院的方式为之。

非自愿住院实际上包括非自愿入院和非自愿治疗两个环节，其中，入院是前提，治疗是目的和结果。非自愿入院是指违背患者意愿将其收住医疗机构，英文中 involuntary admission 更多是指这个环节；非自愿治疗则是对已经收治入院的患者违背其意愿所采取的治疗，英文中 involuntary treatment 则主要是指向这一阶段。各国精神卫生立法中有关非自愿入院和非自愿治疗的关系大致存在两种模式：组合模式和分离模式。[3]组合模式将入院和治疗合并为

---

〔1〕 刘白驹：《非自愿住院的规制：精神卫生法与刑法（上）》，社会科学文献出版社2015年版，第299页。

〔2〕 李俊颖、周煌智："从精神病患住院实例探讨精神卫生法中强制就医权疑义"，载《医事法学》2003年第1期。

〔3〕 世界卫生组织：《精神卫生、人权与立法资源手册》，2006年，第66页。

一个程序，一旦对患者实施非自愿入院，即可对其采取非自愿治疗。我国《精神卫生法》即采取组合模式，将患者的非自愿入院和治疗合二为一，患者的入院即意味着治疗。相反，分离模式则是非自愿入院和非自愿治疗彼此独立，两者采取不同的标准和审查评估程序，在对患者进行非自愿收治后，只有经独立的审查评估程序，认定其符合非自愿治疗标准的，方可对其采取非自愿治疗。例如，在美国几乎所有州都承认非自愿入院患者享有拒绝治疗权，违背患者意愿的非自愿住院需经法院的审查许可，且强制用药治疗的要求比非自愿入院更为严格。[1]组合模式和分离模式各有利弊，组合模式程序更为简便，有利于提高治疗的效率，使患者在入院后及时获得治疗，但这一模式忽视了入院和治疗的相对独立性，尤其是忽视非自愿入院患者仍可能具有治疗决定能力。分离模式通过两套独立的程序为精神障碍患者提供了额外的程序保护，从而更有利于保障患者的自主权，但也存在叠床架屋、程序繁冗之弊病，从而可能延误患者的治疗。

传统的非自愿医疗仅指非自愿住院治疗，但随着社区精神卫生服务的发展，不少国家和地区开始将非自愿治疗引入到社区精神卫生领域，目的是通过一定的约束、监督机制，增强患者治疗的依从性，使其能够在社区环境下接受适当治疗。尽管各国有关非自愿社区治疗的具体模式及其运作各有不同，但都是通过一定的约束、监督机制，促使患者在社区中持续地接受治疗，以避免精神疾病的恶化或反复。经过数十年的发展，非自愿社区治疗已获得越来越多的国家和地区的青睐，并已成为与非自愿住院治疗并驾齐驱的非自愿医疗类型。因此，非自愿医疗已远非传统的住院治疗，还包括非自愿社区治疗。非自愿住院仅仅是非自愿医疗的一种类型，两者系种属关系。

五、小结

因此，对于《精神卫生法》领域（非刑事领域）违背精神障碍患者意愿的治疗，本书使用"非自愿医疗"这一概念，它包括非自愿住院和非自愿社

---

[1] Dan Moon, "The Dangerousness of the Status Ouo: A Case for Modernizing Civil Commitment Law", 20 *Widener L. Rev.* 209, 228, 2014.

区治疗。鉴于非自愿医疗主要还是以住院方式为之，尤其是我国《精神卫生法》仅规定非自愿住院，因而也有不少学者使用"非自愿住院"或"非自愿住院医疗"这一表述。这一概念表述当然也是适当的，只是考虑到非自愿治疗方式的多样化，非自愿住院这一概念表述并不能涵盖所有类型的违背精神障碍患者意愿的治疗，因而本书采用"非自愿医疗"这一表述。当然，鉴于我国《精神卫生法》仅规定非自愿住院，在现行法律规范体系下，非自愿医疗即指非自愿住院，因而本书在描述现行非自愿医疗制度时所使用的"非自愿医疗"等同于"非自愿住院"，在其他语境或场合下，非自愿医疗和非自愿住院是两个不同的概念。

第二节　非自愿医疗的类型

一、学说观点及评析

非自愿医疗的类型是一个众说纷纭的问题，依据不同标准，学界有着不同的分类，代表性观点包括：①将非自愿医疗分为医学保护性住院、保安性强制住院和救助性强制医疗。医学保护性住院是由精神障碍患者的近亲属或监护人决定的住院治疗，属于民事性质的收治；保安性强制住院是由公安机关决定，对违反《刑法》或《中华人民共和国治安管理处罚法》（以下简称《治安管理处罚法》）的精神病人实施的强制医疗；救助性强制医疗是由民政部门指定的精神卫生机构对"三无"精神病人和患有精神疾病的复员军人的收治。[1]②将强制医疗分为不负刑事责任精神障碍者强制医疗、治安违法精神障碍者强制医疗、民政救助性精神障碍者强制医疗和家庭保护性精神障碍者强制医疗。[2]其中，不负刑事责任精神障碍者强制医疗为我国《刑法》和《刑事诉讼法》规范的强制医疗；治安违法精神障碍者强制医疗则包括警察依据《治安管理处罚法》和《中华人民共和国人民警察法》（以下简称《人民

---

〔1〕　精神病与社会观察、深圳衡平机构：《中国精神病收治制度法律分析报告》，2010 年，第 19 页。

〔2〕　王岳：《疯癫与法律》，法律出版社 2014 年版，第 47～49 页。

警察法》）对违反治安管理的精神病人的强制送治，[1]以及在监护人阻碍实施住院治疗或患者擅自脱离住院治疗时，警察依据《精神卫生法》所采取的强制送治；[2]民政救助性精神障碍者强制医疗则是民政部门将流浪精神障碍患者或患有精神病的复员军人强行收治于医院；[3]家庭保护性精神障碍者强制医疗是家属基于亲权或监护权出于医疗目的委托医院强制治疗精神障碍者，属于民事范畴。③将非自愿住院治疗分为强制医疗、救助医疗和保护医疗。其中强制医疗是指刑事强制医疗，系保安处分的一种；救助医疗，是由民政部门对查找不到近亲属的流浪乞讨中的疑似精神障碍患者收容救助入院的入院方式；保护医疗则是近亲属根据医生建议安排精神障碍者住院的入院方式。[4]

上述观点看似分歧较大，但其分类标准实质上是一致的，即依据送治人或决定主体的不同而对非自愿医疗进行分类。然而，送治人仅仅是非自愿医疗的申请者或护送者，其职能是协助或护送疑似患者至医院接受诊断评估，患者是否应接受住院要么应由法院决定（刑事强制医疗），要么由医疗机构诊断评估后决定（非自愿医疗）。[5]送治人不应影响到医疗机构对患者的收治，更不应该享有非自愿住院的决定权。无论是民政部门、公安机关还是近亲属，在非自愿医疗程序中他们的法律地位并无不同——都是患者入院的协助者或护送者，没有也不应享有非自愿医疗的决定权。医疗机构应根据患者精神状况和相关医学标准独立地作出诊断评估，并最终作出是否住院的医学建议或

---

　　[1]　《治安管理处罚法》第13条和《人民警察法》第14条规定，精神病人在不能辨认或者不能控制自己行为的时候违反治安管理的，不予处罚，但是应当责令其监护人严加看管和治疗。对严重危害公共安全或者他人人身安全的精神病人，警察可以采取保护性约束措施。需要送往指定的单位、场所加以监护的，应当报请县级以上人民政府公安机关批准后送往指定的单位、场所加以监护。

　　[2]　《精神卫生法》第35条第2款："再次诊断结论或者鉴定报告表明，精神障碍患者有本法第三十条第二款第二项情形的，其监护人应当同意对患者实施住院治疗。监护人阻碍实施住院治疗或者患者擅自脱离住院治疗的，可以由公安机关协助医疗机构采取措施对患者实施住院治疗。"

　　[3]　《精神卫生法》第28条第1款："除个人自行到医疗机构进行精神障碍诊断外，疑似精神障碍患者的近亲属可以将其送往医疗机构进行精神障碍诊断。对查找不到近亲属的流浪乞讨疑似精神障碍患者，由当地民政等有关部门按照职责分工，帮助送往医疗机构进行精神障碍诊断。"

　　[4]　孙东东、曾德荣："精神障碍患者非自愿住院医疗与强制医疗概念之厘清——与陈绍辉博士商榷"，载《证据科学》2014年第3期。

　　[5]　当然根据《精神卫生法》第31条的规定，对本人危险性的精神障碍患者的住院还应取得监护人的同意。

决定，而不应受送治人的影响或支配。因此，送治人并不能决定非自愿医疗的类型，将其作为非自愿医疗的分类标准明显不具有合理性。

二、非自愿医疗的分类标准

（一）法定分类标准的局限性

根据《精神卫生法》第 30 条和第 31 条的规定，对本人具有伤害危险的精神障碍患者的非自愿住院应取得监护人同意，对他人具有伤害危险的精神障碍患者的非自愿住院由医疗机构决定。因此，根据患者的危险性及其住院决定主体的不同，现行法律实际规定了两种类型的非自愿医疗，有学者将其称为"救护性非自愿住院"和"保安性非自愿住院"。[1]从现行法律出发，这一分类无疑具有合理性，对于了解非自愿医疗的具体类型，尤其是掌握两种非自愿医疗在决定主体、实施程序等方面的重大区别，具有重要意义。然而，无论是非自愿医疗还是强制医疗，本质上都是国家基于其固有权力对精神障碍患者所采取的限制人身自由的措施，其正当性依据是国家监护权和警察权。[2]对于有伤害自身危险的精神障碍患者，为保护其自身利益，国家基于国家监护权可以对此类患者实施非自愿治疗。对于有危害他人安全的精神障碍患者，为维护公共安全和他人的人身、财产权益，国家基于警察权有权对这部分患者采取非自愿治疗或强制医疗措施。我国《刑事诉讼法》规定的强制医疗以及《精神卫生法》第 30 条第 2 款第 2 项规定的非自愿医疗即属于此种类型。因此，非自愿医疗或强制医疗本质上都属于公权力行为，应由公权力机关行使，这也是各国普遍将该权力授予法院或其他法定机关的原因，而不论患者是对本人具有危险性，还是对他人具有危险性。但是，我国《精神卫生法》更倾向于将非自愿住院的决定权视为是一种民事权利，其来源于民法上的监护权，因而监护人有权决定患者的非自愿住院。很明显，这一规定误读或混淆了非自愿医疗决定权的法律性质，从而在制度上作出迥异于其他国家的安

---

〔1〕 戴庆康等：《人权视野下的中国精神卫生立法问题研究》，东南大学出版社 2016 年版，第 202 页。

〔2〕 有关警察权和国家监护权的论述参见：陈绍辉：《精神障碍患者人身自由权的限制——以强制医疗为视角》，中国政法大学出版社 2016 年版，第 127～138 页。

排，即授予监护人对具有伤害自身危险患者的非自愿住院决定权。

图表 2　危险性类型及其入院决定主体

危险性类型	危险性的表现	正当性依据	决定主体	决定程序
对本人的危险性	自杀、自残、严重失能等	国家监护权	公权力机关：法院或其他中立机构	听证程序
对他人的危险性	实施严重危害他人人身财产的行为，如杀人、伤人、严重毁坏他人财产	警察权		

（二）以治疗方式为标准：非自愿住院和非自愿社区治疗之分类

类型化无疑是认识事物本质的重要视角和方法，但这一方法运用得当与否很大程度上取决于分类方法的科学性与合理性。本书对非自愿医疗的分类不准备采取上述分类方法，而是根据非自愿医疗的方式，将非自愿医疗分为非自愿住院和非自愿社区治疗。这一分类符合精神卫生服务和非自愿医疗制度的发展趋势，并有助于以此为基础构建非自愿住院和社区治疗结合的非自愿医疗体系。

传统的非自愿医疗都是以住院方式为之，即通过全日住院方式将精神障碍患者拘禁于医疗机构内，限制其活动范围和自由，并以强制方式违背患者意愿实施相应治疗。随着社区精神卫生服务的发展，尤其是有了更多对传统的住院治疗方式的反思，不少国家和地区开始将非自愿医疗引入到社区治疗之中，从而形成所谓的非自愿社区治疗或强制社区治疗。作为相互独立的非自愿医疗类型，非自愿住院和非自愿社区治疗具有相似之处，如都具有强制性、限权性等，且两者联系紧密、相互补充。两者关系表现为：①互补关系。即非自愿社区治疗系作为非自愿住院的补充，附条件出院即属于此种情形。具体而言，对于非自愿住院患者，如适合在社区条件下接受治疗，可有条件提前出院，并在社区中接受监督性治疗。此种情形下，非自愿住院治疗和非自愿社区治疗相互补充、相互转换，发挥各自优势达到治疗目的。②替代关系。即非自愿社区治疗系作为非自愿住院的替代方式，对于不符合非自愿住院的患者，如符合非自愿社区治疗条件的，可对该患者采取非自愿社区治疗。但不可否认，患者的非自愿医疗仍然以住院为主要方式，非自愿社区治疗仍处于补充地位。

非自愿住院和非自愿社区治疗的区别亦十分明显：①治疗方式。非自愿住院以全日住院方式为之，非自愿社区治疗则是在社区环境下以门诊、居家治疗等方式为之。②强制方式。传统的非自愿住院将患者拘禁于医疗机构（病房）内采取隔离式治疗，并通过强制措施限制其活动范围和自由，患者的人身自由处于被剥夺状态。非自愿社区治疗并不剥夺患者的人身自由，患者仍可自由活动和正常生活，其强制方式是命令患者按时服药、定期到门诊接受诊察等，如患者违背非自愿治疗命令的，可采取召回住院、请求警察机关协助执行等措施。总体而言，非自愿社区治疗的强制性更弱，对患者本人权益的影响更小。③决定主体。非自愿住院的决定主体一般为医疗机构以外的中立机构，如法院、审查委员会等，但在采取医学模式的国家中，仍然是由医疗机构决定。各国有关非自愿社区治疗的决定主体差异较大，多数是由医疗机构或医生决定，但也有国家和地区是由法院或其他中立机构决定。此外，非自愿住院和非自愿社区治疗在实体条件、实施程序、可采取的治疗手段等方面也存在重大差别，具体可详见本书第五章，在此不予赘述。下文将对这两类非自愿医疗类型予以概况性介绍，并以此为基础揭示非自愿医疗的概念体系。

三、非自愿住院及其类型

（一）非自愿住院的概念

非自愿住院是将精神障碍患者拘禁于医疗机构内，以全日住院的方式违背其意愿予以治疗。此种非自愿医疗模式在治疗上普遍采取"隔离式康复模式"，即远离家庭、脱离自然社区、封闭式和集中式的康复方式。[1]一旦被非自愿入院，患者的人身自由、个人自主、通讯自由、个人隐私、会见探访者等权利均受到不同程度的限制。患者还将被迫接受精神治疗，忍受药物治疗、电击疗法等带来的严重副作用和治疗风险，甚至被采取约束、隔离等限制人

---

〔1〕 卓彩琴、张慧："社会排斥视角下隔离式康复模式反思——以 T 麻风康复村为例"，载《河南社会科学》2011 年第 4 期。

身自由的措施。同时，非自愿住院患者往往被贴上"精神病"或"精神异常"的标签，即便是康复出院之后仍然背负住院和精神疾病所带来的污名。[1]研究表明，一方面，非自愿住院和精神疾病往往产生显著的公共污名，如失业、丧失生活能力、存在暴力危险性等；另一方面，将使得患者产生羞辱、自卑等内在污名，进而使这些患者更加缺乏自信和降低生活品质。[2]更为严重的是，长期的住院治疗容易导致患者丧失社会适应能力，形成所谓的"机构症"现象，其突出表现是缺乏主动性、感觉麻木、畏缩不前、顺从权威，以及对精神病院过度依赖。[3]同时，非自愿住院往往使患者产生强烈的负面体验和心理创伤，入院过程中所采取的强制措施往往使他们产生羞辱、无力、恐惧等负面感受，住院过程中所遭受的隔离、人身约束和强制治疗往往使他们感到愤怒、恐惧和不信任。[4]

因此，非自愿住院向来受到强烈的质疑和批评，激进的观点甚至认为应取消非自愿住院。但没有证据表明所有精神病人都不应住院，特别是对于那些对本人或他人具有真正危险的精神病人来说，住院才能提供有效的治疗，[5]并在客观上消除其人身危险性，防止其对本人或他人实施危险行为。正因为如此，各国都普遍规定了非自愿住院制度，甚至将非自愿住院作为非自愿医疗的唯一方式，我国亦不例外。

（二）非自愿住院的实施过程

1. 非自愿住院的步骤与环节。在我国，非自愿住院的实施过程包括送治、诊断、入院和治疗等环节。同时，入院和治疗合二为一，两者融合为一个实

---

〔1〕 根据污名对个人产生的后果，可将污名分为公共污名（public stigma）和内化污名（internalized stigma）。公众污名是社会公众对污名化群体所施加的刻板印象和对立行为，内化污名则个人认为自己具有某些负面特点。

〔2〕 Alexandra S. Bornstein, The Facts of Stigma: "What's Missing from the Procedural Due Process of Mental Health Commitment", *Yale J. Health Pol'y L. & Ethics*, 18（2019），137.

〔3〕 刘芳、徐兴文："试论人类精神疾病观的发展与演变"，载《湖北科技学院学报》2014 年第6 期。

〔4〕 詹清和等："精神障碍非自愿住院的患方主观体验"，载《国际精神病学杂志》2018 年第1 期。

〔5〕 Gary B. Melton, *Psychological Evaluations for the Courts: A Handbook for Mental Health Professionals and Lawyers*, New York: The Guiford Press, 2007, p. 351.

体要件和程序，非自愿入院即意味着非自愿治疗，但两者仍然存在先后顺序，在患者入院后方可违背其意愿采取强制性治疗措施。在非自愿住院的实施过程中，所涉及的法律问题包括：①谁有权将疑似精神障碍患者送往医院接受诊断和治疗？②精神障碍的诊断和非自愿入院的评估由谁作出？③精神障碍患者非自愿入院的决定应由谁作出？④入院后，应由谁实施强制治疗？由于精神障碍的诊断和治疗主要涉及医学问题，应由具有资质的医疗机构和精神科执业医师作出，因而第 2 个和第 4 个问题应无争议。争议之处在于：送治人是谁？谁有权将疑似精神障碍患者送至医院接受诊断和治疗？其次，非自愿入院的决定权由谁行使，医疗机构抑或中立的第三方？各国非自愿住院程序的分野在于第 3 个问题，即非自愿入院的决定权主体及其程序的安排不同，进而形成不同的非自愿医疗模式。[1]

图表 3　非自愿住院的实施过程

2. 非自愿住院与非自愿治疗之区分。从以上分析可见，非自愿住院包括两个核心环节：入院和治疗。这两个环节联系密切，但又有相对的独立性；其中，入院在先，治疗在后，入院以治疗为目的。据此，非自愿住院实际上包括非自愿入院和非自愿治疗，法律规制的重点是入院，目的在于通过严格的法律程序防止不符合条件的个人被卷入非自愿住院，即防止"被精神病"的发生。

在多数国家，在患者被强制收治入院后，医院可以违背其意愿采取非自愿治疗，因而法律对非自愿入院后的治疗行为往往不作过多的干预。然而，不同于一般的治疗行为，精神科治疗具有较高的风险性，无论是药物治疗，还是其他特殊治疗方式，其副作用和对个人健康的风险都明显高于生理疾病的治疗。正是基于此，法律有必要对入院后的非自愿治疗行为给予必要的规制，其具体规制方式大致包括以下三方面：①对入院后的非自愿治疗设置独

---

〔1〕　具体分析参见本书第六章第一节。

立的审查程序。即对于非自愿入院患者，只有经审查评估认为其符合非自愿治疗条件的，才可以违背该患者意愿采取强制性治疗措施。这种模式对非自愿入院和非自愿治疗分别采取两套独立的审查程序，固然可以最大限度地保护患者的合法权益，但也有叠床架屋之弊病，尤其是极大地降低了治疗的效率。目前主要是英美国家采取这种模式，欧洲理事会部长委员会颁布的《关于保护精神障碍患者的人权和尊严的建议》也秉持这一观点。②为避免非自愿住院沦为不定期拘禁，不少国家的法律对非自愿住院治疗规定了期限，通过治疗期限制度限制治疗的持续时间。③规定定期评估制度，要求审查机构或医疗机构对患者继续住院的必要性进行定期评估，经评估认为患者不再符合非自愿住院条件的，应及时解除住院治疗。

上述非自愿入院和非自愿治疗的区分，在我国《精神卫生法》中有着明确的体现，《精神卫生法》针对入院行为和治疗行为作出了不同的规范，其目的和重点明显不同。《精神卫生法》第30～36条实际上都是规范非自愿入院行为，包括非自愿入院的实体条件和程序；第39～43条规范的是入院后的治疗行为，包括医疗机构的治疗行为应遵循精神障碍诊断标准和治疗规范，并尊重患者或其监护人的同意权（第39条）；对约束、隔离行为的规制（第40条）；对药物治疗、精神外科手术、特殊治疗措施的规制（第41～43条）。

（三）非自愿住院的类型

1. 作为独立类型的紧急非自愿住院。如前所述，非自愿住院以全日住院方式为之，患者被留置于医疗机构的特定区域（病房）内接受治疗，客观上人身自由已被剥夺。为保障个人的人身自由权，很多国家的法律规定，精神障碍患者的非自愿住院由法院或中立机构作出审查决定后，医疗机构方可将患者强制收治入院。然而，不少精神障碍患者在突发疾病以及具有实施或可能实施危害行为的紧迫危险时，需要立即住院接受诊断评估或治疗。此种情形下，取得审查机构对患者住院的事先许可往往不具有可行性，因而需要建立一种特殊类型的非自愿医疗类型，使得医疗机构无需取得审查机构的许可，可径直将患者收治入院，这一入院方式被称为"紧急非自愿住院"。紧急非自愿住院是在紧急情况下对具有危险性的精神障碍患者违背其意愿所采取的临时性住院，期限一般为72小时。紧急非自愿住院作为一种相对独立的非自愿医疗类型，目的是"以最低限度的繁文缛节，以最快、最便捷的方式将患者送往医院"，[1]从而在一定程度上缓和中立机构审查可能带来的延误患者治疗之弊端。

例如，美国各州的非自愿住院大致包括紧急拘禁和正式拘禁（长期拘禁）两类，前者在紧急情况下临时实施，程序较为简便，无需采取听证程序，且一般由医疗专业人员作出决定；后者则需要经过正式的司法听证程序，且需法院作出裁决，程序较为繁冗。《英国精神卫生法》则建立了"紧急情况下的入院评估"（admission for assessment in cases of emergency）这一非自愿入院类型。具体而言，在紧急情况下，由具有资质的精神卫生人员或患者的近亲属提出，并有 1 名具有资质的医务人员经诊断评估出具的建议，可将患者紧急拘禁 72 小时。[2]

尽管紧急非自愿住院和（正式）非自愿住院都是以住院为方式，且联系紧密，前者往往构成后者的前置环节，但两者存在重大区别：①对象不同。前者系针对疑似精神障碍患者，尚未确诊是否患有精神障碍；后者则是经诊断确诊的患者，且经评估具有人身危险性，也即是符合法定的非自愿住院条件。②期限不同。紧急非自愿住院的期限一般仅限于完成诊断评估所需的合理时间，多数国家规定为 72 小时。正式住院的期限主要取决于治疗所需要的时间，如经治疗患者不再符合非自愿住院条件的，应及时解除非自愿住院。因而在法律未明确规定住院期限的情况下，非自愿住院实际上属于不定期拘禁，但不少国家为避免这一不合理现象，往往会规定住院期限。③决定主体不同。在建立非自愿住院审查制度的国家或地区，患者的非自愿住院需经审查机关的审查决定，医疗机构无权径直对患者采取非自愿住院措施。相反，紧急非自愿住院往往具有紧迫性、临时性的特点，各国都是授权医疗机构直接作出决定，无需经审查机关的许可。④住院期间可采取的措施不同。紧急非自愿住院的目的主要是将具有危险性的疑似精神障碍患者予以留院，通过诊断评估以认定其是否患有精神障碍并需要进一步的住院。因此，在留院期

---

〔1〕 Michael L. Perlin, *Mental Disability Law: Civil and Criminal* (volume 1), Virginia: LEXIS Publishing, 1998, p. 500.

〔2〕 Mental Health Act 1983, S. 4.

间患者的疾病尚未确诊，原则上不应对患者进行治疗，除非是出于诊断目的和控制紧迫状况，否则不得使用药物或其他措施（如保护性约束措施）。相反，对于非自愿住院患者，医疗机构及医务人员可根据患者的病情和诊疗规范采取相应的治疗措施。

2. 我国《精神卫生法》的规定。我国《精神卫生法》没有明确规定紧急非自愿住院。一方面，精神障碍患者的非自愿住院由医疗机构决定，无需取得法院或其他中立机构的审查决定，紧急住院制度也就没有独立存在的必要。但我国《精神卫生法》第28条第2款规定了紧急送诊程序，即对于具有危险性的疑似精神障碍患者，其近亲属、所在单位、公安机关应将其送往医疗机构进行精神障碍诊断。此种情况下，医疗机构应对患者予以留院，立即指派精神科执业医师进行诊断，并及时出具诊断结论，[1]如经诊断评估，认为患者符合《精神卫生法》第30条第2款规定的非自愿住院条件的，应办理住院手续。[2]可见，这一留院观察制度相当于紧急非自愿住院，并具有类似的功能，但《精神卫生法》第29条第2款这一单薄的规定尚不足以支撑起一项独立的非自愿医疗类型和制度。

四、非自愿社区治疗及其类型

（一）非自愿社区治疗的概念及其发展变迁

非自愿社区治疗，又称之为强制社区治疗，是指以一定的强制方式迫使精神障碍患者在社区环境下接受治疗的非自愿医疗类型。相对于非自愿住院，非自愿社区治疗无疑是一项新兴的精神卫生法律制度，从产生至今不过数十年的历史。20世纪60年代以来随着"去机构化"运动的兴起，大量的精神病人从精神病院转移至社区，并在社区环境下接受治疗。同时，抗精神病药物的广泛使用、社会理念与法律的变迁也直接促使精神医学在治疗模式上发生根本转变，即从传统的住院中心主义转向社区服务模式。[3]然而，"去机构

---

〔1〕　参见《精神卫生法》第29条第2款。

〔2〕　参见《精神卫生法》第36条。

〔3〕　陈绍辉：《精神障碍患者人身自由权的限制——以强制医疗为视角》，中国政法大学出版社2016年版，第96页。

化"也引发诸多严重的社会问题,如大量精神病人流落街头,不少精神病人出院后无法在社区中接受充分、持续的治疗,病情开始反复恶化,乃至陷入反复住院、出院的恶性循环,精神卫生领域存在的"旋转门"现象日益突出。在此背景下,以美国为代表的西方国家开始尝试将非自愿治疗引入到社区精神卫生领域,旨在通过一定的约束、监督机制,增强患者治疗的遵从性,使其能够在社区环境下接受适当治疗。经过数十年的发展,非自愿社区治疗已获得越来越多的国家和地区的肯定,并已成为与非自愿住院并驾齐驱的非自愿医疗类型。

目前,美国、英国、加拿大、澳大利亚、新西兰等都建立了非自愿社区治疗制度。各国和地区有关非自愿社区治疗的表述差异较大,[1]其制度构造亦不无差异,从中可窥见这一制度的争议性。在美国,非自愿社区治疗一般称为"非自愿社区拘禁"(involuntary outpatient commitment,直译为"非自愿门诊拘禁"),也有的州称为"辅助性社区治疗"(assisted outpatient treatment),如纽约州,[2]而对于具有预防属性和功能的非自愿社区制度,学界一般将其称为"预防性社区拘禁"(preventive outpatient commitment)。在英国、加拿大、新西兰、澳大利亚等国家则称为"社区治疗命令"(community treatment order),这些国家一般将附条件出院、社区治疗命令等在内的非自愿社区治疗方式统称为"辅助性社区治疗"(assisted outpatient treatment)。

(二) 非自愿社区治疗的类型

尽管各国有关非自愿社区治疗的表述和制度构造不无差异,但根据其目的和功能大致可以分为两类:辅助性非自愿社区治疗和预防性非自愿社区治疗,前者是旨在帮助精神障碍患者遵守社区治疗计划,以维护患者健康,减少不必要的非自愿住院的法律制度;[3]后者则着眼于风险之预防,目的是通过社区治疗防止患者病情的恶化,以致对本人或他人造成危险或严重失能之

---

〔1〕 有关非自愿社区治疗的表述包括: outpatient commitment, involuntary outpatient commitment, involuntary outpatient treatment, community treatment order, assisted outpatient treatment, compulsory community commitment 等。

〔2〕 Laura's Law, CAL. WELF. & INST. CODE § 5345.

〔3〕 John E. Gray, Margaret A. Shone, Peter F. Liddle, *Canadian Mental Health Law and Policy*, Toronto: LexisNexis Canada, 2008, p. 26.

后果。值得注意的是，上述分类仅仅是学理上的观点，各国有关非自愿社区治疗的立法并未完全遵循这一分类方法。例如，纽约州法律将非自愿社区治疗称为"辅助性社区治疗"（assisted outpatient treatment），但就其内容而言，它仍属于典型的预防性非自愿社区治疗。

同时，各国非自愿社区治疗制度往往由多种类型的社区治疗方式构成，如英国和加拿大多数省的非自愿社区治疗制度就包括附条件出院和社区治疗命令。在美国，非自愿社区治疗则包括三种模式：①附条件出院（conditional discharge）。此种模式是将社区治疗作为出院的条件，当非自愿拘禁患者经住院治疗病情缓解之时，可有条件地将其释放，并限制性地使其在社区中接受治疗。这些限制性条件包括：定期报告；强制服用药物；限制旅行、服用毒品、酒以及与特定人的联系；定期药检等。[1]附条件出院类似于刑罚中的假释，患者的出院以其自愿接受社区治疗为条件，如果患者违反社区治疗条件的，可将其重新收治入院。由于附条件出院的首要功能是促使患者融入社会，因而一些州对其期限予以审慎限制，如奥克拉荷马州和密苏里州规定附条件出院命令的期限为 1 年，西弗吉尼亚州的期限为 6 个月，路易斯安那州则只有 120 天，其他州的期限为非自愿拘禁的剩余期限。[2]②作为非自愿住院替代方式的非自愿社区治疗。在该模式下，尽管特定精神病人符合非自愿拘禁的条件，如果政府利益能够通过社区治疗等更小限制方式实现的，可命令该精神病人接受社区治疗。[3]如果患者违反法院作出的社区治疗命令，经听证，可对其采用非自愿住院。该模式可视为最小限制原则在非自愿拘禁立法中的体现，不少州的非自愿拘禁法中将最小限制原则作为非自愿拘禁的条件，即要求非自愿拘禁是在没有其他更小限制性替代措施的情况下方可实施。换言之，如果患者可以在更小限制环境下接受治疗，如社区治疗，则没有必要采取住院治疗这一方式。在此种模式下，社区治疗和非自愿拘禁的条件相同，

〔1〕 John Kip Cornwell，"Exposing the Myths Surrounding Preventive Outpatient Commitment for Individuals with Chronic Mental Illness"，*Psychology*，*Public Policy*，*and Law*，9（2003），p. 369.

〔2〕 John Kip Cornwell，"Exposing the Myths Surrounding Preventive Outpatient Commitment for Individuals with Chronic Mental Illness"，*Psychology*，*Public Ploicy*，*and Law*，9（2003），p. 369.

〔3〕 Amy Allbright，et al.，"Outpatient Civil Commitment Laws：An Overview"，*Mental & Physilal Disability Law Reporter*，26（2002），17.

但是治疗的限制性更小，患者可在社区中独立生活，并可融入社区。[1]③预防性社区拘禁（preventive outpatient treatment, or preventive outpatient commitment）。此种模式下，精神病人并不符合传统非自愿拘禁的条件，但是基于患者如不给予治疗将导致其病情恶化或对本人或他人造成危险之预测，对其采取非自愿社区治疗，治疗方式包括药物治疗、血液检查、尿检、心理治疗等。[2]预防性社区拘禁并不以精神病人具有实际危险性为前提条件，其治疗的目的在于防止患者疾病的恶化，从而最终符合非自愿拘禁的标准而被非自愿住院，因而其本质上是一种预防性拘禁。目前，美国有40多个州规定了附条件出院，三分之二的州规定了作为非自愿住院替代方式的社区治疗，10多个州规定了预防性社区拘禁。[3]

前两种社区治疗方式的条件与传统的非自愿住院条件相同，但患者可以在比非自愿住院更小限制的社区中接受治疗，从而更有利于保护患者的个人自由，避免不必要的住院和对人身自由的过度限制。因此，相对于住院治疗，非自愿社区治疗以更小限制方式达到保护个人和公众免受侵害之目的，能够作为实现政府紧迫利益的替代手段而获得正当性，因而这两种社区治疗方式在实践中并不会引起争议。[4]

然而，预防性社区拘禁则突破了传统非自愿拘禁的条件，它以患者不遵从治疗而导致多次住院，以及如不采取无社区拘禁，患者将可能因状况恶化而导致对本人或他人的危险为条件，并不要求患者因精神疾病而对本人或他人造成实际的、严重危险为要件。[5]因此，预防性社区拘禁的目的在于通过社区治疗防止精神病人病情恶化，从而达到预防暴力危险之目的。顾名思义，

---

〔1〕 Jessica L. MacKeigan, "Violence, Fear, and Jason's Law: The Needless Expansion of Social Control Over the Non-Dangerous Mentally Ill in Ohio", 56 *Clev. St. L. Rev.* 739, 745 (2008).

〔2〕 Jessica L. MacKeigan, Violence, Fear, and Jason's Law: The Needless Expansion of Social Control Over the Non-Dangerous Mentally Ill in Ohio, 56 *Clev. St. L. Rev.* 739, 745 (2008).

〔3〕 Gary B. Melton, *Psychological Evaluations for the Courts: A Handbook for Mental Health Professionals and Lawyers*, New York: The Guiford Press, 2007, p. 341.

〔4〕 Bruce J. Winick, et al., "Outpatient Commitment: A Therapeutic Jurisprudence Analysis", *Psychology, Public Policy, and Law*, 9 (2003), 112~113.

〔5〕 Candice T. Player, "Involuntary Outpatient Commitment: The Limits of Prevention", *Standford Law & Policy Review*, 26 (2015), 167.

预防性是此种社区拘禁的根本特点。正因为预防性社区拘禁突破了传统民事拘禁的危险性要件，限制了那些不具有即刻危险性患者的权利，从而引起巨大的争议。[1]

在我国，《精神卫生法》仅规定非自愿住院，非自愿社区治疗在立法中并无体现，且仍然是一项十分陌生的制度。受制于精神卫生资源的有限性、经济能力的不足等因素，国内对精神障碍患者的治疗、康复、照护与监管主要采取居家模式。居家精神障碍患者的管理主要依托于社区，社区为签署了知情同意的患者提供随访、危险性评估、服药指导及康复护理服务。[2]在此背景下，如何确保社区治疗的有效性，是实践中亟待探索的问题，而其他国家和地区的经验无疑为我国提供了新的思路和启示。[3]

五、小结：非自愿医疗的体系

从以上分析可见，非自愿医疗包括非自愿住院和非自愿社区治疗两种类型，其中，非自愿住院的实施过程包括入院和治疗两个环节，即包括非自愿入院和非自愿治疗。同时，非自愿住院衍生出一种相对独立的非自愿医疗类型：紧急非自愿住院。以此为基础，非自愿医疗的体系如下：

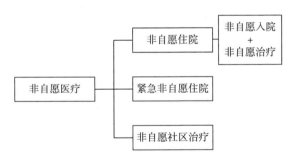

图表 4　非自愿医疗的体系

---

〔1〕　Jessica L. MacKeigan, "Violence, Fear, and Jason's Law: The Needless Expansion of Social Control Over the Non-Dangerous Mentally Ill in Ohio", 56 *Clev. St. L. Rev.* 739, 745 (2008).

〔2〕　卫生部：《国家基本公共卫生服务规范（2011 年版）》，2015 年。

〔3〕　有关我国非自愿社区治疗制度的具体构建，参见第五章第三节。

第二章

非自愿医疗程序的基本理论

第一节　非自愿医疗程序的价值

作为限制人身自由的措施，非自愿医疗的实施无疑应遵循相应的法律程序。换言之，法律程序是实现非自愿医疗规制的重要途径。那么，为何要重视程序这一规制方式？这就需要从程序价值视角探讨法律程序在非自愿医疗中具有的价值，这也构成通过程序实现对非自愿医疗规制的正当性依据。

一、法律程序在非自愿医疗中的价值

（一）程序及其价值

在通常意义上，程序是指"事情进行的步骤、次序"[1]或者"按时间先后或依次安排的工作步骤"，[2]它有"步骤""顺序""规程""法式""程式"等多重含义或表述。在法律领域，程序是指按照一定的方式、步骤、时限和顺序作出法律决定的过程。[3]由于国家一般对制作各种法律决定的程序都有法律的明确规定，因而这种程序又被称为"法律程序"。[4]常见的法律程

---

〔1〕《新华字典》，商务印书馆 2001 年修订第 3 版，第 123 页。

〔2〕《辞海（第 3 卷）》，商务印书馆 1979 年版，第 2307 页。

〔3〕张步峰：《正当行政程序研究》，清华大学出版社 2014 年版，第 4 页。

〔4〕陈瑞华：《程序正义理论》，中国法制出版社 2010 年版，第 1 页。

序包括立法程序、选举程序、诉讼程序和行政程序等。上述程序大致都属于公权力主体作出法律决定所应遵循的方式、时限和步骤，其目的更多是防止公权力的恣意行使，确保法律决定的正当性、合理性。然而，现代法律日趋将私人主体的行为纳入程序规制的范围，如公司股东会、董事会的决议程序、合同的订立程序、劳动合同的解除程序、协商解决的纠纷程序等。

程序价值理论主要涉及人们在评价和构建一项法律程序时所应依据的价值标准，以及人们在通过法律程序实施法律时所要达到的价值目标。[1]尽管有关程序价值的学说观点众多，但大致可以将其分为两大理论阵营：程序工具主义和程序本位主义。程序工具主义认为，程序本身并不具有自身的独立价值，它仅仅是实现某种外在目的的手段或工具，"结果有用性"是评判程序是否合理、公正的唯一标准。例如，边沁从功利主义出发，认为"程序法的唯一正当目的是最大限度地实现实体法"，并最终实现"最大多数人的最大幸福"。德沃金将能否最大限度地减少错误定罪所带来的"道德错误"和"道德成本"作为评价刑事程序正当与否的独立价值标准，但仍是将刑事审判程序作为实现实体正义的工具。[2]波斯纳将能否最大限度地降低"错误成本"和"直接成本"作为判断程序的价值标准。[3]换言之，程序的目的在于提高经济效益，增进公共福祉。

程序本位主义认为，程序作为一个过程应当具有其内在的、独立于结果而存在的价值。虽然法律程序对实现结果公正具有非常重要的工具价值，但与程序自身的内在价值相比，还是处于第二位。[4]这种程序的内在价值是通过法律程序本身予以体现，并独立于裁判结果的公正价值，如参与、平等、尊严、中立等。以程序中立为例，它不需要依赖程序产生的结果就可以独立地存在和实现，且我们可以根据一个法律程序是否具有中立性而评价该程序是"好"还是"不好"。[5]学者关于程序所具有的内在价值观点不一，萨默斯

---

〔1〕 陈瑞华：《程序正义理论》，中国法制出版社 2010 年版，第 1 页。

〔2〕 陈瑞华：《程序正义理论》，中国法制出版社 2010 年版，第 56~59 页。

〔3〕 ［美］理查德·波斯纳：《法律的经济分析（第 7 版）》，蒋兆康译，法律出版社 2012 年版，第 816~818 页。

〔4〕 陈瑞华：《程序正义理论》，中国法制出版社 2010 年版，第 116 页。

〔5〕 王锡锌：《行政程序法理念与制度研究》，中国民主法制出版社 2007 年版，第 81 页。

认为程序本位主义意义上的程序价值包括参与性、正统性、和平性、人道性、合意性、公平性、合法性、程序理性、及时性、终结性及尊重个人尊严和个人隐私。[1]马修认为，程序的内在价值包括尊严、平等和传统等，评价法律程序正当性的主要标准是程序本身能够在多大程度上维护人的尊严，这一通过程序本身所体现的价值被称为"尊严价值"（dignitary values）。尊严价值包括平等（equality）、可预测性（predictability）、透明性（transparency）、理性（rationality）、参与（participation）和隐私（privacy）等方面。[2]另外，罗尔斯的"纯粹的程序正义"理论、富勒的"程序自然法"理念，[3]都可视为程序本位主义的不同流派。

有关程序价值的工具主义和本位主义之争论看似相互对立、互不相容，但两者本质上都是从不同视角揭示程序所具有的价值。程序工具主义是从外部视角强调程序所具有的外部功能，即对实体权利或外在目的的促进和实现功能。程序本位主义则是从内部视角突出强调程序所具有的内在价值，旨在避免将程序视为纯粹的手段，而湮灭程序自身的独立品格和价值。可见，这两种理论从不同的视角揭示了程序的不同价值和功能，且无论是程序的工具性价值，还是程序的内在独立价值，两者并不具有必然的冲突性。一方面，法律程序必然以实现一定的实体权利和外在价值为目的。此种情形下，程序必然具有其工具性或手段性价值。另一方面，法律程序基于其内在的特质和品格，也具有某些独立的价值，如保障当事人的程序参与、程序平等、尊严等。法律程序在实现上述价值时并不必然发生冲突，多数情形下并非不可兼得。

（二）法律程序对非自愿医疗的规制

无论如何界定非自愿医疗的性质，恐怕都无法否认非自愿医疗对个人所施加的重大影响。一方面，非自愿医疗构成对个人自由的严重限制或剥夺。

---

〔1〕 Summers Roberts. , "Evaluating and Improving Legal Process—A Plea for Process Values", *Cornell Law Review*, 1974, 60 (1).

〔2〕 Jerry L. Mashaw, "Administrative Due Process: The Quest for a Dignitary Theory", *Boston University Law Review*, 61 (1981), 899~905.

〔3〕 ［美］富勒:《法律的道德性》，郑戈译，商务印书馆 2005 年版，第 114 页。

一旦被强制住院，患者的人身自由、自主选择、通讯自由、个人隐私等权利均受到不同程度的限制。实践中，由于欠缺有效的定期审查制度和救济途径，精神障碍患者的非自愿医疗往往不受期限的限制，客观上导致对其人身自由的剥夺比多数轻罪的刑罚更为严重。另一方面，由于精神疾病的诊断具有较强的主观性和不确定性，且相关诊断容易受到医学标准以外因素的影响，这就造成非自愿医疗的滥用。无论是出于对精神障碍患者乃至正常人群的基本人权的保障，还是对公权力的有效约束，非自愿医疗都必须受到法律的严格规制。

一般认为，法律对非自愿医疗的规制主要在实体和程序两个层面展开。实体规制是通过法律明确非自愿医疗的实体要件，进而限定非自愿医疗的适用对象和范围。通过法律明确非自愿医疗的实体要件，一方面，能够明确国家以非自愿医疗为名剥夺个人自由的正当性依据和理由，从而确保非自愿医疗符合实质正当之目的；另一方面，能够限制国家干预个人自由的空间和范围，防止非自愿医疗的滥用，以及对个人自由的过度限制。

程序规制则是通过法律明确非自愿医疗实施过程中所应遵循的步骤、方式和时限。现代程序被认为具有限制恣意、保证理性选择、"作茧自缚"之效应和反思性整合等功能，[1]如此，程序成为保证决策的理性、正当与合法化的重要路径。通过程序实现对非自愿医疗的规制，关键在于程序所具有的内在和外在价值。就程序的内在价值而言，法律程序有利于保障患者的程序参与权，使患者在非自愿医疗程序中获得平等对待和尊严，通过程序中的"沟通"与"商谈"，确保非自愿医疗决定的形式理性和可接受性。就程序的外在价值而言，法律程序旨在通过法定程序实现对公权力的制约，防止权力的恣意和任性，从而达到保障患者基本人权之目的。可见，在非自愿医疗中，法律程序的价值在于：①权力制约，即通过程序实现对公权力的限制；②人权保障，即通过程序实现对精神障碍患者基本人权的保障。

二、权力制约：通过程序实现对公权力的限制

程序的本质是管理和决定的非人情化，其一切布置都是为了限制恣意、

---

〔1〕　季卫东：《法律程序的意义——对中国法制建设的另一种思考》，中国法制出版社 2004 年版，第 22~31 页。

专断和过度的裁量。[1]具体而言，程序通过对权力行使的过程、方式和范围进行规制，使权力自身围绕着既定的轨道运行。程序作为一种规制权力主体行为的角色分配体系，使权力主体在角色就位之后，各司其职，相互配合，保证分工顺利执行，压缩权力恣意运作的空间。[2]同时，一旦程序规则事先予以确立，权力主体就必须按照程序规则设定的步骤、方式和时限实施行为，从而克服权力行使的随意性。

非自愿医疗本质上是国家基于其固有权力对精神障碍患者实施的限制人身自由的措施，其公权力属性及对患者权利的严重影响决定其应受到法律程序的严格规制。换言之，法律程序是实现非自愿医疗权规制的重要途径，具体包括：

1. 通过程序限制政府的非自愿医疗权。非自愿医疗权本质上是国家享有的一项公权力，而公权力的扩张性、侵害性决定了其必须受到法律的严格约束。就程序而言，非自愿医疗权的限制主要通过以下途径实现：①明确非自愿医疗权的行使步骤、方式和时限。如根据非自愿医疗的实施过程，将非自愿医疗分为送治、诊断评估、审查决定、入院治疗和出院等环节，并明确不同环节中送治主体、医疗机构、审查机构的权力（权利）及其行使方式。②明确精神障碍患者在非自愿医疗程序中的权利，通过程序参与主体的程序性权利实现对非自愿医疗权的反向制约。程序的公开、理性，当事人对程序的充分参与及其对结果的实质性影响，都构成一种对决定者或程序指挥者牵制掣肘的力量。[3]具体到医疗程序，这集中体现在非自愿入院听证程序中，患者应享有获得通知、出席听证、陈述申辩、提交证据、质证等程序性权利，从而充分保障其程序参与权。

2. 通过程序建立程序参与主体之间的制约机制。程序是一种牵制的力量。程序的时间和空间要素要求时间上可能的限度和空间上可能的关系和方式，

〔1〕 季卫东：《法律程序的意义——对中国法制建设的另一种思考》，中国法制出版社 2004 年版，第 98 页。

〔2〕 吴建依："程序与控权"，载《法商研究》2000 年第 2 期。

〔3〕 孙莉："程序控权与程序性立法的控权指向检讨——以《行政诉讼法》立法目的为个案"，载《法律科学》2007 年第 2 期。

意在通过不同权力（利）主体及其行为在时间和空间上的内在牵连造成权能上的相互牵制和约束。[1] 程序的牵制性旨在实现程序参与主体之间的制约，避免权力的专断和集中。在非自愿医疗程序中，这一理念主要是通过建立送治主体、医疗机构和审查机构之间的权力制约机制予以实现，尤其应实现诊断治疗与审查决定的分离。

就制度设计而言，非自愿医疗的实施涉及诸多主体和利益相关者，应合理平衡相关主体之间的权利义务，从而形成一定的权力制约机制。例如，送治人一般无权决定精神障碍患者的非自愿入院，其作用主要是启动非自愿医疗程序；医疗机构及精神科执业医师主要就医学问题作出评估和决定；而由于非自愿入院决定涉及精神障碍患者的人身自由、人格尊严等基本权利，如此重大的法律判断应由法院或其他适格的中立机构作出决定。因此，各国非自愿医疗制度的一个重要理念是实现诊断评估与入院决定的分离，医疗机构负责疑似精神障碍患者的诊断评估，并提出入院治疗的医学建议，但是非自愿入院的决定应由法院或其他中立机构作出。具体而言，则是通过独立机构（independent authority），如审查机关（review body）、法庭（tribunal）或法院等，对医学/精神科/专业人员的非自愿入院建议进行确认，[2] 只有医学专业人员提出的有关非自愿住院的医学意见获得审查机构的确认或许可，方可违背患者意愿采取治疗。

然而，受制于传统、文化、观念和医疗资源等，我国的非自愿医疗程序在制度设计上并未体现上述考量，反而赋予监护人（送治人）、医疗机构等相关主体过于集中的权力，这集中体现在《精神卫生法》赋予监护人对本人具有危险性的精神障碍患者的非自愿住院决定权，医疗机构既享有诊断评估和治疗权，也享有非自愿医疗的决定权。很明显，这一程序设计并不符合权力制约和正当程序的理念。

---

〔1〕 孙莉："程序控权与程序性立法的控权指向检讨——以《行政诉讼法》立法目的为个案"，载《法律科学》2007年第2期。

〔2〕 WHO, *WHO Resource Book on Mental Health*, *Human Rights and Legislation*, WHO Press, 2005, p. 51.

三、人权保障：通过程序保障患者的人权

精神障碍患者作为人权主体，与其他任何人享有同样的人权，这已成为普遍的观念和共识。这一普遍观念的确立得益于两方面的进步：一是学理上现代权利能力理论的提出，实现了权利能力和行为能力的分离，权利能力和法律主体资格的取得不以理性能力、精神状态为条件。如此，即便是不具备理性和认知能力的精神障碍患者仍具有权利能力，并享有作为人所应享有的一切权利。二是实践中普遍人权观念的确立，它集中体现为这样的内容：存在某些无论被承认与否都在一切时间和场合属于全体人类的权利。人们仅凭其作为人就享有这些权利，而不论其在国籍、宗教、性别、社会身份、职业、财富、财产或其他任何种族、文化或社会特性方面的差异。[1]普遍人权观念表达的是一种最低限度的、作为人所应固有的、与生俱来的权利。换言之，只要是作为人，无论其先天资质抑或后天条件如何，无论其是否具有正常人的理性能力和精神状态，都应享有基本人权。对精神障碍患者而言，人权不仅仅是一种话语、理念和理想，更是行动指南和行为准则，应通过积极措施促进和保障人权的实现。

（一）精神障碍患者的基本人权及其保障

如上所述，精神障碍患者平等享有作为人所享有的一切人权。然而，作为弱势群体，精神障碍患者"经历着存在于任何社会中最恶劣的生活条件"，"他们的人身自由经常不经正当程序而被长期剥夺，在各种机构中遭受劳役和强迫劳动，忍受残酷的住院环境并被剥夺基本的卫生保健，遭受体罚和性剥削，以及残酷、非人道和有辱人格的待遇"。[2]因此，精神障碍患者的权利无疑十分脆弱，社会歧视，相关法律和政策所设置的各种障碍或负担，都使得这部分群体的权利更难获得保障。基于此，需要通过国内法对精神障碍患者的权利给予特别的保护，尤其是：①平等而不受歧视的权利。众所周知，精

---

〔1〕［英］A. J. M. 米尔恩：《人的权利与人的多样性——人权哲学》，夏勇等译，中国大百科全书出版社 1995 年版，第 2 页。

〔2〕 Eric Rosenthal, Clarence J. Sundram, *The Role of International Human Rights in National Mental Health Legislation*, Department of Mental Health and Substance Dependence, 2004, p. 2.

神障碍患者是备受歧视的群体，实现其权利平等保护已刻不容缓。歧视是指会取消或损害权利平等享受的任何区别、排除或选择，除非这种区分、排除或选择是为了更好地保护精神障碍患者的权利。实践中，由精神疾病及其治疗所带来的歧视仍然是普遍的现象，其突出表现是给精神障碍患者贴上的各种歧视性"标签"以及由此带来的"污名效应"，从而剥夺了精神障碍患者在教育、就业、个人生活、享受公共服务等方面的平等机会。对此，《残疾人权利公约》明确规定："应当禁止一切给予残疾的歧视，保证残疾人获得平等和有效的法律保护，使其不受基于任何原因的歧视。"《保护精神病患者和改善精神保健的原则》亦明确宣示"不得有任何基于精神疾病的歧视"。②人格尊严。作为一项宪法上的基本权利，人格尊严旨在强调个人有自治自决之高度自主性；人不能成为纯粹的客体，不论是依自由意志或他意，人都不能被工具化、物化、商品化。[1]人格尊严依存于人的本质，是人之为人所而享有的，与能力、禀赋、理性无关的权利。因此，智力与精神上有缺陷者，譬如意识丧失、精神病患，亦应为人性尊严之权利主体。[2]精神障碍患者作为人格尊严之主体，其固有的尊严应受到尊重，而不遭受任何形式的剥削、虐待和有辱人格的待遇。对此，联合国《残疾人权利公约》将"尊重固有尊严和个人自主"作为基本原则，并要求各缔约国立即采取有效和适当的措施以"促进对残疾人权利和尊严的尊重"。《保护精神病患者和改善精神保健的原则》第1（2）条规定："所有精神病患者或作为精神病患者治疗的人均应受到人道的待遇，所固有的尊严应受到尊重。"③人身自由。人身自由是每个人最为重要的基本权利之一，若没有人身自由，其他自由和权利也将缺乏依托而无从行使。对精神障碍患者而言，人身自由受到限制的主要情形是非自愿医疗。因此，实现对非自愿医疗的规制是保障精神障碍患者人身自由的必然要求。④自我决定权。自我决定权源自个人尊严和个人所享有的意志自由，是个人对自身范围内的事务，不受他人干涉、自行决定的权利。基于自我决定权，必然衍生出生活方式形成之主动权，以及消极对抗国家不法干预之权。最后

---

〔1〕 李震山：《多元、宽容与人权保障——以宪法未列举权之保障为中心》，元照出版有限公司2007年版，第132页。

〔2〕 李震山：《人性尊严与人权保障》，元照出版有限公司2009年版，第16页。

的结果，即是个人的意见及行为，皆允许由自己决定，并由自己负责。[1]精神障碍患者的自主权主要表现为对精神疾病的治疗仍应遵循自愿原则，治疗过程中仍应充分尊重和保障患者的知情同意权。除非符合非自愿医疗的法定条件，否则患者的自主选择权不应被限制。同时，即便是非自愿入院患者，不少国家仍然承认患者的拒绝治疗权。⑤健康权。根据联合国经济、社会和文化权利委员会的意见，健康权包括自由，也包括权利。自由包括掌握自己的健康和身体的权利，包括性和生育上的自由，以及不受干扰的权利，如不受酷刑、未经同意强制治疗和试验的权利。权利包括参加卫生保护制度的权利，该套制度能够为人民提供平等的机会，享有可达到的最高水平的健康。[2]因此，就消极面向而言，健康权意味着排除国家和他人对个人健康权的侵害，如强制治疗、人身虐待等；就积极面向而言，健康权要求政府采取积极的措施促进个人健康的实现，包括获得适当的卫生条件、医疗保健和健康信息等。

精神障碍患者人权保障的另一路径是国际人权法。一方面，普遍性的国际人权公约可适用于精神障碍患者。但由于这些公约没有明确的条款或文字表明可适用于精神障碍患者，因而在精神障碍患者人权保障方面的作用有限。另一方面，存在专门保护精神障碍患者人权的国际公约和人权文件，前者有如《残疾人权利公约》等具有法律约束力的法律文件，后者为不具有法律约束力的国际人权文件，如《残疾人机会均等标准》；人权监督机构对相关公约进行解释所作出的"一般性意见"，如经济、社会和文化权利委员会作出的《第5号一般性意见》《第14号一般性意见》等。在所有国际人权文件中，最为重要的是联合国1991年颁布的《保护精神病患者和改善精神保健的原则》（MI原则），MI原则确立了精神卫生领域最基本的人权标准，被公认为"国际上保护精神障碍患者权利最完备的标准"。[3]尽管MI原则是一项非约束性

〔1〕 李震山：《多元、宽容与人权保障——以宪法未列举权之保障为中心》，元照出版有限公司2007年版，第147～148页。

〔2〕 经济、社会和文化权利委员会：《第14号一般性意见》。

〔3〕 Eric Rosenthal, Clarence J. Sundram, *The Role of International Human Rights in National Mental Health Legislation*, Department of Mental Health and Substance Dependence, 2004, pp. 20～21.

的联合国大会决议，但它可以作为解释国际人权公约有关条款的一项指南，并被很多国家全部或部分地纳入国内法律，或将其作为制定或修改国内法的指南。[1]

(二) 人权保障的程序法路径

法律程序不仅是一种办事的手续，更是一种权利的保障手段，通过权力制约的人权保障是法律程序的功能取向。[2]通过程序保障人权的经典表述为"未经正当法律程序，不得剥夺任何人的生命、自由和财产"。在我国，则表述为2018年《刑事诉讼法》第2条规定的刑事诉讼的任务之一是"尊重和保障人权"。不仅如此，人权保障理念已经渗透于整个刑事诉讼程序，在各个诉讼程序中均有明确且详细的规定。[3]可见，通过程序保障人权已成为一种重要的理念，并越来越受重视。

程序的人权保障功能体现在程序本身蕴含基本权利以及具有确认和扩大基本权利的功能，尤为重要的是程序对基本权利的限制构成"限制之限制"，[4]从而对国家限制基本权利起到反向制约的作用。这意味着国家在限制个人基本权利时应遵循法定程序，做到程序正当，不得任意为之。因此，除了程序本身所蕴含的基本权利构成对传统基本权利的发展外，[5]程序对人权的保障主要通过两种方式予以实现：一是通过规定权利的实现手段、方式来保障权利的实现。这种方式主要适用于积极权利，如健康权、社会保障权等，这些权利往往需要政府履行积极的给付义务，因而需要相应的程序来保障权利的实现；二是通过明确国家对基本权利进行限制时所应遵循的程序来实现对人权

---

〔1〕 Eric Rosenthal, Clarence J. Sundram, *The Role of International Human Rights in National Mental Health Legislation*, Department of Mental Health and Substance Dependence, 2004, p. 21.

〔2〕 宋显忠："宪政与程序保障"，载《法制与社会发展》2006年第5期。

〔3〕 汪建成："《刑事诉讼法》的核心观念及认同"，载《中国社会科学》2014年第2期；夏红："实体真实与人权保障"，载《国家检察官学院学报》2013年第5期。

〔4〕 就此而言，基于程序与基本权利的关系，学理上将程序分为：本身具有基本权利性质的程序、确认基本权利的程序、限制基本权利的程序和扩大基本权利的程序。参见 [德] 汉斯·J.沃尔夫、奥托·巴霍夫、罗尔夫·施托贝尔：《行政法 (第一卷)》，高家伟译，商务印书馆2002年版，第198页。

〔5〕 [德] 汉斯·J.沃尔夫、奥托·巴霍夫、罗尔夫·施托贝尔：《行政法 (第一卷)》，高家伟译，商务印书馆2002年版，第198页。

的保障。这一方式主要适用于消极权利，如自由权、人格尊严等。自由权等消极权利系对抗国家的权利，具有防御权功能，即要求国家不作为，不得以积极行为侵害基本权利。[1]换言之，对自由权而言，排除国家的侵害，要求国家消极不作为，这一权利也就得到保障。然而，不可避免的是国家出于公共利益需要，往往会对个人的基本权利进行限制，但这一限制不应任意为之，除了应遵循法律保留、比例原则等实体要件外，还应遵循法定程序，做到程序正当。就此而言，通过明确国家对基本权利进行限制的程序规则，从而限定公权力的行使范围、界限和方式，以达到保障人权之目的。

非自愿医疗主要构成对个人自由权的限制，包括人身自由、人格尊严、自主权、隐私权等消极权利。因此，法律程序主要是通过对非自愿医疗的限制，防止其恣意和滥用，从而达到保障人权的目的。值得注意的是，法律规制的目的，不仅是保障精神障碍患者的人权，也是保障所有人的人权。一方面，任何人都可能患有严重精神障碍，并成为非自愿医疗的潜在对象；另一方面，在非自愿医疗的实施过程中，受各种因素的影响，健康群体也可能被错误卷入非自愿医疗程序，从而导致"被精神病"的发生——这在缺乏法律严格规制的情况下更容易发生。就此而言，程序保障的受益者是全体社会成员，绝非仅仅是精神障碍患者。

第二节　非自愿医疗程序的理念

理念一般是指信念或价值观，是对事物本质及发展规律的一种理性认识，是由思考或推理而得的概念，有别于感性的认知。作为理念的一种面向，法的理念更多在于揭示"法应如何"，在应然层面体现人们对法律的本质、价值及其发展规律的理性认识与把握，从而为具体法制的构建提供指导思想和价值导向。具体而言，一方面，立法者应以法的理念为指导制定法律，构建具体的法律制度，而具体法律制度则是"法理念"的体现和贯彻。另一方面，"法理念"为实定法提供正当性基础和批判标准，它代表着一种对制度进行评

---

〔1〕　张翔：《基本权利的规范建构》，法律出版社 2017 年版，第 114 页。

判的尺度。当具体制度与法理念相吻合时，我们才认同相关制度具有正当性，否则即是需要批判和修改。[1]就此而言，非自愿医疗的程序理念是人们构建非自愿医疗法律程序时应具备的观念、认识和价值取向，它一方面为具体法律程序的构建提供观念支持和指导思想，另一方面也为所构建的法律程序的正当、合理与否提供判定标准和参考体系。关于诉讼及其程序的理念，理论和实务多有涉及，且普遍认识到应将程序公正（正义）和程序效率等作为程序法的基本理念，也有学者认为还应包括人权保障和诉讼效率。[2]考虑到非自愿医疗程序并非纯粹的诉讼程序，其实施过程更偏向于行政程序，应将正当程序和程序效率作为理念。

一、正当程序理念

（一）正当程序的意涵

一般认为正当程序理念源自英国法上的自然正义，而自然正义是自然法上的概念，它包含两方面的含义：一是任何人都不能做自己案件的法官；二是任何人在受到不利处分前，应为其提供公正的听证或其他听取其意见的机会。[3]"任何人不能作为自己案件的法官"，是对裁决主体资格的要求，意在排除偏见或者任何可能存在的偏见。所以，这项规则又被称为"排除偏见"，它构成了回避制度的基础。[4]"听取意见"则要求裁决者在作出对当事人不利的决定时，必须听取其陈述和申辩。在英美法中，听取对方意见称为"听证"（hearing），听证构成自然正义的核心。

作为自然正义原则的表达，正当法律程序的基本含义源自 1215 年的《大宪章》第 39 条，[5]而它在成文法上的表达，最早可以追溯到 1354 年爱德华

---

〔1〕 王冬："'法理念'问题研究的反思与重塑——基于进路与方法论上的再思考"，载《前沿》2014 年第 15 期。

〔2〕 柯葛壮等：《诉讼法的理念与运作》，上海人民出版社 2005 年版，第 5 页。

〔3〕 王名扬：《英国行政法》，北京大学出版社 2007 年版，第 118 页；姜明安主编：《行政法与行政诉讼法》，北京大学出版社、高等教育出版社 2007 年版，第 72 页。

〔4〕 刘东亮："什么是正当法律程序"，载《中国法学》2010 年第 4 期。

〔5〕 该条规定："任何自由人，如未经其同级贵族之依法裁判，或依据国法，皆不得被逮捕、监禁、没收财产、剥夺法律保护权、流放，或加以其任何其他损害。"

三世所颁布的法令,[1]1628 年的《权利请愿书》亦明确宣示"任何人非经依正当法律程序之审判……不得将其驱逐出国,或强使离开所居住之采邑,亦不得予以逮捕、拘禁,或取消其继承权,或剥夺其生存之权利"。美国《宪法》及其修正案则进一步将正当法律程序上升为宪法上的原则和权利,其中宪法修正案第 5 条和第 14 条第 1 款分别规定联邦和州非经正当法律程序,不得剥夺任何人的生命、自由或财产。如此,正当法律程序成为宪法和刑事诉讼法上的一项基本原则和理念,其适用范围亦逐渐扩大到行政领域,甚至是民商事领域。

1. 程序性正当程序与实质性正当程序。在早期,正当程序仅被看作一种程序上的保障,它只适用于法院的诉讼过程和程序,从来不能涉及一项立法机关的法案。[2]程序性正当程序要求政府在作出可能有损个人的生命、自由或财产利益的决定前,须告知当事人,并向当事人提供合理听证的机会。通过在政府实施法律时强迫其运用一种"公平的决策程序",程序性正当程序的目的在于"确保个人抽象的公平对待",并将因政府基于错误信息的作为而导致的"不公平或错误的剥夺"减少到最低限度。[3]

然而,在正当程序的概念被扩大之前,并不意味着对政府权力不存在任何实质性的限制。联邦和州法院通常利用自然权利和社会契约来限制政府的权力。"尽管在宪法中可能没有规定任何限制,立法机关仍被禁止提出抑善扬恶的法案,提出破坏共和国自由伟大原则和有关社会契约伟大原则的法案。"[4]然而,随着实证法观念的兴起,自然权利和社会契约无法继续长久地作为对政府权力进行实质性限制的依据。相反,宪法的核心从自然法的理论迅速转向包含在正当程序条款中的明示的限制。在 19 世纪中期,纽约州法院的一系列判决逐渐形成这样一种观点:无论是从实体法还是从程序法的观点看,个人

---

[1] 该法令为爱德华三世第28号法令,其中第三章的规定:"未经法律的正当程序进行答辩,对任何财产和身份的拥有者一律不得剥夺其土地或住所,不得逮捕或监禁,不得剥夺其继承权和生命。"[英]丹宁勋爵:《法律的正当程序》,李克强等译,法律出版社1999年版,第1页。

[2] [美]伯纳德·施瓦茨:《美国法律史》,王军等译,法律出版社2011年版,第43页。

[3] Fuentes v. Shevin, 407 U. S. 67, (1972). 转引自 [美] 阿兰·艾德斯、克里斯托弗·N. 梅:《美国宪法:个人权利、案例与解析》,项焱译,商务印书馆2014年版,第194页。

[4] [美]伯纳德·施瓦茨:《美国法律史》,王军等译,法律出版社2011年版,第43~44页。

的权利都受正当程序的保护，此即所谓"实质性正当程序"之观点。在1856
年的 Wynehamer v. People 案中，[1]这一观点被完全确立。在该判决中，法院
明确地赋予正当程序一种实质性的含义，并以实质性正当程序代替了自然法。
在20世纪初，实质性正当程序首先被用来保护自由经济权利不受立法干预，
从而形成"经济正当程序"——旨在保护不动产或动产以及审查对经济自由
的潜在损害，如缔约自由、商业自由、占有自由等。[2]随后，实质正当程序
扩大到非经济领域，即宪法未列举的个人自由领域，包括婚姻自由、人身不
受限制（freedom from physical restraint）、隐私权、堕胎权等。

　　程序性正当程序关注的是法律实施过程中的程序，实质性正当程序则着
眼于法律本身是否公正、理性并具有充分的正当理由，而不考虑实施该法律
的程序是否公正或充分。因此，一部法律在规定了个人的知情权和充分的听
证机会时可能会被视为符合了程序性正当程序，但又可能因为它明显有失公
正或缺乏理性而违背了实质性正当程序。[3]可见，有关限制个人自由的立法
是否符合正当程序，应从实质和程序两个方面进行判断。例如，一项州法规
定罹患艾滋病的任何人将被监禁在一个特定场所。同时，该法规定在监禁决
定作出之前，疑似患者将会在指定的法律顾问支持下，接受一个法庭审理式
的听证，对于不利判决，还可上诉至州最高法院。就程序性正当程序而言，
这一州法规定了相对人在自由被剥夺前的知情权和获得听证的机会，因而并
不违反宪法。然而，这一法律实质上非常不公平、丧失理性以致违背了实质
性正当程序——尽管阻断艾滋病传播、保护公众是国家的重要目标，但显然
无须以如此激烈、使个人自由受此严重侵害的方式达成这一目标。[4]

　　2. 程序正当性的判定。正当法律程序的核心是听证。那么，问题的关键
在于，政府在作出某一决定时采取何种形式的听证方符合正当程序的要求？

────────────

〔1〕　13 N. Y. 378（1856）.

〔2〕　［美］阿兰·艾德斯、克里斯托弗·N. 梅：《美国宪法：个人权利、案例与解析》，项焱
译，商务印书馆2014年版，第69页。

〔3〕　［美］阿兰·艾德斯、克里斯托弗·N. 梅：《美国宪法：个人权利、案例与解析》，项焱
译，商务印书馆2014年版，第65~67页。

〔4〕　［美］阿兰·艾德斯、克里斯托弗·N. 梅：《美国宪法：个人权利、案例与解析》，项焱
译，商务印书馆2014年版，第67页。

①关于听证的时间，是必须采取事先听证，还是事后听证亦符合程序正当之要求？考虑到正当程序意在保障将政府错误地侵害自由或财产权益的机会降至最低，事先听证无疑更为明智。但事先听证必定将极大地增加政府和公众的负担，且有的案件采取事先听证亦不切实际或不具有可行性。②关于听证的方式，是必须采取正式的听证，还是非正式听证亦符合程序正当之宗旨？正式听证称为审判型的听证，法院的司法听证即采取该模式。在正式听证中，当事人享有获得中立裁决、获得通知、提出证据、辩护、质证、获得律师代理和案卷副本等权利。[1]然而，由于听证所涉及的事项和问题性质的不同，听证程序可以只包括上述因素的一部分，这种听证称为非正式的听证。[2]那么，在何种情形下，非正式的听证也符合正当程序的要求呢？对此，美国联邦最高法院在1976年的 Mathews v. Eldridge 案中，[3]确立了判断行政行为是否符合正当法律程序的考量因素，其核心意涵是：基于私人利益与政府利益之衡量，以及增加程序保障可能增加的成本与可能带来的效益之衡量，对某些权利的限制采取非正式听证亦符合正当程序的要求。

（二）正当程序理念在非自愿医疗程序中的体现

正当法律程序作为一项宪法原则最早主要适用于刑事领域，但其适用范围不断扩大，逐渐也能够适用于行政机关所作出的行政行为。换言之，只要是政府实施的、旨在限制或剥夺个人的生命、自由和财产等重大权益的行为或决定，无论是刑事还是非刑事，都应遵循正当法律程序。对此，美国联邦最高法院在判决中指出："无论出于何种目的，非自愿拘禁均构成对自由的严重剥夺，因此需要正当程序的保护。"[4]正当程序原则也就成为法院审查各州有关非自愿医疗立法合宪性的重要依据。随着正当程序理念的"全球化"，非自愿医疗的实施应遵循正当程序原则应无争议，问题的关键是何种程序保护方符合正当程序之要求呢？

1. 非自愿医疗的实体要件应符合实质正当程序之要求。非自愿医疗系

---

〔1〕 王名扬：《美国行政法（上）》，中国法制出版社2005年版，第381页。

〔2〕 王名扬：《美国行政法（上）》，中国法制出版社2005年版，第381页。

〔3〕 424 U. S. 319 (1976).

〔4〕 Addington v. Texas, 441 U. S. 418, 425 (1979).

剥夺人身自由的措施，无论是刑事还是民事的，其对人身的拘禁均违背个人的意愿，只有符合正常程序的要求，这一剥夺人身自由的行为方具有正当性。[1] 而正当程序要求非自愿医疗的性质和期限必须与拘禁的目的之间存在合理关联。[2] 就实质性正当程序的适用而言，法院通常采取三步分析法：评估政府目的的紧迫性；牺牲自由利益对政府目标的促进作用；方式和目的之间的适当性。后者的检测标准是指最小限制性替代原则（the least restrictive alternative doctrine）。[3] 具体而言，如果政府对个人自由的剥夺"完全不受限制"或者"过于宽泛"，要确保这一行为的合法性，就必须遵循最小限制原则。此种情形下，最小限制原则成为判断剥夺个人基本权利合宪性与否的关键标准。[4]

同样，在非自愿医疗领域，实质性正当程序要求限制人身自由之法律内容，必须具有合理性，如目的正当性、目的与手段之间具有关联性等，且政府应具有紧迫利益（compelling interest），其对人身自由的限制方具有正当性。首先，非自愿医疗要求政府必须具有紧迫的利益，也就是防止精神障碍患者对本人或他人实施危害行为，从而达到保护本人利益或公共安全之目的。其次，非自愿医疗的实施应符合最小限制原则，它要求政府实现目标时不应过于宽泛地限制个人的基本自由。一方面，最小限制原则要求政府采取积极措施发展替代住院的有效措施，且只有在没有其他限制性更小的措施的情况下，才可以采取非自愿住院；另一方面，只有在非自愿医疗才能达成治疗精神疾病和保护公共安全的双重目的，且没有其他更小限制措施的情况下，非自愿医疗才能通过实质性正当程序的审查。

非自愿医疗的目的在于保护患者本人的健康利益和公共利益。就此而言，政府无疑在非自愿医疗程序中享有重大利益，因此具有目的的正当性。然而，为避免政府在实现其目的时过度地限制个人自由，有必要对非自愿医疗的实

---

〔1〕 Addington v. Texas, 441 U. S. 418 (1979).

〔2〕 Jackson v. Indiana, 406 U. S. 715, 737–38 (1972).

〔3〕 Antonyb. Klapper, "Finding a Right in State Constitutions for Community Treatment of the Mentally Ill", *University of Pennsylvania Law Review*, 142 (1993), 799~800.

〔4〕 Antonyb. Klapper, "Finding a Right in State Constitutions for Community Treatment of the Mentally Ill", *University of Pennsylvania Law Review*, 142 (1993), 800.

施方式、对象和范围予以严格限制，从而确保非自愿医疗符合实质正当之要求。这一目标主要是通过非自愿医疗的实体要件予以实现，即在立法中对非自愿医疗设定较为严格的实体要件。尽管非自愿医疗以当事人患有精神疾病为前提，然而，"仅仅认定精神疾病并不能正当地违背一个人的意愿将其拘禁，并将之无限期地给予监护性拘禁。即便精神疾病这一术语能够被赋予合理的精确内容，并予以明确界定，如果他们没有危险性并能够自由生活，也就没有宪法上的依据将此人予以强制"。[1] 如此，危险性构成国家以非自愿医疗手段对个人自由干预的正当性依据。然而，危险性无疑是一个模糊而不确定的概念，为避免政府过于宽泛、任意地对危险性进行扩大解释，有必要对这一概念进行界定。例如，美国部分州要求精神病人的危险性必须达到"即刻"或"迫在眉睫"的程度，且要求危险性的认定应有证据证明"有最近的明显行为（overt act）表明造成或试图或威胁造成对本人或他人的严重损害"。联合国《保护精神病患者和改善精神保健的原则》有关非自愿住院的条件亦要求危险性达到"立刻"（immediate）或"即刻"（imminent）之程度。[2]

2. 非自愿医疗的实施程序应符合程序性正当程序之要求。正当程序原则主要包括三方面的要求：不作自己的法官、说明理由和听取陈述、申辩。[3] 具体到非自愿医疗程序中，则是两方面的要求：一是程序中立；二是程序参与和听取意见。

（1）程序中立。程序中立要求程序参与者被给予同等对待，裁决者或程序操作主体是独立、公正的，与裁决结果没有任何利害关系，居于不偏不倚的中立地位。程序中立的本质要求裁决者：①对于裁判结果不得有某种利益；②在程序的进行过程中不得存在偏见；③不能既是控诉者又是官；④不得有

---

[1] O'Connor v. Donaldson, 422 U. S. 563 (1975).

[2] MI 原则 16 将"危险性"要件表述为："因精神疾病，可能对本人或他人造成即时或即刻的严重损害。"（That, because of that mental illness, there is a serious likelihood of immediate or imminent harm to that person or to other persons.）

[3] 姜明安主编：《行政程序研究》，北京大学出版社 2006 年版，第 7~8 页。

偏私。[1]"中立包括诚实、公正的评价和在决策过程中运用事实而非个人意见。""当人们不清楚什么是不恰当的结果时,人们重视中立。"[2]因此,程序中立的目的是防止偏私,确保裁决结果的公正性和可接受性,促使当事人对裁决结果的自愿服从和履行。

程序中立要求非自愿医疗的决定者不得与患者的入院治疗存在利害关系,包括经济上的利益关联。然而,无法否认的是,患者的入院治疗与医疗机构之间存在千丝万缕的经济利益关联,如果由医疗机构行使非自愿入院的决定权,将明显有违"不作自己的法官"这一原则。因此,正当程序原则首先要求非自愿医疗的决定主体应具有中立性,与裁决结果没有任何利害关系:①非自愿医疗的决定主体不应该是医疗机构及其他与患者存在利害关系的人,如监护人等。从相关国家和地区的经验看,非自愿医疗的审查决定主体大致包括三种类型:一是法院;二是裁判所(如苏格兰的精神卫生审查裁判所);三是行政机关。尽管上述机构的性质、权限不一,但都具有中立性,独立行使非自愿医疗的审查决定权。②审查机构的组成人员与案件结果或各方当事人没有利害关系,或其他足以影响中立性的社会关系。为此,各国和地区均对审查机构组成人员的资格作出规定,并建立相应的回避制度。

(2)听取意见。听取当事人意见是公正行使权力的内容,亦构成正当程序原则的内在要求。[3]这一听取意见之过程被称为听证,其可以是正式的听证,也可以是不以公开言词为方式的非正式听证。[4]无论采取何种方式,公权力机关在作出裁决或决定前应听取当事人或利害关系人的陈述或申辩,其目的为保障当事人之权利及防止公权力机关之专断。同样,在法院或其他中立机构作出非自愿医疗决定时,应采取适当方式听取患者本人的意见。问题的关键在于:非自愿医疗的听证程序应采取事先听证,还是事后听证(如司法的事后救济程序)?非自愿医疗的听证程序应采取正式听证,还是非正

---

[1] Macdonald, R. A., "Procedural Due Process in Canadian Constitutional Law: Natural Justice and Fundamental Justice", *University of Florida Law Review*, 39 (1987), 217~218.

[2] [日] 谷口平安:《程序公正》,载宋冰主编:《程序、正义与现代化——外国法学家在华演讲录》,中国政法大学出版社1998年版,第377~378页。

[3] 王名扬:《美国行政法》,中国法制出版社2005年版,第379~380页。

[4] 李震山:《行政法导论》,三民书局股份有限公司2011年版,第283页。

式听证?

在 Mathews 案中,美国联邦最高法院采取利益衡量方法作为判断程序正当性的标准,这一标准也被法院广泛运用于非自愿医疗案件,以判断州法所规定的非自愿医疗程序是否具有正当性。[1]根据这一标准,可以得出:①如果被政府剥夺的私人利益越重要,所要求的程序保障也就更严格。例如,对公民生命、自由、财产或其他重大利益的剥夺,必须举行事先的听证。非自愿医疗涉及人身自由、自主权和人格尊严等基本的限制或剥夺,采取事先听证无疑更有利于保障个人的基本权利,避免事后所带来的难以弥补的损害。②当事人的利益被错误剥夺的危险越大,就越要求增加程序保障。在非自愿医疗程序中,对精神疾病的诊断和危险性的认定都具有较强的主观性和不确定性,精神障碍患者被错误拘禁的风险较大。加之精神障碍患者作为弱势群体,缺乏维护自身权利的条件和能力,其合法权益更容易被漠视和侵犯。因此,从保障精神障碍患者的基本权利以及最大限度地避免错误拘禁的角度出发,对精神障碍患者的非自愿医疗应采取严格的正式听证程序。③如果所采取的程序将过重地增加政府的负担,甚至大于由此带来的利益,则不应采取该程序。在 Mathews 案中,法院认为,如果终止伤残津贴的决定必须采取正式听证,政府将增加正式听证费用和听证决定作出前继续支付津贴的开支。这种事前的正式听证将使政府的负担过重。相反,如果节省这两项开支,这些费用可以用来提高或者改善其他伤残津贴受益人的待遇。在非自愿医疗案件中,事先听证和正式听证尽管可能增加政府的负担,但相对于个人基本权利之保护而言,所带来的利益无疑更大。

可见,非自愿医疗的公权力性质及对个人自由的严重影响要求其决定程序应采取事先听证的方式,即非自愿医疗决定应在中立机构的正式听证的基础上作出。这一听证程序应充分保障当事人的程序性权利,包括获得通知、陈述、申辩、提交证据、质证、获得律师代理、出席听证等。法院或其他中立机构只有在充分听取当事人意见的基础上,方可依法作出决定。

---

[1] Christoper Slobogin, et al. , *Law and the Mental Health*: *Civil and Criminal Aspects*, Eagan: West Publishing Company, 2009, p. 803.

二、程序效率理念

(一) 何谓程序效率

效率是一个典型的经济学上的概念，原本与法学没有任何关联。真正将效率与法律关联，是随着 20 世纪 70 年代以来经济分析法学的兴起，经济学分析方法被引入到法学研究当中。经济分析法学是用经济学的方法和理论考察、研究法律制度的形成、结构、过程、效果、效率及未来发展，它将经济学这一在现代社会被看作方法论的学科理论和工具用于解决法律问题，尤其是法律和公共政策的实证和规范问题，以促进社会的效率、公平与秩序。[1]如此，在经济分析法学的视野中，成本效益分析是重要的分析工具，效率也就成为评价包括法律程序在内的法律问题的一个重要价值标准。体现在立法中也就是："各国立法例对于手续之进行，或明示或默示应尽量符合目的、迅速及节省劳费方法行之。"[2]

1. 程序效率的界定。经济学将效率定义为无浪费，[3]是指"给定投入与技术条件下，经济资源没有浪费，或对经济资源作了能带来最大可能的满足程度的利用"。[4]也就是说，效率是从一个给定的量中获得最大的产出，[5]它强调投入和成本之间的比率，如果在其他给定条件不变的前提下，投入减少或不变而产出增加，称之为有效率。相反，如果投入不变或增加而产出减少或不变，则称之为无效率或低效率。因此，在经济学中，效率是指资源的有效配置所实现的帕累托最优状态，即社会资源的有效配置已经达到这样一种状态：一种资源的任何重新配置，都不可能再使任何一个人收入增加而不使另一个人的收入减少。

---

〔1〕 ［美］理查德·波斯纳：《法律的经济分析（第 7 版）》，蒋兆康译，法律出版社 2012 年版，第 36 页。

〔2〕 吴庚：《行政法之理论与实用》，中国人民大学出版社 2005 年版，第 344 页。

〔3〕 ［美］威廉·J. 鲍莫尔、艾伦·S. 布林德：《经济学原理与政策（第 9 版）》，方齐云等译，北京大学出版社 2006 年版，第 31 页。

〔4〕 ［美］保罗·萨缪尔森、威廉·诺德豪斯：《微观经济学（第 18 版）》，萧琛主译，人民邮电出版社 2008 年版，第 642 页。

〔5〕 ［美］阿瑟·奥肯：《公平与效率——重大的选择》，王奔洲等译，华夏出版社 1999 年版，第 2 页。

从经济学角度看，程序法的目的是实现法律程序的经济成本最小化，即实现错误成本和直接成本的最小化。其中，错误成本为作出错误判决的成本，直接成本为作出判决的成本。[1]在波斯纳看来，错误成本是指因司法判决的错误所造成的耗费，任何一个错误的判决都会造成资源的无效使用，从而支出不适当的费用。直接成本包括公共成本和私人成本，前者如法官的薪金、陪审团支出、法院房屋支出等费用，后者如当事人聘请律师、进行司法鉴定的费用等。[2]同时，效率强调产生的价值性，如"人们愿意购买""满足程度的利用"等。就程序效率而言，程序效率的价值性只能是程序公正，即在实现正义的过程中使投入与产出比率最优化，核心是在保障公正的前提下实现对资源的最有效利用。

面对现代社会中权利救济大众化的要求和趋势，"缺乏成本意识的司法制度更容易产生功能不全的问题"。[3]因此，为实现程序效率，降低程序成本，各国都通过程序的改革来消化成本问题，如强化诉讼调解、简化诉讼程序、扩大简易程序的适用范围、适当简化判决书的制作等。同样，在刑事诉讼中由于法院系统没有足够的资源（如公诉人、辩护律师和法官）来处理案件，这就需要采取某种激励办法或给予某种"奖励"来换取被告对其审判权利的放弃——辩诉交易由此应运而生。[4]

2. 程序公正与程序效率的关系。通过法律程序实现公正，是法律程序的重要价值。然而，程序的方式和内容，都有成本的身影。最简单的例子莫过于诉讼程序中的审级制度，为纠正错判、保障实体公正，审级应尽可能多。可是，一般法治国家大多采取三级三审的方式，却没有九级九审的做法，因为程序不能不考虑成本问题。[5]因此，"追求公平正义时，不能只注意结果，

---

〔1〕［美］迈克尔·D. 贝勒斯：《法律的原则——一个规范的分析》，张文显等译，中国大百科全书出版社1996年版，第23页。

〔2〕［美］理查德·波斯纳：《法律的经济分析（第7版）》，蒋兆康译，法律出版社2012年版，第678页。

〔3〕［日］棚瀬孝雄：《纠纷的解决与审判制度》，王亚新译，中国政法大学出版社2004年版，第267页。

〔4〕［美］弗莱彻："公平与效率"，载宋冰编：《程序、正义与现代化——外国法学家在华演讲录》，中国政法大学出版社1998年版，第430页。

〔5〕熊秉元：《熊秉元漫步法律》，商周文化事业股份有限公司2013年版，第191页。

而必须考虑到所付出的资源。"[1]"无论审判能够怎样完美地实现正义，如果付出的代价过于昂贵，则人们只能放弃通过审判来实现正义的希望。"[2]就此而言，对公正的追求应是在法律框架内的"有限公正"或"程序公正"，而非"实质公正"，对后者的一味追求只会造成司法和程序难以承受之重。可见，效率不等同于正义，因为效率隐含刻度。在追求正义时，刻度高下是重要的提醒。[3]认识到这一点就不难理解为何法谚说"迟来的正义非正义"，以及波斯纳所言"程序正义的第二种涵义——也许是最普通的涵义——是诉讼效率"。[4]

另外，必须认识到效率只是实现其他目的之手段，效率本身不应成为目的或取代目的本身。以司法审判为例，诉讼程序和审判固然要讲究效率，但司法效率必须以司法公正为基础。只有公正司法才是最有效率的，不公正的裁判和枉法裁判，"是最没效率的"。[5]正因为如此，罗尔斯强调："仅仅效率原则本身不可能成为一种正义观。"[6]针对公正与效率之间的矛盾，有学者提出"最低限度的公正"这一概念，其意涵为：某些程序要素对于一个法律程序来说是最基本的、不可或缺的，否则不论该程序的其他方面如何，人们都可以感觉到程序是不公正的和不可接受的。[7]就此而言，法律程序对效率的追求不应以牺牲"最低限度公正"为代价。

（二）程序效率在非自愿医疗程序中的体现

非自愿医疗的程序设计不可能不考虑效率问题。这集中体现在非自愿医疗听证程序中应采取对抗式还是纠问式程序之分歧。采取司法审查模式的国家倾向于采取对抗式听证程序，如在美国，患者在听证程序中享有广泛的对抗性听证权利，包括出席听证、获得律师代理、陈述申辩、提交证据、申请

---

〔1〕 熊秉元：《正义的成本——当法律遇上经济学》，东方出版社 2014 年版，第 31 页。

〔2〕 ［日］棚濑孝雄：《纠纷的解决与审判制度》，王亚新译，中国政法大学出版社 2004 年版，第 267 页。

〔3〕 熊秉元：《正义的效益：一场法学与经济学的思辨之旅》，东方出版社 2016 年版，第 133 页。

〔4〕 ［美］理查德·波斯纳：《法律的经济分析（第 7 版）》，蒋兆康译，法律出版社 2012 年版，第 31 页。

〔5〕 王利民：《司法改革研究》，法律出版社 2000 年版，第 60 页。

〔6〕 ［美］约翰·罗尔斯：《正义论》，何怀宏等译，中国社会科学出版社 1988 年版，第 72 页。

〔7〕 王锡锌：《行政程序法理念与制度研究》，中国民主法制出版社 2007 年版，第 430 页。

证人出庭、质证和对证人交叉询问等权利，其具体程序与普通诉讼程序没有任何差异，甚至有的州还要求非自愿医疗所采取的听证程序达到刑事诉讼的相关要求。理论上，对抗性程序有利于促进和实现正义，并最大限度地避免错误拘禁的发生。然而，一方面，对抗式听证也可能强化医患对抗，削弱患者对医生的信任，影响其对治疗的遵从与配合，[1]从而不利于患者的治疗。另一方面，对抗制程序备受诟病的一点是巨大的诉讼财务负担，增加了纠纷解决的成本，并造成不同经济能力的人在诉讼中的不平等。这一问题在非自愿医疗听证中表现同样突出，不少学者建议修改以刑事正当程序为模板的非自愿拘禁程序，摈弃对抗式听证，降低正当程序要求和证据标准。[2]考虑到相对简短且非正式的对抗制审判程序也会产生增强程序公平的结果，因此有理由认为人们可以通过减少对抗制程序的长度和复杂性来降低其成本，同时保证程序的公正和结果的合理。[3]

有的国家和地区出于效率和促进治疗的考量，对非自愿医疗的审查决定采取更为灵活的程序，并呈现出浓厚的职权主义色彩。例如在日本，精神医疗审查会对案件的审查采取书面或口头的方式，并以灵活的方式听取患者本人和医院方面的意见。

上述对抗式和纠问式听证模式之分野及其选择，就程序价值而言，涉及公正与效率之间的价值选择与平衡；就实体权利而言，则涉及患者健康权、公共利益与患者人身自由权之间的冲突与平衡。就效率而言，非自愿医疗程序应考虑优先保障患者的健康权和公众的公共安全，这就要求相关程序应尽可能简便灵活，从而促使患者能够及时获得治疗，并防止具有人身危险性的精神障碍患者流落于社会而给公众安全造成危险。然而，就公正而言，为保障患者的人身自由，避免错误拘禁的发生，非自愿医疗所采取的程序应尽可

---

〔1〕 Joel Haycock, "Mediating the Gap: Thinking About Alternatives to the Current Practice of Civil Commitment", *New England Journal on Criminal and Civil Confinement*, 20（1993），274～276.

〔2〕 Donald H. J. Hermann, "Barriers to Providing Effective Treatment: A Critique of Tensions in Procedural, Substantive, and Dispositional Criteria in Involuntary Commitment", *Vanderbilt Law Review*, 39（1986），83.

〔3〕 ［美］艾伦·林德、汤姆·泰勒：《程序正义的社会心理学》，冯健鹏译，法律出版社2017年版，第112页。

能接近诉讼程序。毕竟，对任何人而言，人身自由、自主选择都是极为重要的权利，而某一法律决定所涉及的利益愈是重大，其决策过程所依赖的程序愈具有重要性，[1]也就应该给予更为严格的程序保护。因此，非自愿医疗的程序构造必须合理实现公正与效率之间的平衡，在实现公正、保障个人自由的同时，应兼顾效率。

---

〔1〕 陈瑞华：《程序正义理论》，中国法制出版社 2010 年版，第 6 页。

第三章

我国非自愿医疗程序的构造及其问题

第一节 我国非自愿医疗制度的发展变迁

一、精神疾病的控制：从家庭禁锢到医院收容

在中国古代，"狂""躁""癫狂""癫疾""发狂""谵妄"等被视为精神异常行为。在《诗经》《周易》《左传》以及先秦诸子著作中，对精神疾病的症状、病因、治疗、预防等都有着零散记载。[1]战国时期成书的《黄帝内经》中诸多篇章都涉及精神疾病的症状描述和治疗，其中《灵枢·癫狂篇》是我国最早论述精神疾病的专门篇章，其对精神疾病症状之描述甚为生动详实："狂言，惊，善笑，好歌乐，妄行不休者，得之大恐……""狂始发，少卧不饥，自高贤也，自辨智也，自尊贵也，善骂詈，日夜不休……"[2]《黄帝内经·素问》阳明脉解篇的描述则更为形象："病甚则弃衣而走，登高而歌，或至不食数日，逾垣上屋，所上之处，皆非其素所能也……"[3]《黄帝内经》有关精神疾病症状的描述则比较粗略，"癫""狂"并没有严格区分，魏晋之后有关精神疾病症状的分类才更加丰富多样，但与现代精神疾病之分类仍然相去

---

〔1〕 李清福、刘渡舟主编：《中医精神病学》，天津科学技术出版社1989年版，第2页。

〔2〕 《黄帝内经·灵枢》第二十二篇。

〔3〕 《黄帝内经·素问》第三十篇。

甚远。值得注意的是，中医学对精神疾病的认识与解释和其他疾病相比没有任何区别，如将精神疾病的病因归结为七情六淫以及疫疠伏气对人体的侵袭，将其病理阐释为阴阳失调、脏腑失调、经络失调或气血失调等。[1]因此，对于古典的中国医学来说，区别肉体与精神，把它们看成相异的东西是不可思议的，类似行为失调的癫狂症状被认为只是生理机能失调的一个表现。在医疗记录中，没有证据表明会把精神疾病的原因归结为道德堕落的伦理性行为，这与18世纪晚期英国乃至西方把精神疾病与道德联系起来加以考虑的取向是迥然有别的。[2]这或许是中国古代对精神病人的处置不同于西方的原因之一。

在近代以前，尽管处置精神病人的空间屡有伸缩，"却始终摇摆于'法律空间'和'家庭空间'之间"，并未形成类似西方中世纪以来的独立的"医疗空间"，而且"不论摇摆到哪一类空间之中，疯癫禁闭的最终目的都是从社会安全与稳定的角度出发而实施的，与医学意义上的疾病治疗无关"。[3]例如《大清律例》对疯病之人的处置证实了这一论断。根据《大清律例》的规定，对于疯病之人，亲属、邻佑人等应立即报明地方官，并由亲属锁锢看守。如无亲属，令邻佑、乡约、地方族长等严加看守。亲属、邻佑等容隐不报，或不行看守，致疯病之人自杀或杀害他人者，则应予以治罪。[4]可见，对疯病之人的"锁锢"落在家庭之内，只有在家庭已全无能力控制患者的情况下，才会考虑转移至法律空间，即"若无亲属，又无房屋者，即于报官之日，令该管官验讯明确，将疯病之人严加锁锢监禁，且详立案"。[5]但是，出于对社会安全的考虑，清朝后期对疯病杀人之处置趋于严厉，"若曾经杀人者，除照

〔1〕 李清福、刘渡舟主编：《中医精神病学》，天津科学技术出版社1989年版，第4页。

〔2〕 Vivien Ng, *Madness in late Imperial China: From illness to Deviance*, University of Oklahoma press, 1990, pp. 25~62. 转引自杨念群：《再造"病人"——中西医冲突下的空间政治（1832－1985）》，中国人民大学出版社2019年版，第76页。

〔3〕 杨念群：《再造"病人"——中西医冲突下的空间政治（1832－1985）》，中国人民大学出版社2019年版，第76页。

〔4〕 《大清律例（乾隆五年本）》，法律出版社1999年版，第434页。转引自刘白驹：《非自愿住院的规制：精神卫生法与刑法（下）》，社会科学文献出版社2015年版，第406页。

〔5〕 《大清律例》，天津古籍出版社1995年版，第459~460页。刘白驹：《非自愿住院的规制：精神卫生法与刑法（下）》，社会科学文献出版社2015年版，第409页。

例收赎外，即令永远锁锢，虽或痊愈，不准释放"。[1]然而，无论是官方对精神病人的监禁，还是家庭对病人的锁锢或禁闭，中国古代都没有出现过类似西方中世纪以来所建立的对精神病人进行集中管理和治疗的"医疗空间"，不论是具有收容与监护功能的"收容院""疯人院"或"福利院"，还是近代意义上对病人进行治疗的医院。值得注意的是，中国并非没有对疾病的隔离传统，例如对于麻风病的隔离，早在明朝中后期闽粤地区就开始建立麻风院集中收治麻风病人，并且限制他们的行动。[2]为何同时期没有形成对精神病人的隔离制度及其组织形式呢？原因恐怕在于相对于传染病的群发性和传播性，精神疾病的发生具有个体性、偶发性的特点，传统的家庭和宗族能够发挥隔离禁闭使其不至于危害社会的功能，儒家伦理和宗族思想也难以接受将患者送至家庭以外的陌生空间接受治疗或照护。同时，中医的个体执业以及尚未实现专业分化的特点，[3]也导致近代以前中国社会没有出现医院这一集治疗、照护为一体的组织或空间。[4]

医院这种组织化、机构化的医疗形态是近代西方医学植入中国之后的产物。中国第一家精神病院是 1898 年美国传教医生约翰·克尔在广州芳村创立的"惠爱医癫院"。1898 年 2 月 28 日，这家医院开业第一天接收了一男一女 2 名病人，男病人在家中被铁链拴在石墩上达 3 年之久，入院时已经丧失步行能力。当这名病人被背到医院门前时，他成了"中国历史上第一个入院治疗的精神病患者"。[5]惠爱医院自 1898 年正式接纳第一个病人起，基本上是为私人家庭的病患服务的，与地方和公共机构没有什么关联。但在 1904 年，惠

---

〔1〕《大清律例》，天津古籍出版社 1995 年版，第 459~460 页。刘白驹：《非自愿住院的规制：精神卫生法与刑法（下）》，社会科学文献出版社 2015 年版，第 409 页。

〔2〕 梁其姿：《面对疾病——传统中国社会的医疗观念与组织》，中国人民大学出版社 2011 年版，第 301~307 页；梁其姿："麻风隔离与近代中国"，载《历史研究》2003 年第 5 期。

〔3〕 中国传统医生的行医方式，以走村串户（游医）、自己开诊所（及出诊）、坐堂等三种形式为主，疾病的治疗一般是在患者的家庭空间并在其亲属的"注视"之下进行。即便是在诊所内看病，患者后续的康复、护理也是由家庭承担，并未出现集预防、治疗、康复与护理为一体的现代意义上的医院。

〔4〕 唐忠民、陈绍辉："论精神病人强制医疗程序之完善——以人身自由保障为视角"，载《河北法学》2014 年第 10 期。

〔5〕 杨念群：《再造"病人"——中西医冲突下的空间政治（1832-1985）》，中国人民大学出版社 2019 年版，第 79 页。

爱医院与警察局签订协议，开始接收和诊治警察送去的病人，且官府输送的病人不断增加，达到三分之二，由此开始了与政府长达 23 年的合作，直到 1927 年被广州市政府接办。如此，惠爱医院实际经历了一个"从注重个人精神病治疗的功能向作为国家安全控制系统的分支机构转变的过程"。[1]这折射出现代精神医学和精神病院在监控社会和维护公共安全方面所具有的功能，而这一功能恰恰迎合了政府的需要。在 20 世纪初，国人所设立的精神病院也反映了这一点。

我国第一所由政府创办的专门收容精神病人的机构是 1908 年成立的"京师内城贫民教养院附设疯人院"。1917 年，疯人院从贫民教养院独立出来，改称为"疯人收养所"，且一直由警察机关管理。"疯人收养院，设备极为简单，凡入院疯人，除死后出院，从未闻有病愈出院者。"[2]因此，无论是疯人院，还是疯人收养所，都与医疗没有太大关系，基本上是警察制度下的社会管理与控制机构。[3]1933 年，北平市政府与北平协和医学院商定合作，将疯人收养所改为"北平市精神病疗养院"，作为北平协和医学院的精神病学教学医院，从而成为一家真正具有治疗功能的精神病院。[4]政府在精神医疗领域的介入，标志着官方将精神医学纳入行政体制，并进一步制度化。同时，也意味着现代精神医学开始以疾病诊断与治疗的形式参与重整中国社会秩序的行动，精神病院也就兼备治疗与防卫社会的双重功能。[5]

综合已有文献，自精神病院产生以来，精神病人的治疗并不存在自愿的概念，病人住院具有强制性，但无论是法律层面，还是实践层面均未形成现代意义上的强制医疗或非自愿医疗制度。尽管有关精神病人犯罪处置之立法自古有之，如清代以来对疯病之人之禁锢，但现代意义上的立法要追溯到

---

〔1〕 杨念群：《再造"病人"——中西医冲突下的空间政治（1832－1985）》，中国人民大学出版社 2019 年版，第 84～85 页。

〔2〕 "平市卫生一年来建设之纪要"，载《市政评论》1935 年第 3 卷第 1～2 期。刘白驹：《非自愿住院的规制：精神卫生法与刑法（下）》，社会科学文献出版社 2015 年版，第 440 页。

〔3〕 贾西津：《心灵与秩序：从社会控制到个人关怀》，贵州人民出版社 2004 年版，第 56 页。

〔4〕 刘白驹：《非自愿住院的规制：精神卫生法与刑法（下）》，社会科学文献出版社 2015 年版，第 438～439 页。

〔5〕 唐忠民、陈绍辉："论精神病人强制医疗程序之完善——以人身自由保障为视角"，载《河北法学》2014 年第 10 期。

1910 年的《钦定大清刑律》，其中第 12 条规定："精神病人之行为，不为罪，但因其情节，得施以监禁处分。"但尚不明确此处"监禁处分"的性质和具体措施，蔡枢衡先生认为，此规定有保安处分责任的萌芽。[1]1913 年大理院作出的判决指出："精神病人之监禁亦属行政处分之一种，与自由刑之性质绝不相侔。""诚以精神病人之行为虽依法不能为罪，然于社会苟有意外之危险，而其亲属不能为相当之监督者，得依但书规定或交付精神病院，或其他处所，禁制其自由以防危险。"[2]可见，此处"监禁处分"以精神病人具有危险性为前提条件，其监禁处所可以是精神病院，也可以是其他相当之处所。交付精神病院之监禁，无疑相当于现在所说的强制医疗。

1928 年，国民政府颁布的《中华民国刑法》第 31 条规定，对心神丧失和心神耗弱之人得"施以监禁处分"。[3]1935 年《中华民国刑法》第 87 条规定，心神丧失者"得令入相当处所，施以监护"，从而建立精神病人施以监护的保安处分制度。[4]这里的"监护"包括强制治疗及其他改善处分，[5]即"禁制其自由而又施以治疗也"。[6]"相当处所"是指精神病院、疗养院、疯人院、犯罪疯癫院、疯人治疗所以及其他禁制看护心神丧失人之处所。可见，上述监护处分与现今刑事强制医疗已无差异。

同时，国民政府颁布的《中华民国民法》规定了心神丧失和精神耗弱者的禁治产制度，其中第 1112 条规定："监护人如将受监护人送入精神病医院或监禁于私宅者，应得亲属会议之同意。"且不论将精神病人监禁于私宅之合理性，有关监护人将受监护人送入精神病医院治疗的规定，接近于当前各国《精神卫生法》规定的非自愿住院。只是无论是当时刑法上的监禁处分，还是民法上的送医治疗，立法上之规定仍然十分粗略，不仅没有明确规定强制医

---

〔1〕 蔡枢衡：《中国刑法史》，广西人民出版社 1983 年版，第 198 页。

〔2〕 郭卫：《大理院判决例全书》，会文堂新记书局 1932 年版，第 396 页。刘白驹：《非自愿住院的规制：精神卫生法与刑法（下）》，社会科学文献出版社 2015 年版，第 497 页。

〔3〕 该条规定："心神丧失人之行为不罚。但因其情节，得施以监禁处分。心神耗弱之行为，减轻本刑。但因其情节，得于执行完毕或免除后，施以监禁处分。"

〔4〕 值得注意的 1935 年《中华民国刑法》明确规定将"强制治疗"作为保安处分的一种，但其适用对象为花柳病和麻风病人，并不包括精神病人。

〔5〕 翁腾环：《世界刑法保安处分比较学》，商务印书馆 2014 年版，第 243 页。

〔6〕 王觐：《中华刑法论》，中国方正出版社 2005 年版，第 535 页。

疗的条件，亦完全没有规定从送治到入院治疗所应遵循的一般程序。严格说，从清末到民国已经存在强制医疗的萌芽或类似实践，但并不存在现代意义上的强制医疗或非自愿医疗的理念与制度。

二、精神病人的收容：改造病人与防卫社会

中华人民共和国成立后，建立了一套新的国家制度，整个社会结构和整合模式发生巨大变化。无论是出于对偏离正常轨道和行为规范的个人之"拯救"，还是为了实现社会秩序的维护和整合，精神病医院模式都契合这一需求。1949 年，全国精神病医院不足 10 家，精神科医师 50～60 人，床位约 1000 张。中华人民共和国成立初期，各省相继建立了精神病专科医院，同时原隶属于军队的荣军医院大多被改编为隶属民政系统的精神病院。1964 年前后，民政系统的精神病院达 203 所，床位数达 18 000 张。[1]

精神病医院模式的确立，主要基于两方面的功能需求：一是控制、管理社会上散在的精神病人，构建统一的社会秩序；二是使被隔离的病人经过治疗、改善，更快、更好地回归到社会建设秩序之中。精神病医院"识别—控制—回归"的整合模式最适当地符合了当时社会统一秩序、提高社会整合力量的需求。[2]为最大限度地发挥精神病医院模式的社会整合功能，必须发挥与强化各种制度性整合力量，以最大限度地发现、控制精神疾病，实现维护社会秩序之目的。一方面，需要卫生、公安、民政三个系统共同协调、分工合作，不断构筑精神疾病的防控网络，对侵犯社会秩序的精神病人予以收容和管理。这集中体现在卫生、公安和民政三个系统分别建立的由各自主管的精神病医院上，以卫生部门的精神病院为主体，民政部门设立的"民康医院"和公安机关设立的"安康医院"为辅，在党政管理体系的统一领导和协调下，共同构筑起预防、治疗和社会控制为一体的精神卫生防控体系。另一方面，为扩张和加强精神病医院的作用范围和力度，需建立纵向的精神卫生社区防治网。通过行政性质的命令，在各地建立三个层级、与社区密切结合的网状

---

〔1〕 刘哲宁主编：《精神卫生服务》，人民卫生出版社 2015 年版，第 69 页。
〔2〕 贾西津：《心灵与秩序：从社会控制到个人关怀》，贵州人民出版社 2004 年版，第 226 页。

控制系统。在精神病医院的指导下，持续监控社区人们的精神健康状况，不断地主动发现病人，予以治疗和管理，从而维护社会秩序，并积极促进精神病人的社会功能康复。[1]

据统计，1958 年民政部门举办的精神病院有 86 所，收容精神病人 7985 人；到 1963 年民政部门的精神病院达 202 所，收容精神病人 17 138 人。[2] 1958 年，时任卫生部副部长贺彪在第一次全国精神病防治工作会议指出："过去 8 年共收容治疗了病人 73 150 余名，出院 63 280 余名，平均每人住院日 122 天。"[3] 如此，精神病院不仅成为治疗疾病的场所，更发挥着改造个人和防卫社会的双重职能。一方面，通过对精神病人的治疗，使其尽快恢复健康，将其改造为自食其力的社会主义建设力量，从而投身到社会主义建设当中去；另一方面，通过对病人的收容治疗以消除其人身危险性和社会危害性，防止病人实施危害人民群众生命财产安全和社会秩序的行为。

有关精神病人收容的规定大致可追溯到 20 世纪 50 年代初期，如针对患有精神疾病的复员军人的治疗问题，国务院及相关部门所发布的文件均强调应由卫生部门负责收容治疗。[4] 针对当时精神病人危害社会行为时有发生的问题，国务院和地方政府在相关文件中都强调要将精神病人"收容管理"，[5] 类似规定一直延续到 20 世纪 60、70 年代。上述有关精神病人收容之规定，明显具有强制色彩，实质上就是强制医疗。只是当时政府似乎倾向于认为对精神病

---

〔1〕 贾西津：《心灵与秩序：从社会控制到个人关怀》，贵州人民出版社 2004 年版，第 226 ~ 227 页。

〔2〕 余根先主编：《中国民政工作全书（下）》，中国广播电视出版社 1999 年版，第 1707 页。

〔3〕 贺彪："积极进行精神病防治工作"，载《中华神经精神科杂志》1958 年第 5 期。刘白驹：《非自愿住院的规制：精神卫生法与刑法（下）》，社会科学文献出版社 2015 年版，第 523 页。

〔4〕 如 1954 年国务院颁布的《复员建设军人安置暂行办法》第 13 条规定："对于患有精神病的复员建设军人……如病情严重需要治疗，家属无法照管或无家属照管，由省（市）卫生部门设法收容，收容期间医疗、生活费用由医疗单位向省（市）卫生部门报销。"1955 年 5 月，国务院颁布的《关于安置复员建设军人工作的决议》进一步强调："对患有精神病需要治疗的复员建设军人，应当由当地卫生部门负责收容治疗，生活供应由民政部门负责。"

〔5〕 例如，国务院于 1956 年 3 月下达的《国务院批转湖北省人民委员会对精神病人的收容管理问题的请示》中指出："精神病人的收容管理，也应该根据精神病人发病的程度和主观条件加以区分对待。收容管理的对象，应当是病情严重、无家可归或者家庭无人照管，对社会可能发生危害的精神病人。"

人的收容属于医学问题，完全交予精神病院负责，因此相关规定几乎都没有规定收容的对象和条件。唯一的例外是，国务院于 1956 年 3 月下达的《国务院批转湖北省人民委员会对精神病人的收容管理问题的请示》中指出："精神病人的收容管理，也应该根据精神病人发病的程度和主观条件加以区分对待。收容管理的对象，应当是病情严重、无家可归或者家庭无人照管，对社会可能发生危害的精神病人。"这一规定强调精神病院的收容对象限于具有危险性的精神病人，无疑具有很大的进步，但该规定是否在实践中得到遵循则不无疑问。

三、精神病人的非自愿医疗：规范依据及其运行

20 世纪 80 年代以来，随着中国市场经济发展所带来的社会主体的多元化和公民权利意识的高涨，传统的精神医疗模式开始受到巨大的冲击。精神病院获得更加独立的地位，并逐渐回归为面向社会提供精神卫生服务的医疗机构，而非收容监管机构。在此背景下，"收容"一词开始淡出人们的视野，取而代之的是"强制住院治疗""强制收治""强制医疗"等用语，其目的旨在突出对病人拘禁的"治疗性"。例如，1986 年上海市颁布的《上海市监护治疗管理肇事肇祸精神病人条例》规定了"强制性监护治疗"和"强制住院治疗"，其适用对象为肇事、肇祸的精神病人。[1] 1988 年公安部发布的《全国公安机关第一次精神病管治工作会议纪要》强调"对严重危害社会治安的精神病人，应当强制收治"。2000 年以来，我国各地先后制定了 7 部有关精神卫生的地方性法规，其中杭州市和宁波市的《精神卫生条例》均明确规定了"强制住院治疗"，[2] 上海市的地方性法规则规定了"医疗保护住院"。

在 2012 年《刑事诉讼法》和《精神卫生法》颁布以前，有关精神病人的

---

〔1〕 参见该条例第 4 条："经精神病司法医学鉴定确认为肇事、肇祸的精神病人，应分别对其实行强制性监护治疗：有肇事行为的精神病人送卫生部门所属医院诊治；有肇祸行为的精神病人送精神病人管治医院监护治疗。"第 9 条："需强制住院治疗的肇事精神病人，卫生部门所属医院凭市或区、县公安机关签发的《收治肇事精神病人入院通知书》，办理入院手续。"

〔2〕 参见《杭州市精神卫生条例》第 29 条和《宁波市精神卫生条例》第 28 条。

强制医疗或非自愿医疗并没有严格的法律规定。实践中，对于违背精神病人意愿所采取的治疗大致遵循双轨制：对肇事肇祸精神病人的强制治疗由公安机关实施；其他精神病人的强制治疗由家属和医疗机构共同实施。前者实质上就是刑事强制医疗，后者为非自愿医疗。

（一）刑事强制医疗的规范依据及其运作

对犯罪精神病人的强制医疗一直备受重视，且被视为是"维护社会治安的一项重要工作"。然而，长期以来对犯罪精神病人的强制医疗缺乏明确的法律依据，其运作依据是刑事政策和行政文件。而相关立法要追溯到 1979 年《刑法》，该法第 15 条第 1 款规定无刑事责任能力的精神病人不负刑事责任，"但是应当责令家属或监护人严加看管和医疗"。就理解而言，这里所规定的"医疗"当然包括强制医疗，只是法律将治疗的责任施加给了家属或监护人。很明显，1979 年《刑法》第 15 条的规定难以满足预防精神病人再犯和维护公共安全的需要。因此，1988 年《全国公安机关第一次精神病管治工作会议纪要》明确规定了公安机关管理的精神病管治院（安康医院）收治的 5 类对象，其适用对象远突破了 1979 年《刑法》规定的无刑事责任能力的精神病人，甚至包括"当众出丑，有伤风化"和"影响社会安定，造成严重后果"的精神病人。[1]直到 1997 年立法机关才对刑事强制医疗作出回应，其直接体现是 1997 年《刑法》第 18 条规定无刑事责任能力的精神病人"必要的时候，由政府强制医疗"，但该法没有规定强制医疗的条件、决定主体及程序，这无疑给实践带来很大的困惑。

事实上，公安机关所实施的强制医疗从来都不限于触犯刑法的精神病人，还包括违反社会治安管理的精神病人，一般被统称为"肇事肇祸精神病人"。实践中，"肇事肇祸精神病人"的强制医疗一般都是由公安机关作出决定，安康医院或其他医院根据公安机关作出的《强制医疗决定书》予以收治。总体而言，对肇事肇祸精神病人的强制医疗缺乏统一的法律依据，少数省、市制

---

〔1〕 具体包括：①有杀人、放火、强奸、爆炸行为的；②严重扰乱党政军机关办公秩序和企事业单位生产、工作秩序的；③严重扰乱公共秩序、交通秩序，危害公共安全的；④当众出丑，有伤风化的；⑤影响社会安定，造成严重后果的。同时，强调"公安机关管理的精神病管治院收治上述精神病人，都应经精神病司法医学鉴定"。

定了相关地方性法规、规章或规范性文件，但其适用对象、条件和程序规定不一，全国各地的差异也就更大。这就造成公安机关实施的强制医疗存在以下问题：①强制医疗权缺乏法律的监督和制约。强制医疗由公安机关决定，基本不受程序约束，无需听取精神病人及其监护人的陈述、申辩，更无需取得法院的许可决定，也缺乏有效的救济途径。②强制医疗的对象和范围过于宽泛，且各地规定不一。由于《刑法》和《治安管理处罚法》等相关法律法规都没有明确规定强制医疗的条件，这就造成各地公安机关对于强制医疗的适用对象和范围缺乏统一规范。就规范层面，有的地区强制医疗的范围较为狭窄，如吉林省仅限于不负刑事责任的精神病人；[1]有的地区却十分宽泛，如北京市不仅包括触犯《刑法》的无刑事责任能力或限制刑事责任能力的精神疾病患者、违反《治安管理处罚法》而应当予以行政拘留处罚的无责任能力精神疾病患者，还包括违反《治安管理处罚法》但尚不需接受行政拘留处罚的精神疾病患者，以及严重威胁公共安全或他人人身、财产安全并且无人监护或看护不力的精神疾病患者，甚至还包括病情处于波动或者疾病期，监护人、近亲属不同意治疗的精神疾病患者。[2]这一规定几乎将所有精神病人都纳入公安机关强制医疗的对象范围。江西省强制收治的对象包括发生肇事肇祸行为或有肇事肇祸倾向的精神病人，[3]福建省也将"未有过肇事肇祸和轻微滋事行为但存在潜在暴力倾向的重性精神病人"纳入强制治疗的范围。[4]可见，即便是在强制医疗存有规范依据的地区，其适用对象和范围都可能处于扩张的状态，更勿论法律规范缺位的地区，这恐怕是"被精神病"现象时有发生的原因之一。

（二）非自愿医疗的规范依据及其运行

在《精神卫生法》颁布以前，对于不具有公共安全危险性的精神病人的非自愿医疗，精神医疗界和部分学者称之为"医疗保护住院"或"医学保护

---

〔1〕 参见《吉林省危害社会精神病人强制医疗若干规定》第2条。
〔2〕 参见《北京市精神疾病患者强制治疗实施办法》第2条和第3条。
〔3〕 参见《江西省肇事肇祸精神病人收治管理办法》。
〔4〕 参见《福建省关于加强肇事肇祸重性精神病人强制治疗管理意见》。

性住院"。[1]实践中，此种情形下的非自愿医疗一般由家属送诊，经医疗机构诊断认为需要住院，但患者没有明确表示同意住院或者拒绝住院的，由家属办理入院手续。一直以来，我国精神医学界对精神病人的自愿住院和医疗自主权持否定态度，认为一个人只要存在重性精神障碍，需要住院治疗，精神病院就可以将他们收治。[2]精神病人的法定代理人或监护人可基于其法定代理权或监护权作出治疗决定，此种情形下的治疗因为已经取得家属或送治人的"同意"，也就不存在强制。这一观念深深影响了我国《精神卫生法》的立法和实践，时至今日，不少精神科医生都认为医院对精神病人的治疗已经取得家属同意，所以不存在非自愿医疗。然而，不可否认的是，此种情形下的治疗并没有取得患者本人的同意，特别是对于拒绝治疗的患者来说，违背其意愿的治疗明显属于非自愿治疗的范畴。

在上述理念的支配下，对精神病人的治疗被认为是家属（监护人）和精神病院的合法权利，家属行使同意权，医院行使诊断治疗权，两者相互配合、通力合作，完成对精神病人的合法治疗。家属的同意使医院的治疗获得"合法性"，医院的医学权威和专业判断使治疗获得"正当性"，如此，精神病人的治疗被视为是医学问题和专业判断。正因为如此，对精神病人的非自愿医疗一直存在法律缺位的问题，这也造成精神病人的非自愿入院缺乏明确的法律标准，相关法律程序更是付诸阙如。

无论是近亲属还是精神病院在非自愿医疗过程中都享有巨大的权利，且这一权利几乎不受外在约束和监督。由于亲属的"同意"使治疗获得合法的外衣，实践中又不承认所谓"医疗保护住院"的强制性及其对人身自由的限制，因此被强制收治的个人很难获得法律救济。实践中送治的不规范以及诊断和收治标准的缺失，被认为是导致"被精神病"产生的重要根源。卫生部也认识到这一问题，并在2001年发布了《关于加强对精神病院管理的通知》，强调精神病院要依照相关诊断标准的规定，"严格掌握收治标准，及时收治患

〔1〕　参见刘白驹：《非自愿住院的规制：精神卫生法与刑法（下）》，社会科学文献出版社2015年版，第581~582页。

〔2〕　刘白驹：《非自愿住院的规制：精神卫生法与刑法（下）》，社会科学文献出版社2015年版，第626页。

者"，并在该通知的附件中列举了精神病人入院收治的5项指征，[1]这5项指征实际上是危险标准和需要治疗标准的混合。

在《精神卫生法》颁布前，为填补法律空白，上海市、宁波市等地区先后颁布了7部规范精神卫生活动的地方性法规。这7部地方性法规实际上都对非自愿医疗作出了规定，包括非自愿医疗的条件，以及精神疾病诊断、治疗所应遵循的一般程序，但这些规定主要都是原则性内容而缺乏可操作性。总体而言，由于缺乏法定的条件和程序，我国非自愿医疗的实施仍具有很大的任意性和主观性，难以避免被滥用和"被精神病"事件的发生，[2]这也直接导致我国非自愿治疗的比例居高不下。[3]

四、小结：非自愿医疗的合法性困境

从保护精神障碍患者本人的健康利益和公共利益出发，非自愿医疗无疑具有正当性与合理性。然而，作为限制人身自由的强制措施，非自愿医疗理应在法律的严格约束之下行使，实施主体、对象、条件、程序等都应受到法律规范，但现实的困境是由于立法的缺失，非自愿医疗依然游离于法律规制之外，从而致使该措施面临严峻的合法性拷问。

尽管非自愿医疗在实践中普遍存在，但其始终处于无法可依、合法性缺失的尴尬境地：①送治人的泛化与无限扩大。监护人或近亲属、公安机关和民政部门将精神障碍患者强制送治无疑具有合法性，然而实践中强制送治主体扩大到精神障碍患者所在的单位、村民委员会、居民委员会、各级政府、信访部门、维稳部门等，这不可避免会招致主体合法性之质疑。②非自愿医疗条件和标准的缺失。由于非自愿医疗的适用条件和对象缺乏明确的法律规

---

〔1〕　这5项指征为："①临床症状严重，对自己和（或）周围构成危害者；②拒绝接受治疗或门诊治疗困难者；③严重不能适应社会生活；④伴有严重躯体疾病的精神病人应视躯体疾病的情况协调解决收治问题；原则上应视当时的主要疾病决定收治医院和科室；⑤其中对出现严重自伤、自杀、拒食或严重兴奋、冲动伤人、外跑等，可危及生命或危害社会治安者应属紧急收治范围，并应给予特级护理。"参见卫生部：《关于加强对精神病院管理的通知》之附件。

〔2〕　刘东亮："'被精神病'事件的预防程序与精神卫生立法"，载《法商研究》2011年第5期。

〔3〕　2002年一项对全国17个省市精神病专科医院调查的结果显示，1188例精神障碍患者中81.5%为非自愿住院，自愿住院仅占18.5%，非自愿入院的比例远远高于其他国家。参见潘忠德、谢斌、郑瞻培："我国精神障碍者的住院方式调查"，载《临床精神医学》2002年第5期。

定，医疗机构的强制收治的对象呈扩大趋势，无论当事人所患精神疾病的性质及其严重程度如何，是否对本人或他人具有人身危险性，都可能被强制治疗，这与国际社会通行的"有伤害自己或他人的行为或危险"标准不符，违背了比例原则的基本精神。[1]③非自愿医疗正当程序的缺失。由于非自愿医疗决定的审查机构及其程序机制的缺位，精神障碍患者的人身自由权等基本权利都由精神科医师的诊断书决定，医疗机构和医师的权力缺乏必要的约束和监督。在出院程序上，医疗机构奉行"谁送治、谁接人"的原则，住院患者无权要求出院或终止治疗。

同时，更为困惑的问题是，医疗机构普遍行使的、对精神障碍患者予以强制收治的权力到底源自哪里？是送治人的委托？还是医疗机构的法定权力？抑或作为医学知识的垄断者本应享有的专断性的权力？《医疗机构管理条例》并未明确赋予医疗机构对精神障碍患者的非自愿医疗权，而只是规定"医疗机构对传染病、精神病、职业病等患者的特殊诊治和处理，应当按照国家有关法律、法规的规定办理"。就理解而言，对精神障碍的"特殊诊治和处理"似乎应包括采取强制性治疗措施，但该条亦明确规定这些"特殊诊治和处理"应当按照国家有关法律、法规的规定办理。

走出困境的路在于制定《精神卫生法》，将非自愿医疗纳入法律规制的范围，明确其实体要件和实施程序，前者包括非自愿医疗的对象、条件、决定主体及其权限与义务，后者包括严格的送治程序、入院诊断程序、独立的复查程序、治疗与定期评估程序以及出院程序等，两者结合在根本上消除非自愿医疗的合法性危机。

第二节　我国非自愿医疗的合法化及其程序构造

一、精神卫生立法与非自愿医疗的合法化

从 1985 年卫生部着手立法起草工作，到 2012 年全国人大常委会审议通

---

〔1〕　房国宾："精神病强制医疗与人权保障的冲突与平衡"，载《中国刑事法杂志》2011 年第 7 期。

过，我国《精神卫生法》的立法历时 27 年之久，堪称最为漫长、曲折的立法。《精神卫生法》的立法起草几经周折，甚至一度停滞，直到 2007 年前后才进入立法加速期，立法进程方获得实质性推进，并在 2011 年 9 月被提交给全国人大常委会进行审议。究其原因，一方面在于精神卫生立法内容具有较强的专业性，相关法律制度涉及部门多，涉及的争议问题更多。[1]另一方面，早期卫生部门主导的立法起草采取"闭门造法"模式。[2]这种由精神医疗专家主导的封闭立法，将社会各界，尤其是包括精神障碍患者及其家属等在内的利益关联方排除于立法之外，自然也难以整合各种社会资源和力量，形成合力，推动立法的进展。

就立法内容而言，导致立法"难产"的原因主要是两方面：一是如何规定国家、政府和社会在救济精神障碍患者方面的责任和力度；二是如何规定非自愿住院治疗。[3]前者要求政府为保障精神障碍患者获得适当的精神卫生服务和诊疗给予充分的财政投入和经费保障，但这很大程度上取决于经济发展水平和政府的财政能力。然而，在 20 世纪 80～90 年代，由于资源和保障水平的总体落后以及地区间发展的不平衡，政府无法提供大量的投入来配套法律的实施，因而对《精神卫生法》的出台心存顾虑，这在一定程度上阻碍了立法的顺利进展。[4]2000 年以后，随着经济发展和政府财力的增强，政府投入已不再成为一个严峻问题。与之对应，公众对精神卫生问题的关注度越来越高，非自愿医疗问题成为立法关注的焦点。

在《精神卫生法》的起草过程中，精神医学界普遍认为经精神障碍患者的法定代理人或监护人的同意，即可对患者予以收治，并认为精神疾病的诊断治疗权只能由精神科医生行使。[5]对于法学界提出的非自愿入院应由法院

---

〔1〕 刘鑫："精神卫生法的理想与现实"，载《中国卫生法制》2013 年第 5 期。

〔2〕 于欣："'亦余心之所善兮，虽九死其犹未悔'：写在《精神卫生法》即将实施之际"，载《中国心理卫生杂志》2013 年第 4 期。

〔3〕 刘白驹：《非自愿住院的规制：精神卫生法与刑法（下）》，社会科学文献出版社 2015 年版，第 625 页。

〔4〕 严冬雪、王婧、陈卓琬："《精神卫生法》难产 24 年后"，载《中国新闻周刊》2009 年第 23 期。谢斌："中国精神卫生立法进程回顾"，载《中国心理卫生杂志》2013 年第 4 期。

〔5〕 谢斌、唐宏宇、马弘："精神卫生立法的国际视野和中国现实——来自中国医师协会精神科医师分会的观点"，载《中国心理卫生杂志》2011 年第 10 期。

审查决定的观点，精神医学界持强烈反对的态度，认为"这种观点是对精神病学之医学属性的误解和否认，并且混淆了专业技术标准和法律程序"，[1]是"对中国精神卫生医疗服务的实际状况缺乏深入了解"。[2]最后通过的法律明显是各方博弈的结果，相关规定折中了各方的观点，因此无法令各方完全满意。

《精神卫生法》专章就"精神障碍的诊断和治疗"作出了规定，但通篇没有出现"强制""非自愿"等字眼。普遍的观点认为《精神卫生法》第30条规定了非自愿住院，并有7个条文直接涉及精神障碍患者的非自愿住院。其中，第30条规定了以"精神障碍"和"危险性"为要件的非自愿医疗实体标准。第31条和第32～36条分别规定了对本人具有危险和对他人具有危险患者的非自愿住院程序，其中，对本人具有危险性患者的非自愿住院应取得监护人同意，对他人具有危险性患者的非自愿住院由医疗机构决定，且法律对后者规定了相应的救济途径，即再次诊断和鉴定程序。

总体而言，《精神卫生法》实现了非自愿医疗的合法化，并对非自愿医疗的实体要件和程序作出了规定，从而有利于实现对非自愿医疗的规范，并保障公民的合法权益。

二、非自愿医疗的法定类型

（一）《精神卫生法》有关非自愿医疗的一般规定

《精神卫生法》第30条第2款规定，"诊断结论、病情评估表明，就诊者为严重精神障碍患者并有下列情形之一的，应当对其实施住院治疗：①已经发生伤害自身的行为，或者有伤害自身的危险的；②已经发生危害他人安全的行为，或者有危害他人安全的危险的"。根据这一规定，我国确立了以"精神障碍＋危险性"为实体要件的非自愿医疗制度。其中，患有精神障碍是非自愿医疗的前提，且必须达到"严重程度"，即就诊者系"严重精神障碍患

---

〔1〕 谢斌、唐宏宇、马弘："精神卫生立法的国际视野和中国现实——来自中国医师协会精神科医师分会的观点"，载《中国心理卫生杂志》2011年第10期。

〔2〕 谢斌："中国精神卫生立法进程回顾"，载《中国心理卫生杂志》2013年第4期。

者"。[1]无论是精神医学界还是立法机关，都认为是否患有精神障碍以及是否达到需要住院治疗的程度，"是一个医学专业判断问题，应当由精神科执业医师以就诊者的精神健康状况为依据，严格按照精神障碍诊断标准和治疗规范出具诊断结论"。[2]

与多数国家和地区一样，我国《精神卫生法》亦采取危险性标准，且危险性包括对本人的危险和对他人的危险。其中，对本人的危险表现为"已经发生伤害自身的行为，或者有伤害自身的危险"，对他人的危险表现为"已经发生危害他人安全的行为，或者有危害他人安全的危险"。换言之，危险性既包括实际发生危害行为，也包括危害行为发生的可能性。前者可直接认定精神障碍患者具有危险性，而后者则应根据患者的精神状态、当前和既往行为或状态等各种因素作出预测。[3]然而，危险性是一个高度抽象、模糊的概念，尽管《精神卫生法》将其分为对本人的危险和对他人的危险，但何谓"伤害自身的危险"和"危害他人的危险"，以及如何对危险性作出认定，却是捉摸不透、令人困惑的问题。[4]

（二）非自愿医疗的类型及其决定程序

如上所述，我国《精神卫生法》所规定的非自愿医疗实际上包含两种类型：对本人具有危险性的精神障碍患者的非自愿医疗和对他人具有危险性的精神障碍患者的非自愿医疗。学界将这两种非自愿医疗分别称为"救护性非自愿住院"和"保安性非自愿住院"，[5]本书为表述方便，也暂且采用这一表述。一般而言，这两种类型的非自愿医疗具有以下区别：①理论依据不同。

---

〔1〕《精神卫生法》第83条第2款规定："本法所称严重精神障碍，是指疾病症状严重，导致患者社会适应等功能严重损害、对自身健康状况或者客观现实不能完整认识，或者不能处理自身事务的精神障碍。"

〔2〕 信春鹰主编：《中华人民共和国精神卫生法解读》，中国法制出版社2012年版，第3页；张世诚、张涛："精神卫生法的立法过程和主要内容"，载《中国卫生法制》2013年第1期。

〔3〕 陈绍辉："论强制医疗程序中危险性要件的判定"，载《河北法学》2016年第7期。

〔4〕 有关危险性的判定及其方法，参见陈绍辉："论强制医疗程序中危险性要件的判定"，载《河北法学》2016年第7期；陈绍辉：《精神障碍患者人身自由权的限制——以强制医疗为视角》，中国政法大学出版社2016年版，第192~214页。

〔5〕 刘白驹：《非自愿住院的规制：精神卫生法与刑法（下）》，社会科学文献出版社2015年版，第659页；戴庆康等：《人权视野下的中国精神卫生立法问题研究》，东南大学出版社2016年版，第200页。

前者的正当性依据是国家监护权,后者为警察权（治安权）。[1]②目的不同。前者旨在通过强制治疗防止精神障碍患者实施伤害自身的危害行为,其目的是保护患者本人的利益。后者旨在通过对患者的隔离式治疗消除其人身危险性,目的主要是保护公众免受精神障碍患者的侵害。③危险性的表现形态不同。前者所针对的精神障碍患者一般表现为有实施伤害自身生命健康的行为或企图,如自杀、自残等,美国部分州还包括"严重失能",一般表现为患者因精神障碍而无法满足自身基本生活需求。后者所针对的精神障碍患者一般表现为有实施或可能实施伤害他人人身、财产安全之行为,其具体情形和范围取决于各国法律的规定和法院的解释。

从比较法看,上述分类不会影响到非自愿医疗的决定主体。换言之,无论是哪种类型的非自愿医疗,它的决定主体和程序都是一样的,本质上都是国家行使公权力的结果,落实到具体的决定主体要么是法院,要么是其他中立的审查决定机构,如精神卫生审查委员会等。然而,我国采取了不同于其他国家和地区的做法——对本人具有危险性的精神障碍患者的非自愿医疗由监护人决定;对他人具有危险性的精神障碍患者的非自愿医疗由医疗机构决定。[2]如此,在我国,"救护性非自愿住院"和"保安性非自愿住院"之间最大的区别是两者的决定主体及程序不同,前者需要取得监护人的同意,且一旦监护人同意治疗,即便患者本人对诊断结论有异议,也无权要求再次诊断和鉴定。[3]此种情形下的非自愿治疗实际上赋予监护人和医疗机构几乎不受制约的权力,患者本人不仅无从提出异议,其救济途径亦被堵塞。[4]后者实际上由医疗机构决定,只是患者或其监护人如果对诊断结论有异议,可以要

---

〔1〕 有关国家监护权和警察权的分析,参见陈绍辉:《精神障碍患者人身自由权的限制——以强制医疗为视角》,中国政法大学出版社2016年版,第127～137页。

〔2〕 参见《精神卫生法》第30条和第31条。

〔3〕《精神卫生法》草案曾规定,监护人同意住院治疗的情况下,患者可以要求复诊和鉴定。但是教科文卫委员会和有的常委委员提出,严重精神障碍患者缺乏自知力,往往不愿意接受住院治疗,规定在监护人同意住院治疗的情况下患者又可以要求复诊、鉴定,实践中会造成新的社会问题。草案最终删除了这一规定。参见全国人民代表大会法律委员会:《全国人民代表大会法律委员会关于〈中华人民共和国精神卫生法（草案第二次审议稿）〉修改情况的汇报》。

〔4〕 陈绍辉:《精神障碍患者人身自由权的限制——以强制医疗为视角》,中国政法大学出版社2016年版,第261页。

求再次诊断和鉴定。[1]

除了决定主体及程序的差异，"救护性非自愿住院"和"保安性非自愿住院"在实施程序方面并没有其他明显差异。接下来以"保安性非自愿住院"为例，对我国《精神卫生法》的具体程序进行分析，至于我国非自愿医疗程序的特点及其问题，将在本节小结与本章第三节中予以阐述。

三、我国非自愿医疗的程序构造

结合我国《精神卫生法》有关精神疾病诊断和治疗的一般规定以及非自愿医疗的实践，总结出我国非自愿医疗的程序大致包括以下环节：

（一）送诊

有关送诊的法律依据是《精神卫生法》第28条，其中第1款规定了非紧急情况下的送诊，送诊主体包括疑似精神障碍患者的近亲属、民政等有关部门（针对查找不到近亲属的流浪乞讨中的疑似精神障碍患者）；[2]第2款规定了紧急情况下的强制送诊，送诊主体包括近亲属、所在单位、当地公安机关。[3]值得注意的是，无论是个人自行到医疗机构就诊，还是非紧急情况和紧急情况下的送诊，如果经医疗机构的诊断患者符合非自愿住院标准，都应依据《精神卫生法》第30条的规定，对患者采取非自愿住院治疗。换言之，那种认为只有紧急情况下的送诊才可以启动非自愿住院的观点，并不符合立法本意。只是在紧急情况下的送诊，送诊人可以采取一定的强制措施，此种情形下，疑似患者的人身自由不可避免地受到限制。相反，在非紧急情况下的送诊，仍应尊重疑似患者本人的意愿，不得采取强制措施。

紧急情况下的送诊应注意以下问题：①对象仅限于具有危险性的疑似精神障碍患者。《精神卫生法》第28条第2款有关危险性的表述与第30条有关

---

〔1〕 参见《精神卫生法》第32~35条。

〔2〕《精神卫生法》第28条第1款规定："除个人自行到医疗机构进行精神障碍诊断外，疑似精神障碍患者的近亲属可以将其送往医疗机构进行精神障碍诊断。对查找不到近亲属的流浪乞讨疑似精神障碍患者，由当地民政等有关部门按照职责分工，帮助送往医疗机构进行精神障碍诊断。"

〔3〕《精神卫生法》第28条第2款规定："疑似精神障碍患者发生伤害自身、危害他人安全的行为，或者有伤害自身、危害他人安全的危险的，其近亲属、所在单位、当地公安机关应当立即采取措施予以制止，并将其送往医疗机构进行精神障碍诊断。"

非自愿住院的表述完全相同。就理解而言，其内涵、外延和判定标准应该是一致的，但是考虑到送诊的目的在于使患者接受诊断评估，以明确其是否患有精神疾病及是否需要住院治疗，然而送诊主体并不具有相关专业知识，无从作出准确的判断。因此，只要送诊主体根据疑似患者的精神症状、外部行为等，有初步证据证明疑似患者具有危险性，为保障患者的健康和避免危害行为的发生，即可采取强制送诊措施。换言之，此处有关危险性的认定应采取较低的证明标准，如优势证据标准；相反，非自愿住院中有关危险性的认定则应采取更高的证明标准，如清晰和令人信服的证明标准。[1]②强制送治的主体仅限于近亲属、所在单位和公安机关。上述三类主体分别对在家中、所在单位、公共场所的符合法定情形的疑似患者采取制止措施并送诊。这里的所在单位，包括疑似精神障碍患者工作、学习的单位，如职工的用人单位、学生所在的学校。[2]也就是说，医疗机构工作人员不能护送疑似精神障碍患者到医院接受非自愿就诊和检查。[3]

（二）诊断、评估

疑似患者到医疗机构就诊与医疗机构出具诊断结论并作出是否住院的建议之间，往往存在一定的期间，在此期间患者在医院接受诊断评估和观察。这一期间可称为入院观察期，对于强制送诊的疑似精神障碍患者，这一期间可称为"非自愿入院观察"，[4]也有学者将此称为"紧急留院诊断"，[5]它实际上相当于国外普遍规定的紧急非自愿住院制度。[6]对于精神障碍患者的诊断评估需要区分自愿就诊的患者和非自愿就诊的患者，前者系针对《精神卫生法》第28条第1款入院诊断的患者，对此类患者的留院观察应取得其同

〔1〕 有关强制医疗的证明标准的探讨，参见陈绍辉："精神疾病患者强制医疗的证明标准研究"，载《证据科学》2014年第2期。

〔2〕 信春鹰主编：《中华人民共和国精神卫生法解读》，中国法制出版社2012年版，第91页。

〔3〕 本书编写组编：《中华人民共和国精神卫生法医务人员培训教材》，中国法制出版社2013年版，第108页。

〔4〕 本书编写组编：《中华人民共和国精神卫生法医务人员培训教材》，中国法制出版社2013年版，第108页。

〔5〕 刘白驹：《非自愿住院的规制：精神卫生法与刑法（下）》，社会科学文献出版社2015年版，第663页。

〔6〕 关于紧急非自愿住院，参见本书第五章第一节。

意，且患者可以随时出院，医疗机构不可强制留观；后者系针对《精神卫生法》第 28 条第 2 款被强制送诊的患者，根据第 29 条第 2 款的规定，医疗机构"应当将其留院"，实际上是可以强制留观的。

对于强制送诊的疑似障碍患者的诊断评估主要涉及以下问题：①诊断必须由精神科医师作出。换言之，精神障碍的诊断不得由其他科别的医师作出，且法律没有对精神科医师的职称、数量作出限制性规定。对于精神卫生资源仍然匮乏的现状，这一规定无疑具有相当合理性。②精神障碍的诊断应当依据精神健康状况和相关诊断标准作出。[1]可见，精神障碍的诊断不得受诊断标准以外因素之影响，包括道德、价值观念、政治取向、宗教信仰等。根据 MI 原则的规定，精神障碍的诊断应以国际接受的医学标准为依据。目前我国多数基层医疗机构使用《中国精神障碍分类与诊断标准（第 3 版）》（CCMD－3），教学医院多使用《国际疾病分类（第 10 版）》（ICD－10）。[2]③诊断评估的期限。我国法律未明确规定诊断期限，《精神卫生法》第 29 条要求医疗机构"及时出具诊断结论"。《中华人民共和国精神卫生法（草案）》曾规定应在"72 小时内作出书面诊断结论"，但是立法机关"考虑到精神障碍的诊断是一个科学判断问题，不同精神障碍的诊断时间不尽相同，不宜一刀切，规定一个统一的时限"，[3]从而删除了这一规定。就理解而言，诊断结论应在合理期限内作出，按照国际通行做法，应在 72 小时内作出，疑难案例可以延期留观。[4]

（三）入院决定

我国对精神障碍患者的非自愿医疗向来采取医学模式，医疗机构及精神科医师在非自愿入院决定中发挥着主导作用。在《精神卫生法》颁布前，有关精神障碍的诊断评估及患者的入院治疗都被视为医学问题，应由医疗机构及精神科医师依据相关医学标准和惯例作出，不应受到法律的过多干预。在

---

〔1〕 参见《精神卫生法》第 27 条。

〔2〕 本书编写组编：《中华人民共和国精神卫生法医务人员培训教材》，中国法制出版社 2013 年版，第 101 页。

〔3〕 信春鹰主编：《中华人民共和国精神卫生法解读》，中国法制出版社 2012 年版，第 94 页。

〔4〕 本书编写组编：《中华人民共和国精神卫生法医务人员培训教材》，中国法制出版社 2013 年版，第 101 页。

《精神卫生法》的制定过程中，这一观念在各个版本的草案中得到充分体现，无论是草案的起草部门还是立法机关，都认为"是否患有精神障碍以及是否达到需要治疗的程度，是一个医学的专业判断，应当由精神科执业医师严格依条件和程序作出判定；实施住院治疗措施，必须以医疗机构作出的'需要住院治疗'的诊断结论为依据"。[1]立法过程中，尽管法律界人士和部分常委会委员主张将非自愿入院的决定权交给法院，[2]也有学者提出更为温和的由"精神卫生伦理委员会"审查住院的建议，[3]但这些主张并没有在最终通过的法律中得到体现。

具体到《精神卫生法》中，则是规定对本人具有危险性的精神障碍患者的非自愿住院需取得监护人的同意，对他人具有危险性的精神障碍患者的非自愿住院由医疗机构决定。医疗机构经诊断评估，认为严重精神障碍患者符合第30条规定的非自愿住院条件的，应提出非自愿住院建议或决定。此时，监护人应根据第36条的规定为患者办理住院手续。对于仅对本人具有危险性的精神障碍患者，监护人不办理住院手续的，医疗机构不得对该患者实施住院治疗；对于对他人具有危险性的精神障碍患者，监护人不办理住院手续的，可以由患者所在单位、村民委员会或者居民委员会办理住院手续。监护人阻碍实施住院治疗或患者擅自脱离住院治疗的，医疗机构可要求公安机关协助实施住院治疗。[4]

可见，在非自愿入院程序中，医疗机构享有很大的权力，尤其是对于对他人具有危险性的精神障碍患者，其非自愿住院完全由医疗机构的诊断决定，因而有必要对医疗机构的权力作出必要的限制。为此，《精神卫生法》第32～34条规定了诊断结论异议的救济途径，即再次诊断和鉴定程序，以"替代国

---

〔1〕 陈竺："关于《中华人民共和国精神卫生法（草案）的说明》"，载《中华人民共和国全国人民代表大会常务委员会公报》2012年第6期。

〔2〕 关于人大常委会委员的相关建议，参见"十一届人大常委会第二十三次会议审议《中华人民共和国精神卫生法》（草案）的意见"，载信春鹰主编：《中华人民共和国精神卫生法解读》，中国法制出版社2012年版，第285页。

〔3〕 刘白驹：《非自愿住院的规制：精神卫生法与刑法（下）》，社会科学文献出版社2015年版，第637～638页。

〔4〕 参见《精神卫生法》第35条第2款："……监护人阻碍实施住院治疗或者患者擅自脱离住院治疗的，可以由公安机关协助医疗机构采取措施对患者实施住院治疗。"

外的'复核委员会'复核的方式，以维护当事人的权益，避免精神病学滥用".[1]具体而言，具有危害他人安全危险的精神障碍患者或其监护人对诊断结论有异议的，可在收到诊断结论之日起3日内向原医疗机构或者其他具有合法资质的医疗机构要求再次诊断；对再次诊断结论有异议的，患者或其监护人还可以自主委托具有合法资质的鉴定机构进行精神障碍医学鉴定。再次诊断或鉴定结论表明患者符合非自愿住院条件的，患者本人或监护人不得拒绝治疗，否则可以由公安机关协助医疗机构采取措施对患者实施住院治疗。这一规定明显是法学界和精神医学界有关非自愿医疗决定主体巨大分歧的一种折中，一方面最大限度地遵从了传统的以医疗行业为主导的非自愿医疗模式；另一方面也在一定程度上为患者提供了必要的救济途径。

（四）治疗

对于非自愿入院患者，医疗机构有权对其采取非自愿治疗，但《精神卫生法》未就非自愿治疗问题作出规定，包括可采取的治疗方式、手段等，唯一的规定是禁止医疗机构对非自愿住院患者实施以治疗精神障碍为目的的外科手术。[2]就理解而言，《精神卫生法》规定的有关住院患者享有的权利，医疗机构在治疗过程中应履行的义务、对住院患者应采取的保障措施，都适用于非自愿住院患者。除非法律有特别规定，医疗机构不得对自愿住院患者和非自愿住院患者区别对待，或因患者的非自愿住院身份而随意限制其合法权益。

（五）出院

根据危险性的不同类型，我国《精神卫生法》对非自愿住院患者的出院规定了不同的程序。对于对本人具有危险性的非自愿住院患者，监护人可以随时要求其出院，医疗机构不得阻挠。这一权利与监护人同意住院的权利是一致的，但是当患者应当继续住院，监护人却要求出院时，这一制度设计明显不利于保障患者本人的健康利益。相反，当患者经治疗不再符合非自愿住院条件而应出院时，如果监护人不同意出院或拒绝办理出院手续，此时又可

---

[1] 刘协和："中国的精神卫生法曙光初现"，载《上海精神医学》2011年第4期。
[2] 参见《精神卫生法》第42条："禁止对依照本法第三十条第二款规定实施住院治疗的精神障碍患者实施以治疗精神障碍为目的的外科手术。"

能出现出院难的问题。实践中，精神病院"积压"大量的长期住院患者，与家属或监护人拒绝办理出院不无关系。

对于对他人具有危险性的非自愿住院患者，其出院则需取得医疗机构的同意。根据《精神卫生法》第44条第4款的规定，医疗机构认为患者可以出院的，应当立即告知患者及其监护人，[1]由患者本人或监护人办理出院手续。

我国《精神卫生法》没有规定住院的期限，也未规定非自愿住院的定期审查制度。《精神卫生法》第44条第5款规定了检查评估制度，要求医疗机构应根据患者的病情，及时组织精神科执业医师对非自愿住院患者进行检查评估，并根据检查评估结果，决定患者是否应继续住院。但这一规定没有明确医疗机构进行检查评估的期限及间隔，缺乏应有的强制性，因而有进一步的完善空间和必要性。

四、小结：我国非自愿医疗程序的特点

从以上分析可见，我国的非自愿医疗程序仍然采取典型的"医学模式"，这一模式充分考虑了我国精神卫生服务的理念、传统与现状，也在一定程度上兼顾了尊重和保护患者权利之要求。这一程序模式呈现出以下特点：①非自愿入院决定的二元化。根据患者的危险类型，规定不同的非自愿入院决定主体。即"有伤害自身的危险"的精神障碍患者的非自愿住院由其监护人行使决定权，[2]未取得监护人同意的，医疗机构不得对患者实施非自愿住院。"有危害他人安全的危险"的患者的非自愿入院则由医疗机构决定，监护人、公安机关等送诊主体处于协助就医的地位。②医疗机构在非自愿入院决定中具有主导地位，即便是对本人具有危险性的精神障碍患者的非自愿入院，其诊断结论和入院治疗建议对患者的非自愿入院治疗仍具有重大影响。③监护人在非自愿医疗程序中发挥重要作用，即对本人具有危险性的精神障碍患者的入院由监护人行使决定权。同时，法律赋予监护人在送诊、入院、照护、出院和

---

〔1〕 该规定也适用于对本人具有危险性的非自愿住院患者。

〔2〕《精神卫生法》第31条规定："精神障碍患者有本法第三十一条第二款第一项情形的，经其监护人同意，医疗机构应当对患者实施住院治疗；监护人不同意的，医疗机构不得对患者实施住院治疗。监护人应当对在家居住的患者做好看护管理。"

监管等各个方面十分广泛的权利和职责。④精神障碍患者的非自愿入院不受法院或中立机构的审查，监护人或医疗机构直接行使非自愿入院的决定权。⑤法律对非自愿住院的规范重点是入院环节，通过明确非自愿住院的条件、诊断评估程序和入院手续，从而实现对非自愿住院的规范，目的在于防止错误收治或"被精神病"的发生。然而，对于入院后的非自愿治疗，现行法律基本上没有作出规定。

第三节　我国非自愿医疗程序存在的问题

从制度设计的整体理念上看，我国《精神卫生法》构建的非自愿医疗制度仍未摆脱"医疗模式"的思维方式，非自愿医疗程序从启动、诊断到作出决定基本上是由医疗机构一家独揽。[1]同时，《精神卫生法》没有充分认识到非自愿医疗严重限制人身自由之属性，更没有围绕这一属性构建相对完备的法律程序。因此，我国非自愿医疗程序存在的问题是缺乏中立的审查机构及程序，患者权利缺乏有效的法律救济；非自愿医疗的类型单一，未能适应精神医疗的发展趋势并建立多元化的非自愿医疗类型。

一、非自愿医疗缺乏外部审查机制

在医学模式下，医疗机构及精神科医师在非自愿医疗程序中享有十分广泛的权力，包括非自愿住院决定权。医疗机构可根据其诊断结论，将患者强制收治入院，并采取强制治疗措施。尽管这一模式最大程度地发挥了医疗专业人员的专业优势，具有高效便捷、成本低廉、促进患者接受治疗等优点，但也存在以下弊端：①医疗机构的非自愿医疗决定权缺乏监督制约。在医学模式下，医疗机构作为非自愿医疗关系的当事人，既是疾病的诊断治疗者，也是非自愿住院的决定者，事实上发挥着裁决者的角色，且与裁决结果有着利害关系。这一集"运动员"和"裁判员"为一身的角色有违"任何人不能

---

〔1〕 魏晓娜："从'被精神病'再现看我国非刑强制医疗制度之疏失"，载《国家检察官学院学报》2015 年第 4 期。

作自己案件的法官"之理念，不符合正当程序原则。②没有认识到非自愿住院决定不仅涉及医学问题（如精神障碍的诊断），还涉及法律问题之判断（如危险性之认定），且事关个人的人身自由等基本权利。如此重大的权利处分行为，恐怕已超出医疗专业人员的判断能力和专业范围，事实上也可能使医疗人员承担超出专业判断的不可承受之压力和责任。③忽视非自愿医疗作为剥夺人身自由的强制措施之属性。这体现在理论和实践中普遍认为非自愿医疗是"医疗上的强制措施，其与法律上的强制措施有根本性的不同。因而对强制住院只能使用医疗规范，而不能适用法律规范"。[1]进而认为精神障碍患者的非自愿住院与生理疾病患者的住院治疗并无区别，应由医疗机构和精神科医生根据诊疗规范决定，而不应受到法律的规制。受这种观念的影响，立法机关更倾向于认为非自愿医疗属于医学问题，精神障碍患者的非自愿住院应交由医疗机构诊断评估决定，而无需由法院或其他中立机构审查决定。

同时，我国法律还将非自愿住院同意权授予监护人，即对本人具有危险性的精神障碍患者的非自愿住院需要取得监护人的同意。这一制度安排固然与我国独特的文化背景和医疗决策传统有着密切关联，且被精神医学界的学者认为是"符合国情的现实选择"。[2]同时，这一做法也充分考虑到了家庭和家属对精神障碍患者的医疗、照护、决策、费用负担等方面所承担的重要责任和作用。但是监护人行使非自愿医疗的决定权不仅在学理上缺乏正当依据，实践中也存在难以克服的弊病：①缺乏正当性依据。理论上，非自愿医疗的正当性依据是国家监护权和警察权，两者构成国家以非自愿医疗方式干预个人人身自由的正当理由。其中，国家对有伤害自身危险的精神障碍患者采取非自愿医疗的依据是国家监护权，其目的在于保护患者本人的健康利益，防止患者实施伤害自身的行为。当患者拒绝治疗而可能对本人造成危险的，国家可依据其所享有的国家监护权对其采取强制治疗，此种情形下的非自愿医疗无需取得监护人的同意，更不应由其决定。然而，我国《精神卫生法》似乎倾向于将非自愿医疗权视为私法上的监护权，认为监护人亦可行使该权力，

---

〔1〕 陈甦："处理医患纠纷应把握医与法的区别"，载《人民法院报》2004 年 4 月 30 日。

〔2〕 谢斌、唐宏宇、马弘："精神卫生立法的国际视野和中国现实——来自中国医师协会精神科医师分会的观点"，载《中国心理卫生杂志》2011 年第 10 期。

并刻意淡化非自愿医疗的公权力属性。[1]问题是，监护权的权能是否包含不受期限限制地剥夺一个人的人身自由权呢？监护人的职责是保护被监护人的人身财产权利，对被监护人承担身心照顾义务，一般并无限制或剥夺被监护人人身自由的权限，更无权将被监护人安置于限制人身自由的场所或设施。对此，国内也有学者认识到这一点，认为非自愿住院是对精神障碍患者人身自由的限制，并有可能对其身心健康造成伤害，事关公民的基本人权，虽然在某些方面与民法有关（例如订立住院契约），但本质上属于公法范畴，不宜通过民法解决。[2]"强制住院治疗的决定主体只能是国家，私人对私人断没有强制限制自由的基础。"[3]②可能导致非自愿医疗的滥用。在多数情况下，监护人都会本着患者的最大利益行事，但是如果监护人与患者之间存在利益冲突，该如何防止监护人滥用非自愿医疗决定权？实践中，非自愿医疗权的滥用主要包括两种情形：一是拒绝同意应当接受非自愿住院的患者的住院，从而使患者无法接受治疗。这种情况可能比较普遍，很多家庭会出于经济原因而拒绝患者的住院，或要求患者提前出院、终止治疗；二是对于不应非自愿住院的患者，监护人可能与医疗机构"合谋"将患者非自愿住院，毕竟将患者收治入院符合医疗机构的经济利益，且一旦取得监护人的"授权"，患者本人亦无法提出异议和救济。[4]从以往经验看，"被精神病"发生的重要原因之一是家属滥用非自愿医疗的送诊和入院决定的权力，如早期的"邹宜君案""何锦荣案"，《精神卫生法》颁布实施后的"张联琼案""王正喜案"等。很明显，《精神卫生法》并没有解决这一问题，不能不引起重视和反思。③导致非自愿住院的比例高居不下。影响非自愿住院的因素众多，包括医学因素和非医学因素，前者如患者精神障碍的严重程度、人身危险性和自知力等，后者主要是经济因素、患者家属的意愿等。相关实证研究表明，非医学因素是

---

〔1〕 陈绍辉：《精神障碍患者人身自由权的限制——以强制医疗为视角》，中国政法大学出版社2016年版，第261~262页。

〔2〕 李霞："成年监护制度研究"，山东大学2007年博士学位论文。

〔3〕 孙也龙："法解释学视角下我国精神障碍住院治疗法律条款的适用"，载《中国生命法学评论（第2卷）》，中国法制出版社2016年版，第209页。

〔4〕 陈绍辉：《精神障碍患者人身自由权的限制——以强制医疗为视角》，中国政法大学出版社2016年版，第261页。

影响精神障碍患者发生非自愿住院的主要因素，而家属在入院决定中起了主要作用。[1]因此，居高不下的非自愿住院率是家属行使非自愿住院同意权的直接结果。

可见，我国《精神卫生法》规定的非自愿医疗程序最为突出的问题是赋予医疗机构和监护人过于集中的、几乎不受约束的非自愿入院决定权，患者的非自愿入院不受法院或中立机构的审查，这与人身自由与人权保障的精神不符，亦与《残疾人权利公约》和联合国《保护精神病患者和改善精神保健的原则》等国际人权文件的规定存在较大差距。

二、非自愿医疗的类型单一

我国《精神卫生法》仅规定非自愿住院这一非自愿医疗类型，有关非自愿医疗的相关规定也仅适用于住院治疗。尽管住院治疗仍然是当前最为主要的精神卫生服务模式，但其所存在的内在局限性和弊端不可忽视，尤其是随着精神医疗服务模式由传统的住院中心主义向社区服务模式的转变，社区治疗的重要性日益凸显。在此背景下，很多国家和地区开始尝试将非自愿医疗引入到社区治疗领域，建立非自愿社区治疗制度，目的在于通过一定的约束、监督机制，使患者能够在社区环境下接受适当治疗。然而，我国精神卫生服务仍停留在住院中心主义，其服务模式仍然以住院治疗为主，体现在立法中则是以此为依托建立非自愿住院制度，而以社区精神卫生服务为依托的非自愿社区治疗这一非自愿医疗类型，并未进入立法机关的视野，甚至在《精神卫生法》的制定过程中并未引起任何关注。

同时，我国《精神卫生法》没有规定紧急非自愿住院制度，这就造成具有危险性的疑似精神障碍患者在被强制送至医疗机构接受诊断到诊断结论作出前的这一期间，医疗机构将患者予以拘禁并限制其人身自由的行为缺乏法律依据。我国《精神卫生法》第29条规定对于被强制送诊的疑似精神障碍患者，医疗机构"应当将其留院，立即指派精神科执业医师进行诊断，并及时

---

〔1〕 马华舰："立法后精神障碍患者非自愿住院的影响因素及对策研究"，上海交通大学医学院2019年博士学位论文。

出具诊断结论"，这里所说的"留院"是否属于类似域外的紧急非自愿住院，则不无疑问。尽管第 29 条的规定具有紧急非自愿住院的类似功能，但这一单薄规定不足以支撑一项独立的非自愿医疗类型。

非自愿医疗的类型化是各国和地区非自愿医疗制度的发展趋势，具体体现为建立以非自愿住院和非自愿社区治疗为一体的非自愿医疗体系，从而实现非自愿治疗方式的多样化。无论是将非自愿社区治疗作为非自愿住院的替代方式还是补充方式，都可以减少对非自愿住院的适用，从而使患者有机会选择限制更小的治疗方式。然而，在我国非自愿医疗只能以全日住院方式为之，患者只能在封闭环境下接受治疗，人身自由、自主权、正常生活均受到严重影响。在缺乏非自愿住院的替代方式的情况下，住院是唯一选择，对于已经住院的患者而言，出院难也成为普遍现象。其根源在于缺乏非自愿住院的替代机制，非自愿住院和社区治疗之间缺乏有效的衔接机制。

三、非自愿治疗行为缺乏必要的法律规制

我国《精神卫生法》对非自愿入院和非自愿治疗采取合一模式，即非自愿入院即意味着非自愿治疗。同时，《精神卫生法》重在规范非自愿入院行为，对入院后的非自愿治疗却鲜有关注。立法机关似乎更加倾向于认为治疗行为纯粹属于医学范畴，应交由医疗机构根据诊疗规范和医界惯例予以处理，法律不应给予过多的干预。很明显，立法者并没有足够认识到精神科治疗的特殊性以及非自愿治疗行为可能给个人权利带来的负面影响。例如，对于药物、电击、精神外科手术等治疗，我国《精神卫生法》均未作出相应规定；对非自愿治疗中的约束、隔离措施，尽管法律作了原则性规定，但明显过于粗略而缺乏可操作性。这就造成法律对医疗机构实施的非自愿治疗行为，尤其是所采取的精神科特殊治疗、约束隔离等保护性措施缺乏必要的法律规制，反映在实践中则是这些特殊治疗措施容易被滥用，乃至严重侵害非自愿住院精神障碍患者和其他群体的合法权益。例如，将精神外科手术用于戒毒治疗、[1] 将

---

〔1〕 朱平豆："开颅戒毒叫停，百年医学伦理难题"，载《21 世纪经济报道》2004 年 12 月 4 日。

电击治疗用于治疗网瘾、[1]对精神障碍患者施行子宫切除术滥用约束措施，等等。

同时，对于入院后的非自愿治疗，多数国家和地区均建立一定的监控机制，包括治疗期限制度和定期评估制度，其目的在于通过对治疗过程的控制，促使医疗机构及时解除非自愿住院。然而，我国《精神卫生法》没有对治疗期限作出规定，也缺乏刚性的定期评估制度，这就容易导致非自愿医疗沦为事实上的不定期拘禁，体现在实践中则是住院长期化和出院难等突出问题。

四、患者权利救济的失灵

《公民权利和政治权利国际公约》第9条第4款规定："任何因逮捕或拘禁被剥夺自由的人，有资格向法庭提起诉讼，以便法庭能不拖延地决定拘禁他是否合法以及如果拘禁不合法时命令予以释放。"非自愿住院等剥夺人身自由的情形当属于上述逮捕或拘禁行为，因此为被拘禁的精神障碍患者提供充分、及时的司法救济是非常必要的。在《精神卫生法》的制定过程中，立法机关也认识到医疗机构主导的非自愿住院决定（诊断结论）应当为患者提供适当的救济途径，折中的结果是《精神卫生法》规定了诊断结论的异议程序，即再次诊断和鉴定程序，目的在于"防止舆论关注的'被精神病'问题，维护公民合法权益"。[2]严格说，这一程序并不构成独立的救济途径，更多是针对初次诊断结论的一种复核、确认程序，客观上并不具有定分止争的效果，实践上其救济功能也十分有限：①再次诊断和鉴定仍然是将非自愿住院决定视为纯粹的医学问题，由医疗专业人员遵循医学标准作出认定，本质上仍为医疗行业系统内的有限"纠错"机制。②将司法鉴定作为救济渠道，并赋予鉴定意见"终局效力"，本身与鉴定意见的证据属性不符。同时，这一做法也"没有分清技术问题与法律问题的界限，把司法鉴定手段看成了既解决科学问题，又

---

[1] 曹政、孙梦："'网瘾'治疗混战何时了"，载《健康报》2009年7月27日。

[2] 信春鹰主编：《中华人民共和国精神卫生法解读》，中国法制出版社2012年版，导言第7~8页；张世诚、张涛："精神卫生法的立法过程和主要内容"，载《中国卫生法制》2013年第1期。

解决法律问题的全能方法"。[1]③精神障碍医学鉴定不具有可行性，实践中完全被搁置，基本上未发挥实际作用。一方面，目前具有资质的、能够开展精神障碍医学鉴定的鉴定机构极少，繁重的业务量下，具有资质的鉴定机构是否愿意接受患者或其监护人的自主委托不无疑问，高昂的鉴定费用也使得患者方面望而却步；另一方面，司法鉴定的时限无法满足精神障碍诊断评估的时效性和及时性，鉴定和临床诊断的时间的非同一性也使得鉴定不具有可行性。[2]实践中鲜有患者及其近亲属申请精神障碍医学鉴定，司法鉴定作为诊断评估的救济机制事实上没有发挥作用。

同时，根据《精神卫生法》第82条的规定，精神障碍患者认为医疗机构侵害其合法权益的，可以依法提起诉讼。从本条规定看，对于违法非自愿医疗，患者及其监护人可通过司法途径获得救济，但从实践看这一救济途径的作用十分有限：①事后救济难以发挥预防违法之作用。众所周知，一旦患者被非自愿住院，其人身自由即遭受限制，事实上也不可能向法院提起诉讼。因此，实践中，几乎所有的非自愿医疗诉讼都是患者在出院后所提起的"亡羊补牢"式的诉讼，几乎没有患者能够在住院期间，对医疗机构的非自愿住院决定（诊断结论）不服直接提起诉讼。事实上，《精神卫生法》并没有为对医疗机构的诊断结论（包括再次诊断）的质疑提供独立的救济途径，诊断结论本身实际上并不具有独立的可诉性。[3]患者只有在非自愿住院决定（住院诊断结论）作出后，当非自愿住院已成事实，认为自己的合法权益受到医疗机构侵害，方有机会向法院提起诉讼，且往往只能等到出院以后。②即便

---

〔1〕 孙大明："精神卫生立法中鉴定条款的改进及相关问题研究——以《精神卫生法（草案）》为基础"，载《中国司法鉴定》2011年第4期。

〔2〕 刘鑫、赵彩飞、马长锁："精神障碍医学鉴定的不可行性分析"，载《中国司法鉴定》2018年第1期。

〔3〕 在《精神卫生法》草案审议过程中，有委员提出，非自愿住院治疗的严重精神障碍患者对需要住院治疗的诊断结论或鉴定报告有异议的，应当有救济手段。但法律委员会经研究认为，草案三次审议稿第82条已经明确规定"精神障碍患者或者其监护人、近亲属认为行政机关、医疗机构或者其他有关单位和个人违反本法规定侵害患者合法权益的，可以依法提起诉讼。"患者或其监护人对需要住院治疗的诊断结论或鉴定报告有异议的，可依据该条向人民法院提起诉讼。事实上，第82条的救济明显以医疗机构的行为侵害患者权利为前提，而非是作为诊断结论的异议机制。如果是作为诊断结论的异议机制，那么，患者只要对诊断结论存在异议，即可向法院提起诉讼。参见信春鹰主编：《中华人民共和国精神卫生法解读》，中国法制出版社2012年版，第318页。

是患者在出院以后向法院提起诉讼的，仍面临着起诉难、立案难、鉴定难、违法行为认定难、胜诉难等一系列难题，患者要获得立案乃至最后获得胜诉，可谓难上加难。[1]因此，要从源头上预防违法非自愿住院的发生，不能完全依赖事后的救济机制，而是应建立更为便捷有效的事前审查机制。

---

〔1〕 有关非自愿住院诉讼面临的困境和问题，参见，陈绍辉："精神障碍患者非自愿住院诉讼案件的司法裁判及其困境"，载《残疾人研究》2022 年第 1 期。陈绍辉：《精神医疗的法律问题研究》，清华大学出版社 2022 年版，第 54～55 页。

第 四 章

非自愿医疗程序的比较与镜鉴

第一节　英美法系国家的非自愿医疗程序

一、美国的非自愿医疗程序

在美国，非自愿医疗一般称为民事拘禁（civil commitment）或非自愿拘禁（involuntarily commitment），是指国家（州）基于其固有权力对那些具有伤害自身或他人危险的精神障碍患者违背其意愿采取的治疗。作为联邦制国家，美国没有统一的民事拘禁法，但每个州都有专门规范民事拘禁的法律，且各州的法律规定并不完全相同。各州的非自愿医疗一般包括三种类型：紧急非自愿住院（紧急拘禁）、非自愿住院（长期拘禁）和非自愿社区治疗（非自愿社区拘禁）。其中，紧急非自愿住院和非自愿住院都以住院为方式，实体标准基本相同，区别在于紧急非自愿住院无需经法院听证许可，而非自愿住院必须经司法听证后由法院作出决定。非自愿社区治疗作为非自愿住院的替代方式，旨在通过一定的约束手段使患者在社区机构中接受治疗，以避免病情的恶化、复发或反复入院。本节仅就非自愿住院的实体和程序问题展开探讨，非自愿社区治疗制度在此不予赘述。[1]

---

〔1〕　有关美国非自愿社区治疗制度的分析，参见第五章第三节。

（一）非自愿拘禁的实体标准

1. 非自愿拘禁实体标准的变迁。

（1）从需要治疗到危险性标准。在美国，传统上非自愿拘禁的主要依据是国家监护权，与之对应，非自愿拘禁的标准是"精神疾病＋需要治疗"。根据这一标准，家庭医生、精神科医生、州官员都可决定将精神病人无限期地予以拘禁。[1]"需要治疗"标准的正当性很大程度上建立在治疗的乐观主义和父权主义基础上，但这一标准似乎很难解释为何对于患有其他疾病而需要治疗的人，却不可以违背其意愿采取强制治疗。同时，"需要治疗"标准的突出弊端是过于宽泛和模糊，使得非自愿拘禁的对象和范围无限扩大，从而过度地限制了个人自由和权利。

因此，20世纪60年代以来，伴随着精神卫生领域的民权运动和自由主义观念的勃兴，"需要治疗"标准开始在立法和司法实践中受到挑战，并逐渐被危险性标准取代。1969年加利福尼亚州制定了称为 Lanterman-Petris-Short Act 的民事拘禁法，该法将民事拘禁的范围限于对本人或他人具有即刻危险性或严重失能而不能满足自身基本生存需求的精神病人。这一立法所确立的模式很快被其他州所采纳，到20世纪70年代末，几乎所有州都摒弃了"需要治疗"标准，转而采取危险性标准。

同时，联邦最高法院也开始关注民事拘禁的合宪性问题，里程碑案件是1975年的 O'Connor v. Donaldson 案。在该案中，联邦最高法院首次明确将"精神疾病加危险性"作为非自愿拘禁的要件，"即便精神疾病这一术语能够被赋予精确的内容，并作出明确的界定，但是，如果一个精神病人没有危险性并能够自由生活，也就没有宪法上的依据对此人采取非自愿拘禁"。在此之后，各州纷纷修改或重新制订非自愿拘禁法，使之符合 O'Connor 案所确立的标准，各州的非自愿拘禁标准因此逐步趋于一致。[2]

---

〔1〕 Betty L. Drumheller，"Constitutionalizing Civil Commitment：Another Attempt——In Re Harris"，98 WN. 2D 276，654 P. 2D 109（1982），59 *Wash. L. Rev* 375，377（1984）.

〔2〕 Collin Mickle，"Safety or Freedom：Permissiveness vs. Paternalism in Involuntary Commitment Law"，*Law & Psychology Review*，36（2012），302～303.

20 世纪 70 年代以来，危险性标准开始在各州非自愿拘禁法中居于排他性的地位，"需要治疗"标准从此难觅踪影，有的州开始对危险性作出严格的限定，不仅要求有"最近的明显行为"予以证明，还需要损害危险达到"严重""即刻"的程度。这种严格的非自愿拘禁标准固然能够最大限度地维护个人自由，但那些非明显（not overtly）或不具有即刻危险的精神病人，却被挡在医院外，很难获得治疗。另一方面，以危险性为要件的非自愿拘禁使得精神卫生系统转变其治疗功能，成为维护公众免受伤害的准治安机构，[1]甚至近乎变为刑罚机构。[2]由于可治疗性（treatable）的患者减少，医务人员需要将大量时间用于控制危险性精神病人的行为，而且这些危险性病人所造成的环境也不利于其他病人的治疗。[3]

（2）民事拘禁实体要件的扩张。20 世纪 80 年代以来，新保守主义开始兴起，这一思潮强调家庭、宗教和自由市场的稳定、秩序和保守价值，倡导政府，尤其是法院在塑造社会时应保持最低限度的能动角色。新保守主义不主张牺牲多数人的利益去维护个人权利，反对扩大社会福利、肯定性行为和罪犯的"权利"，个人责任和公共安全优先于个人自由和自主。[4]新保守主义的支持者认为非自愿拘禁改革过度强调个人权利而牺牲了公众安全，因而主张扩大州权以收治那些需要治疗的精神病人。在此背景下，各州普遍开始放宽非自愿拘禁的条件。例如，部分州开始引入"严重失能"标准，将那些因精神疾病而没有能力为自己提供食物、衣物和住所等基本需求的精神病人纳入非自愿拘禁的范围；也有的州通过扩大"严重失能"的外延，使之包含"状况严重恶化""不能照顾自己""需要治疗"等情形；越来越多的州摈弃"即刻危险标准"，对危险性

〔1〕 Stuart A. Anfang, Paul S. Appelbaum, "Civil Commitment—The American Experience", 43 *Isr J Psychiatry Relat Sci* 209, 213 (2006).

〔2〕 Miller Robert D, *Involuntary civil commitment of the mentally ill in the post-reform era*, Charles C Thomas Publisher, 1987, pp. 37 ~ 38.

〔3〕 Miller Robert D, *Involuntary civil commitment of the mentally ill in the post-reform era*, Charles C Thomas Publisher, 1987, p. 38.

〔4〕 John Q. La Fond, "Cognitive Dissonance: Have Insanity Defense and Civil Commitment Reforms Made a Difference", *Villanova Law Review*, 39 (1994), 80 ~ 81.

的认定采取了更加灵活、宽松的标准。[1]

2. 非自愿拘禁实体标准的构成。在美国，所有州都要求非自愿拘禁以当事人患有精神疾病，且因精神疾病对本人或他人具有危险性为要件。同时，多数州还允许以患者因精神疾病而不能满足其基本需求作为非自愿拘禁的依据，这一要件可以是"对本人危险"的构成部分，也可以是非自愿拘禁的独立依据。少数州将"需要治疗"作为非自愿拘禁的依据之一，且往往是与其他要件（如危险性）合并适用，没有任何一个州将"需要治疗"作为非自愿拘禁的独立要件。此外，很多州还将最小限制原则作为非自愿拘禁的要件之一，它强调只有在没有更小限制的治疗方式或场所下，方可采取非自愿拘禁这一方式。因此，非自愿拘禁的要件包括：①精神疾病；②危险性；③严重失能；④需要治疗；⑤恶化标准（psychiatric deterioration standard）；⑥最小限制原则。各州有关非自愿拘禁的标准一般是上述要件的组合，其中精神疾病或精神障碍是必备要件。

（1）精神疾病。各州有关精神障碍或精神疾病的定义并不完全一致，其中以佛蒙特州最具代表性，该州法律将精神疾病界定为："思考、情绪、认知、定向或记忆的严重障碍，从而严重损害人的判断、行为和认知能力，或者满足日常生活需求的能力，但不包括智力障碍（mental retardation）。"该定义强调精神疾病必须达到严重的程度，并产生严重后果，即严重损害人的认知能力（表现为判断或认识能力的减损）或功能障碍（表现为行为能力或满足日常生活需求能力的减损）。同时，该州法还将智力障碍排除出精神疾病的范围，这一做法在其他州法中的也有体现。如有的州将酒精和物质依赖，或将反社会人格障碍，乃至所有人格障碍，排除于精神疾病的定义范围。也有一些州将器质性障碍（organic disorder），如谵妄（delirium）、痴呆（dementia）等予以排除。[2]

〔1〕　Alison Pfeffer, "'Imminent Danger' and Inconsistency: The Need for National Reform of the 'Imminent Danger' Standard for Involuntary Civil Commitment in the Wake of the Virginia Tech Tragedy", *Carolozo Law Review*, 30 (2008), 289～292.

〔2〕　Gary B. Melton, *Psychological Evaluations for the Courts: A Handbook for Mental Health Professionals and Lawyers*, New York: The Guiford Press, 2007, p. 336.

（2）危险性。危险性是所有州都规定的非自愿拘禁标准。其中，33 个州将危险性作为核心要件之一，此种情形下，非自愿拘禁还应同时符合其他要件，如"需要治疗""最小限制原则""患者拒绝自愿住院"或"患者无同意能力"等。有 18 个州将危险性作为非自愿拘禁的法定情形，并同时将"严重失能"或"状况恶化"作为非自愿拘禁的独立要件，符合其中任一情形，均可对患者采取非自愿入院。[1]少数州将危险性作为非自愿拘禁的唯一要件，但此种情形下，一般对危险性作十分宽泛的界定，除了包括对本人或他人的危险之外，还将"严重失能"或"需要治疗"等作为危险性的表现。[2]同时，无论采取何种模式，多数州均对危险性作出较为明确的界定，以期为非自愿拘禁的司法判定提供较为明确的标准。

危险性表现为个人因精神障碍而对本人或他人所造成的损害之可能性，包括对本人的危险和对他人的危险。对本人的危险是所有州都规定的危险形式，包括潜在人身损害，有的州更精确地表述为自杀和自残（self-mutila-tion），也有的州将"精神状况的恶化"[3]"严重失能"[4]"需要治疗"[5]等作为对本人危险的表现形式。对于没有规定"严重失能"标准的州，其对

---

〔1〕 例如，阿拉斯加州民事拘禁的条件为"被告为精神病人，且因精神疾病可能对本人或他人造成严重损害，或者严重失能的"。See, ALASKA STAT. § 47.30.735（c）.

〔2〕 如阿肯色州规定，非自愿入院的标准是一个人因精神疾病对本人或他人造成明确和现实的危险（a clear and present danger），其中，"对本人明确和现实的危险"是指：①行为人对本人造成严重人身伤害，或试图自杀、严重自伤，且如果不予入院有再次实施上述行为的合理可能性；②行为人威胁对自己实施严重人身伤害，且如果不予入院有再次实施这一行为的合理可能性；③行为最近的行为表明，其缺乏照顾自身的能力，如不入院将可能造成死亡、严重人身伤害或严重身心损害；④为防止行为人状况恶化而需要接受持续的精神治疗，但该人因理解能力削弱而不可能自愿接受治疗，且在过去的 48 个月内有不遵从治疗而被安置于精神病院、监狱或看守所的记录，或在过去的 48 个月内因不遵从治疗而实施或试图、威胁实施暴力行为的。"对他人明确和现实的危险"是指对他人实施或威胁实施严重人身伤害，且如果不予入院有再次实施这一行为的合理可能性。ARK. CODE ANN. § 20 - 47 - 207（c）（2）.

〔3〕 如北达科他州规定，"严重损害风险"包括"精神健康的实质恶化将导致对本人或他人或财产的危险"。See, N. D. Cent. Code § 25 - 03. 1 - 02. ARK. CODE ANN. § 20 - 47 - 207（c）（2）.

〔4〕 如北卡罗来纳州规定，"对本人的危险"包括"在缺乏他人的照护、监督和持续帮助下，行为人不能运用其自制力和判断处理其日常事务和社会关系，或者不能满足自身的营养、照护、住所和自身安全……" N. C. GEN. STAT. § 122C - 3（11）.

〔5〕 如阿肯色州规定，"对本人危险"包括"为防止行为人状况恶化而需要接受持续的精神治疗……" ARK. CODE ANN. § 20 - 47 - 207（c）（1） - （3）.

"本人危险"的界定十分宽泛，足以包括自杀行为以外可能造成本人严重损害的情形。[1]在此种情形下，对本人的怠慢与疏忽（neglect of oneself）可视为是对本人的危险。[2]因此，美国各州对本人的危险界定十分宽泛，包括①自杀；②自伤；③因挑衅他人而遭受伤害；④无能力满足生存需求；⑤具有生存能力，但未注意到身体和精神状况的恶化；⑥需要治疗。[3]

所有州都允许拘禁对他人具有危险性的精神病人，但各州对其定义宽严不一。严格的如佛罗里达州，要求患者在近期内（near future）将对他人的人身实施严重人身伤害的实质可能性（substantial likelihood），且患者的最近行为证明其造成或试图或威胁造成这一损害。[4]阿拉巴马州则相反，只要患者对本人或他人具有明确和现实（real and present）的实质损害危险，即可予以拘禁。[5]更为宽松的表述如："可能对本人或他人造成人身损害。"[6]

对于对他人的危害行为，有的州明确规定为"杀人或其他暴力行为"，以及"使他人处于对暴力行为或严重人身损害的恐惧"之情形，如田纳西州[7]、缅因州[8]等；个别州还明确列举包括性暴力行为，如新墨西哥州、犹他州，但多数州不作此限定，而采取较为宽泛的定义，如仅规定对他人的"严重人身损害"或"实质人身或精神伤害"（emotional injury）。[9]同时，对他人的危险主要是指对他人造成的人身损害之危险，但少数州也包括财产损害之危险，如夏威夷州、明尼苏达州、新泽西州、北卡罗纳州、北达科他州等。

（3）严重失能（gravely disabled）。目前，几乎所有州都允许拘禁"严重失能"的精神病人，且不少州明确将该标准作为非自愿拘禁的独立要件，

---

〔1〕 Gary B. Melton, *Psychological Evaluations for the Courts: A Handbook for Mental Health Professionals and Lawyers*, New York: The Guiford Press, 2007, p. 337.

〔2〕 Alexander Scherr, "Daubert and Danger: The 'Fit' of Expert Predictions in Civil Commitments", *Hastings Law Journal*, 55 (2003), 54~55.

〔3〕 Christoper Slobogin, et al., *Law and the Mental Health: Civil and Criminal Aspects*, Eagan: West Publishing Company, 2009, pp. 777~778.

〔4〕 FLA. STAT. § 394. 467 (1).

〔5〕 ALA. CODE § 22 –52 –10. 4 (a). A.

〔6〕 IOWA CODE § 229. 1 (20).

〔7〕 TENN. CODE ANN. § 33 –6 –501.

〔8〕 ME. REV. STAT. ANN. tit. 34B, § 3801 (4 –A).

〔9〕 HAW. REV. STAT. § 334 –1.

其他州则将该标准纳入对本人的危险之中。[1]前者如阿拉斯加州，该州规定非自愿拘禁的条件为"被告为精神病人，且因精神疾病可能对本人或他人造成严重损害，或者严重失能的"。[2]后者如密西西比州，该州规定，对本人的危险包括由于严重精神障碍导致患者"怠于提供必需的食物、衣服、住所或医疗照护"之情形。[3]

各州对"严重失能"的表述各不相同，其核心含义是指一组不同种类的风险，大致包括三种情形：[4]其一，是指"无能力或怠于提供食物、衣服、住所和医疗照护等基本需求"。这是最为常见的表述方式，也有的表述为"无法维持日常生存"（normal life situation）。其二，是指由于精神疾病而缺乏判断能力，从而导致其暴露于来自他人的严重损害危险，尤其是其他人所造成的可识别的风险。例如，阿拉斯加州将"严重失能"界定为"一个人因精神疾病所造成的一种状态"，即该人"完全忽视食物、衣物、住所等基本需求，在没有人照护的情况下，将处于人身损害的危险，或者忽视个人安全从而造成严重的意外、疾病或死亡的极大可能"。[5]其三，是指丧失完成日常事务应具备的心智能力。例如，华盛顿州规定，"严重失能"除了指"因精神疾病而导致其无法满足自身健康或安全的基本需求，从而导致严重人身损害危险"之外，还包括"日常功能的严重恶化"。[6]

（4）恶化。与"严重失能"较为接近的一个概念是"恶化"（deterioration），其核心内涵是指精神病人因精神疾病而导致自理能力或精神状况的恶化。目前，有少数几个州将"恶化"作为非自愿拘禁的要件之一，如阿拉巴马州规定"被告如不予治疗，将继续患有精神疾病，并持续导致其自理能力的恶化"。也有的州将"恶化"作为非自愿拘禁的独立要件，如蒙大拿州规

---

〔1〕 Gary B. Melton, *Psychological Evaluations for the Courts: A Handbook for Mental Health Professionals and Lawyers*, New York: The Guiford Press, 2007, p. 338.

〔2〕 ALASKA STAT. § 47. 30. 735 (c).

〔3〕 MISS. CODE ANN. § 41 – 21 – 61 (e).

〔4〕 Alexander Scherr, "Daubert and Danger: The 'Fit' of Expert Predictions in Civil Commitments", *Hastings Law Journal*, 55 (2003), 54~55.

〔5〕 ALASKA STAT. § 47. 30. 915 (9).

〔6〕 REV. CODE WASH. § 71. 05. 020 (22).

定："如果被告患有精神障碍，其最近的行为或过失表明，如果不予治疗，被告的精神状况将恶化，以致对本人或他人具有危险，或者不能满足自身有关食物、衣服、住所、健康或安全等基本需求。"[1]法院如果认为被告符合这一条件，可决定将该被告予以拘禁。

（5）需要治疗。如前所述，"需要治疗"是非自愿拘禁的传统标准。在奥康纳案中，"需要治疗"作为独立的非自愿拘禁标准被危险性标准所取代。但这一标准并没有被彻底摒弃，特别是 20 世纪 80 年代以来，不少州又将其纳入到非自愿拘禁的标准之中。

目前，大约有 18 个州将"需要治疗"作为非自愿拘禁的依据，其存在形式大致包括三种情形：①将"需要治疗"作为非自愿拘禁的要件之一，往往与"危险性"或"严重失能"一起共同作为非自愿拘禁的要件。如科罗拉多州将非自愿拘禁的要件表述为："经法院或陪审团以清晰和令人信服的证据证明被告患有精神疾病而需要治疗，且因精神疾病导致其对本人或他人具有危险或严重失能的。"[2]可见，该州非自愿拘禁的要件为"精神疾病 + 需要治疗 + 危险性"或"精神疾病 + 需要治疗 + 严重失能"。②将"需要治疗"纳入到非自愿拘禁的其他要件中，一般是"严重失能"要件，也有的纳入"危险性"要件中，如阿肯色州。[3]③将"需要治疗"作为非自愿拘禁的独立要件，但对"需要治疗"的定义实际上仍是采取"危险性标准"。此种模式最有代表性是北达科达州和佛蒙特州。如北达科达州规定"只有认定一个人需要治疗（requiring treatment），才能将其非自愿入院"，而"需要治疗"是指精神病人如不予以治疗，将合理地预见会发生"对本人或他人或财产的严重损害危险"。此外，也有个别州将"需要治疗"吸纳至精神疾病的定义中，如特拉华州将精神病人定义为"患有精神疾病或其状况，为其利益需要在医院中接受观察或治疗之人"。

---

〔1〕　MONT. CODE ANN. § 53 – 21 – 126 (1).

〔2〕　COLO. REV. STAT. § 27 – 65 – 111 (1).

〔3〕　ARK. CODE ANN. § 20 – 47 – 207 (c) (2) (D).

（6）最小限制原则（The Least Restrictive Alternative）[1]。最小限制原则，又称之为最小限制性替代措施，是指民事拘禁作为严重侵害个人自由的措施，只有在没有其他限制性更小的替代措施的情况下，方可采取。换言之，非自愿住院仅仅是作为最后之手段来使用。目前，最小限制原则是大部分州规定的条件之一。多数州简要地规定，法院在作出非自愿拘禁决定时应当"已经考虑所有更小限制性替代措施"，[2]或者认定非自愿拘禁系"最小限制性替代措施"。[3]也有的州明确列举了法院需要考虑的更小限制性替代措施的具体情形，如明尼苏达州要求法院"审慎考虑合理的替代措施，包括但不限于驳回申请、自愿社区治疗、自愿入院、指定监护人或保护人、拘禁前释放……在认定没有适当替代措施的情况下，可决定拘禁该患者"。[4]

（二）非自愿拘禁的程序

在美国，各州的非自愿拘禁大致包括紧急拘禁和正式拘禁（长期拘禁）两类，前者在紧急情况下临时实施，程序较为简便，无需采取听证程序，且一般由医疗专业人员作出决定；后者则需要采取正式的听证程序，且需法院作出裁决，程序较为繁冗，大致包括以下方面：

1. 申请。一般而言，在精神病人因精神疾病而拒绝入院或无自愿入院的行为能力时，其非自愿入院应由特定主体申请，而各州有关入院申请主体的规定各异，大致包括以下类别：①精神卫生工作人员；②警察；③特定公职人员；④特定家属；⑤上述部分或全部人员；⑥任何公众。[5]例如，在德克萨斯州，申请人包括郡或地方检察官、其他成年人，后者的申请还需提供医学检查证

---

[1] 最小限制原则（the least restrictive alternative doctrine），直译为"最小限制性替代措施"或"限制最少的决策"，是英美法中的一项宪法原则，它要求对个人权利的依法剥夺（legal curtailment）须以与合法的国家目标（legitimate state objective）相一致的对个人自由最尊重的方式执行。根据这一原则，任一法律或政府规章，即使是基于合法的政府利益，也应以尽可能多保护公民个人自由的方式精心制定，只有在为实现合法政府目标所必须时，才能对公民个人自由加以限制。这一原则被广泛运用于各个领域，包括人身自由、结社自由、迁徙自由、宗教信仰自由、选举权和配偶间的隐私权等，其目的在于"确保政府对个人自由所施加的限制不应超过其所要达到的目标"。

[2] DEL CODE ANN. tit. 16 § 5011（a）.

[3] D. C. CODE ANN. § 21–545（b）（2）.

[4] MINN. STAT. § 253B.09（1）.

[5] Michael L. Perlin, *Mental Disability Law: Civil and Criminal（volume 1）*, Lexis Law Publishing.

明（a certificate of medical examination）。[1]

2. 决定主体。根据州法的规定，非自愿拘禁的决定主体大致包括四种类型：①法官，通常是治安法官或遗嘱检验法官（probate judge）；②陪审团；③行政委员会；④精神医学委员会。[2]目前，几乎所有州都规定长期拘禁应由法官作出裁决，少数州规定被告有获得陪审团审理的权利，但以被告申请为前提。个别州规定由行政委员会行使入院决定权，例如，内布拉斯加州建立一个具有行政性质的"精神卫生委员会"，其组成人员包括律师、精神卫生专业人员和其他人员等各1人。[3]没有哪个州规定由精神医学委员会决定患者的入院，最为接近这种模式的是纽约州。在纽约州，精神病人的非自愿入院申请需事先获得2名医生的评估许可，入院时还需有另1名医生的检查评估，如认为符合非自愿拘禁条件的，可将其拘禁60天。超过此期限需要继续拘禁患者的，应在期限届满前申请法院听证，获得法院的授权，否则应释放患者。

3. 医学检查与评估。很多州规定，申请人在提出入院申请时应有医生的证明。例如，在伊利诺斯州，申请入院应同时提交1名医生的证明，表明患者应接受非自愿入院，且该医生应在患者入院前72小时内亲自对该患者进行检查。在患者入院后的24小时内，医院应安排1名精神科医生对患者进行检查，并向法院申请听证，否则应在期满时释放患者。

在听证程序中，一般都是由患者住院医院的医生对患者进行检查评估，且法院对这一证人证言高度遵从，尤其是其有关危险性的预测。尽管在听证中患者有权提供证据，但法院往往认为患者缺乏行为能力，或认为这是对自身疾病的否定，从而对其举证缺乏信任。在此情形下，一些州规定患者享有独立评估权。例如，佛罗里达州和德克萨斯州法院可作出独立评估命令，且评估费用由财政负担。[4]德克萨斯州规定，在听证举行前，应至少有2份有

---

〔1〕 TEX. HEALTH & SAFETY CODE § 574.001 (a).

〔2〕 Christopher Slobogin, et al. , Ralph Reisner, *Law and the Mental Health*: *Civil and Criminal Aspects*, Eagan: West Publishing Company, 2009, p. 820.

〔3〕 NEB. REV. STAT. § 71 –915.

〔4〕 Donald Stone, "There Are Cracks in the Civil Commitment Process: A Practitioner's Recommendations to Patch the System", *Fordham Urban Law Journal*, 43 (2016), 812.

关精神疾病的医学检查文书，该检查文书应由 2 名医生分别出具，且至少有 1 名为精神科医生。如果在申请时没有附有医学检查文书的，法院应指定医生对患者进行检查。在伊利诺伊州，法院可指定 1 名医生或其他专家对患者进行检查，并出具详细的书面报告，且患者有权获得独立的检查。

4. 听证程序。听证是非自愿拘禁程序的核心。法院对非自愿拘禁案件的审理应采取正式的司法听证程序，并应符合正当法律程序的要求，其具体程序包括：

（1）听证通知。自 Lessard v. Schmidt 案以来，法院判决认为对患者履行通知义务是正当程序的基本要求，各州立法也普遍规定了法院的通知义务：①通知对象。一般为被告（患者）和律师，也有很多州规定还应通知患者的父母、监护人、配偶或其他近亲属等。[1]②通知的内容。在听证日期确定后，患者有权立即获得申请书副本和听证时间、地点的书面通知。同时，判例和州法认为法院的通知还应告知听证的目的、患者权利及听证的可能结果等。③通知的例外。如果患者可能对本人或他人造成伤害，有的州规定可不通知患者本人，其情形与拒绝患者出席听证类似。同时，有的州对此种情形规定了更为灵活的通知方式，如佛蒙特州规定："如果法院认为通知患者可能对其本人或他人造成伤害的，可指示患者的代理人先以口头方式通知患者本人，以最大程度减轻伤害发生的可能性。"[2]

（2）听证时间。法院在听证申请后，应在合理时间内确定听证时间，并及时举行听证，但各州关于听证时间的长短规定不一，差异较大。如德克萨斯州，听证应在申请提出之日起 14 日内举行，特殊情况下可延期不超过 30 天。在伊利诺斯州，法院应在收到申请后的 5 个工作日内举行听证。在马塞诸塞州，非自愿拘禁听证应在提交申请后 5 天内举行，除非患者本人或其代理人申请延期。

（3）听证地点。听证地点可以是法院，也可以是患者住院的精神卫生机构。将听证地点设置于精神卫生机构内不无争议。赞成的观点认为，医院内

---

〔1〕 Christopher Slobogin, et al., *Law and the Mental Health: Civil and Criminal Aspects*, Eagan: West Publishing Company, 2009, p. 827.

〔2〕 VT. STAT. ANN. tit. 18, § 7613 (c).

举行听证便于患者、医生和医院员工出席听证，减少组织转移所带来的问题，可以"避免法庭的严肃性和正式性"对患者可能带来的焦虑和不适。[1]但反对观点认为，医院内听证可能有损司法的严肃性，使司法听证与治疗场合相混淆，毕竟"法庭的尊严不应为了方便而妥协"。[2]在医院内听证，代理人、律师、法官、证人和医院的各类人员围坐在医院的会议室，法庭的尊严几乎荡然无存，患者可能无法感受到司法的尊严和被认真对待。此外，尽管医院听证可以降低患者和医院方面的成本，但也不能忽视法院将整个法庭搬到医院开庭而增加的司法成本。

（4）听证形式。多数州法规定非自愿拘禁案件的听证不应向公众公开，即以不公开听证为原则，公开听证为例外。有的州规定，听证不对公众开放，只有与听证有利害关系的人方可参加。如果患者申请公开听证的，或者法院出于"公共利益或其他正当因素考量"[3]，也可采取公开方式。然而，也有的州持相反规定，如德克萨斯州规定，听证应公开举行，除非是患者或其律师要求不公开，且法院同意的。[4]同时，部分州规定，是否公开听证由法院根据具体情况作出裁量。

（5）程序模式。理论上，所有州的非自愿拘禁法都采取对抗性听证程序，律师应在听证程序中最大限度地维护患者的利益，并发挥对抗性角色作用，包括收集证据、申请证人出庭作证、质证、交叉询问、辩护等。然而无论法律实际上是如何规定的，经验研究表明非正式、纠问式程序在拘禁听证中普遍存在。律师在拘禁程序中也很少体现出对抗性，事实上经常帮助州完成患者符合拘禁条件的证明。[5]实践中，律师申请精神评估的比例不到1%，几乎没有律师在听证中申请2名以上证人出庭作证。与在听证程序中的消极作为

---

〔1〕　Michael L. Perlin, *Mental Disability Law: Civil and Criminal (volume 1)*, Virginia Lexis Law Publishing.

〔2〕　Michael L. Perlin, *Mental Disability Law: Civil and Criminal (volume 1)*, Virginia Lexis Law Publishing.

〔3〕　Michael L. Perlin, *Mental Disability Law: Civil and Criminal (volume 1)*, Virginia Lexis Law Publishing, 1998, p. 329.

〔4〕　TEX. HEALTH & SAFETY CODE § 574.031.

〔5〕　Gary B. Melton, *Psychological Evaluations for the Courts: A Handbook for Mental Health Professionals and Lawyers*, New York: The Guiford Press, 2007, p. 350.

一样，律师在听证前准备案件的时间少于 2 小时。[1]在听证过程中，法官也鼓励律师消极作为，甚至明确限制对证人的交叉询问。结果是，拘禁听证不过是批准出庭医生观点的橡皮图章。法官和律师普遍认为应由医生决定患者是否符合非自愿拘禁的标准，以及接受何种性质的治疗。法官和律师在拘禁程序中的父权主义角色使得正当程序条款所保护的程序权利无从实现，也使得对抗性程序停留在理论和法律层面上。[2]

5. 听证程序中的权利保护。在非自愿拘禁程序中，各州普遍规定精神病人享有获得通知、出席听证、不公开听证、获得律师代理、陈述申辩、提交证据、质证和交叉询问等一系列权利。同时，有的州还肯定精神病人有获得陪审团审理、不自证其罪等权利。[3]

（1）出席听证权。州法律一般规定患者有出席非自愿拘禁听证的权利，但患者可放弃该权利。然而，特定情形下，法院可决定排除患者这一权利，如患者出庭可能导致"严重混乱"，或患者"完全无能力理解和参与程序"，或者"有明确证据显示被告出庭将遭受严重的身体或精神伤害危险的"。[4]一般认为，患者出席听证有助于维护自身合法权益，法官可以亲眼看到患者的精神状况而非仅仅依赖证人的描述。然而，患者出席听证也可能会带来弊端，如目睹亲人、朋友和医生的作证，可能对本人造成伤害或导致其精神状况的恶化，并可能破坏家庭关系，不利于与医生建立良好的治疗关系。[5]

（2）不公开听证权。多数州法规定非自愿拘禁的听证应采取不公开方式，其目的在于保护精神病人及其家庭的隐私，也是为了"最大限度地保证被告

〔1〕 Gary B. Melton, *Psychological Evaluations for the Courts: A Handbook for Mental Health Professionals and Lawyers*, New York: The Guiford Press, 2007, pp. 349~350.

〔2〕 Bruce J. Winick, "Therapeutic Jurisprudence and the Civil Commitment Hearing", 10 *J. Contemp. Legal Issues* 37, 42~43, (1999).

〔3〕 例如，阿拉巴马州、阿拉斯加州等 10 多个州规定了精神病人在民事拘禁程序中的沉默权和不自证其罪权，但也有不少判例否定患者享有沉默权，认为这一权利只适用于民事拘禁程序。参见 Donald Stone, "There Are Cracks in the Civil Commitment Process: A Practitioner's Recommendations to Patch the System", *Fordham Urban Law Journal*, 43 (2016), 789.

〔4〕 Michael L. Perlin, *Mental Disability Law: Civil and Criminal (volume 1)*, Virginia: Lexis Law Publishing, 1998, p. 322.

〔5〕 Van Duizend, Zimmerman, "The Involuntary Civil Commitment Process in Chicago: Practices and procedures", *Depaul Law Review*, 33 (1983), 255~256.

家庭成员和其他证人各抒己见，最大程度减少被告的难堪"。[1]此外，即便是采取公开听证的州，精神病人也有权申请不公开听证，法院应予以考量。

（3）提交证据、质证和交叉询问的权利。多数判例裁定正当程序要求授予非自愿听证中患者为其利益提交证据的权利。同样，患者普遍被授予质证和交叉询问证人的权利。在听证程序中，有关证据的最大争议是传闻证据的效力。在拘禁听证程序中，法院高度依赖家庭成员、雇主、邻居、精神卫生专业人员和其他与患者有过交往人员的证言，医院也严重依赖这些传闻证据证明患者行为和住院需要。[2]在认定患者难以琢磨的精神状态方面，传闻证据在非自愿拘禁案件中发挥着重要作用。因此，很多州对这一证据问题的处理遵循州的行政程序法，如马里兰州规定"不能仅仅以传闻证据为由排除证据"，从而认可传闻证据的效力。但是也有的州持否定态度，如新泽西州和肯塔基州明确规定刑事证据规则适用于非自愿拘禁程序。[3]

（4）获得律师代理权。获得律师代理权是各州普遍规定的权利。以德克萨斯州为例，如果患者没有委托律师，法官应在收到申请后的 24 小时内为患者指定 1 名律师。[4]律师有权获得与案件相关的所有文件和资料，包括医院和医生的病历资料，在听证前的合理时间内应会见患者，并与其充分讨论案件的法律和事实，建议患者同意或拒绝所提供的精神卫生服务。在听证前，律师的职责包括：①审查申请书、精神疾病诊断证明文书、相关病历资料；②会见证人；③调查相对于住院精神卫生服务而言更小限制的治疗。[5]律师应摒弃个人观点，如果患者表示不愿接受服务的话，律师应在法律范围内尽一切可能的努力为患者的拒绝精神卫生服务权辩护；如果患者愿意接受服务，律师应为患者获得最小限制的替代治疗辩护。[6]

---

〔1〕 Michael L. Perlin, *Mental Disability Law: Civil and Criminal* (*volume 1*), Virginia: Lexis Law Publishing, 1998, p. 328.

〔2〕 Donald Stone, "There Are Cracks in the Civil Commitment Process: A Practitioner's Recommendations to Patch the System", *Fordham Urban Law Journal*, 43 (2016), 808.

〔3〕 Donald Stone, "There Are Cracks in the Civil Commitment Process: A Practitioner's Recommendations to Patch the System", *Fordham Urban Law Journal*, 43 (2016), 808 ~ 809.

〔4〕 TEX. HEALTH & SAFETY CODE § 574. 003 (a).

〔5〕 TEX. HEALTH & SAFETY CODE § 574. 004.

〔6〕 TEX. HEALTH & SAFETY CODE § 574. 004 (c).

可见，就法律规定而言，律师应采取传统的对抗角色，假设患者对自由的追求胜过强制住院，就应当为其利益和意愿辩护。然而，此种模式下的律师辩护可能并不符合患者的实际利益，且可能对患者及其家庭，乃至公共利益造成损害。同时，律师应尊重患者所表示的意愿，但这一意愿可能受其精神状态的影响而无法正确反映患者的诉求，此情形下律师所追求的辩护结果可能与患者在精神正常情况下的真实意愿背道而驰。[1]实践中，律师的代理并未完全采取对抗模式，而是采取"父权主义"或"最佳利益模式"，寻求他们所认为的患者的最佳利益，以及患者在精神正常情况下将会作出的选择和行为。此种模式下，很多律师放弃其辩护角色，通常遵从专家证人的意见，很少或根本就没有交叉询问，在听证前很少会见患者和调查取证。[2]

6. 非自愿拘禁的期限。各州有关非自愿拘禁期限的规定各异，一般是 3 个月至 1 年之间，但也有的州采取更短的期限。同时，各州普遍规定初始拘禁的期限经法院的许可，可予以延长。如在马塞诸塞州，非自愿拘禁的期限为 6 个月，在期满前，精神卫生机构可向法院申请延期拘禁，经听证可延长 1 年。在德克萨斯州，初始拘禁的期限一般为 45 天，法官认为有必要延长期限的，也可作出不超过 90 天的拘禁决定。在伊利诺斯州，非自愿拘禁的期限为 90 天，在期限届满前，可向法院申请延长 90 天；此后，如需再次延长住院的，每次延长的期限为 180 天。

7. 出院或释放。患者经治疗不再符合非自愿拘禁条件的，医院应释放患者或将其转为自愿住院。同时，不少州规定，在拘禁期间，患者也可向法院申请出院。例如，马塞诸塞州规定，被拘禁患者如认为其已不符合拘禁条件，可向上诉法院申请出院。上诉法院在收到申请后，应举行听证，经听证认定患者不再患有精神疾病，或者不住院也不具有造成严重损害可能性的，最近没有反复实施自伤行为或攻击行为，或者可在其他机构中接受治疗的，法院应命令释放该人。

---

〔1〕 Christyne E. Ferris, The Search for Due Process in Civil Commitment Hearings: How Procedural Realities Have Altered Substantive Standards, *Vanderbilt Law Review*, 62（2008），971.

〔2〕 Bruce J. Winick, "Therapeutic Jurisprudence and the Civil Commitment Hearing", 10 *J. Contemp. Legal Issues* 37, 42~43,（1999）.

随着最小限制原则在非自愿拘禁中的普遍适用，州法和判例普遍认可附条件出院制度，从而将附条件出院作为非自愿拘禁的替代措施。附条件出院是非自愿拘禁患者经住院治疗病情缓解之后，可获得有条件的释放，并在社区中接受治疗。这些限制性条件包括：定期报告；强制服用药物；限制旅行，限制服用毒品、酒以及与特定人的联系；定期药检等。[1] 附条件出院类似于刑罚中的假释，患者的出院以其自愿接受社区治疗为条件，如果患者违反释放条件，可将其重新收治入院。

8. 对拘禁决定的救济。一般而言，法院作出的非自愿拘禁决定不具有终局性，各州普遍赋予患者救济权，其途径主要包括上诉权、申请人身保护令等。如在德克萨斯州，对非自愿拘禁命令不服的，患者有权在 10 日内提起上诉；[2] 在马塞诸塞州，患者如果对法院的拘禁命令不服，可向地区法院的上诉部门（the appellate division of the district courts）提起上诉。

（三）小结

美国的非自愿拘禁制度无疑具有其独特的制度、文化和观念背景。首先，人们普遍认为非自愿拘禁是国家（州）基于其固有权力对"个人自由的严重剥夺"，[3] 为保障个人自由免受来自国家权力的恣意侵犯，就必须从实体和程序上实现对非自愿拘禁的规制。其次，司法至上的理念认为对个人自由的剥夺必须由法院经听证后决定。那么，非自愿拘禁的决定主体不应该是医疗专业人员，只能是法院。这就使得美国的非自愿拘禁制度呈现出以下鲜明特点：①非自愿拘禁制度的价值取向偏重保护个人自由，而非患者的治疗利益。究其根源，乃是在自由主义理念下，对国家干预个人自由的警惕和不信任。②多样化的非自愿医疗类型。在美国，非自愿医疗包括非自愿住院和非自愿社区治疗（非自愿社区拘禁）两种类型。其中，非自愿住院应事先取得法院的审查决定，实践中为解决法院审查决定缓不济急之弊病，各州普遍规定了紧急拘禁程序，即授权医疗机构在紧急情况下临时拘禁患者。对于非自愿社区

---

〔1〕 John Kip Cornwell, et al. , "Exposing the Myths Surrounding Preventive Outpatient Commitment for Individuals with Chronic Mental Illness", *Psychology*, *Public Policy*, *and Law*, 9（2003），369.

〔2〕 TEX. HEALTH & SAFETY CODE § 574. 070.

〔3〕 Addington v. Texas, 441 U. S. 418, 425（1979）.

治疗，各州所规定的具体类型则更加多样化，如附条件出院、预防性社区拘禁等。多样化的非自愿医疗类型能够满足各类精神障碍患者的治疗需求，并根据患者的具体情况采取不同干预强度的非自愿治疗措施。③非自愿拘禁的实体要件普遍采取危险性标准。其目的在于通过危险性标准限制非自愿拘禁的适用对象和范围，限制国家监护权在非自愿拘禁中的适用。然而，"需要治疗"标准并没有被彻底摈弃，自 20 世纪 80 年代以来有关非自愿拘禁实体标准的扩张，该标准又"潜入"危险性要件或"恶化"标准中。这表明，非自愿拘禁的实体要件以及法院对这些要件的解释很容易受到政策和社会观念的影响。④精神病人的非自愿拘禁采取司法审查模式，由法院行使非自愿入院和治疗的审查决定权，且患者在听证程序中享有近乎刑事被告的正当程序权利。然而严格的程序规范固然有利于保护患者的自由权利，但也可能不利于患者的治疗，甚至起到适得其反的作用。因此，对抗式的司法听证模式本身面临诸多的争议，不少患者家属，尤其是精神医学界对此持激烈的批评态度。

二、英国的非自愿医疗程序

英国是最早进行精神卫生立法的国家之一，其精神医疗制度源远流长，影响广泛。目前，精神医疗领域最为主要的法律依据为 1983 年《英国精神卫生法》，该法于 2007 年作出了较为全面的修订。修改后的《英国精神卫生法》进一步扩大了精神障碍的定义，重构了非自愿入院的标准，引入了社区治疗命令，以"具有资质的精神卫生人员"（Approved Mental Health Professional，AMHP）[1]和"责任医生"（Responsible Clinician，RC）取代"具有资质的社工"（approved social workers）和"负责医务人员"，并赋予其相应的

---

[1] 根据《英国精神卫生法》第 114 条的规定，"具有资质的精神卫生人员"是指代表地方社会服务机构对外实施行为并被该机构所批准的人员。AMHP 除了社工，还包括护士、心理医生、专业治疗师等，这些人员经培训都可登记注册成为 AMHP。据统计，2008 年，84% 的 AMHP 为社工，15% 为护士。参见 Peter Bartlett，Ralph Sandland，*Mental Health Law: Policy and Practice*，Oxford University Press，2014，p. 289. 同时，AMHP 在精神医疗中发挥着十分重要的作用，其职能十分广泛，其中最为重要的包括决定申请入院评估或入院治疗、决定申请监护、同意社区治疗命令等。具体参见 Robert Brown，*The Approved Mental Health Professional's Guide to Mental Health Law*，SAGE Publications Inc.，2013，pp. 66～67.

职责。因此，在英国现行精神卫生法体系下，非自愿医疗包括非自愿住院和社区治疗命令两种类型，以下主要介绍非自愿住院，社区治疗命令将在第五章第三节中予以详述。

（一）精神障碍患者的入院方式及其程序

根据《英国精神卫生法》的规定，精神障碍患者的非自愿医疗包括三种情形：入院评估、入院治疗和紧急情况下的入院评估。同时，在特殊情形下，警察、医生等还可以在短时间内拘禁患者，以便进行入院评估或治疗。无论是入院评估，还是入院治疗，都涉及对人身自由的限制，法律应对其适用条件和程序作出明确的规定。正如上诉法院的裁决所言："不能仅仅因为一个人思想怪异、不可理喻，或者违背社会大众主流观念，而违背其意愿将其拘禁。只有符合法律规定条件的拘禁方具有正当性。"[1]

1. 自愿入院（非正式入院）程序。《英国精神卫生法》将患者的入院分为自愿入院（非正式入院）和非自愿入院（正式入院），且以自愿入院为原则。对于自愿入院患者，其所接受的精神障碍的治疗与生理疾病并无区别，不受任何形式的拘禁或强迫。实践中，存在多种类型的非正式患者，只有那些能够理解住院需求和同意接受医生建议的人才可被界定为"自愿"。以下情形不能视为"自愿"，相对于非自愿入院属于"非正式"状态：①不愿接受医生建议，且希望离开医院或拒绝治疗的患者。这部分患者往往是被说服住院和接受治疗的，因为一旦拒绝住院，根据1983年《英国精神卫生法》第2或第3条的规定，他们将被强制住院，因而不得不"同意"入院。②未成年人被其父母或承担监护责任的当地未成年人服务机构送往医院而"自愿"入院的。③由于大脑损伤或痴呆等原因，还存在大量不能作出入院和治疗知情同意的人，他们没有积极反对入院或住院。不反对视为同意，而非不同意。因此，"非正式"的表述并不等同于"自愿"入院，但这并不表明医院可以拘禁、约束或治疗这些患者。[2]

理论上，非正式入院患者享有强制住院患者所不享有的两项法律权利，

---

〔1〕 St George's Healthcare NHSTrust v. S［1998］3 All E. R. 673.

〔2〕 Brenda Hale, *Mental Health Law*, Thomson Reuters Limited, 2010, p. 13.

即可以随时出院和拒绝接受治疗，如果患者具有同意能力的，治疗还需取得其同意。同时，非正式入院患者的通信不受任何形式的检查，可登记选举，可畅通无阻地到法院控诉其治疗。[1]实践中，非正式入院的使用更为频繁，60%的患者系非正式入院患者。[2]

2. 入院评估程序（admission for assessment）。

（1）入院评估的条件。根据《英国精神卫生法》第2条的规定，入院评估申请可根据患者的以下情形作出：①患者患有精神障碍，就其性质（nature）或程度（degree）应在最短期限内拘禁于医院接受评估（或在治疗后接受评估）；②为患者本人的健康或安全利益或为保护他人而应予以拘禁的。

可见，第2条有关入院评估的条件较为宽松。首先，要求患者患有精神障碍，而精神障碍的界定则规定在《英国精神卫生法》的第1条。1983年《英国精神卫生法》将精神障碍（mental disorder）分为四类：精神疾病（mental illness）、心智发育迟滞或不全（arrested or incomplete development of mind）、精神错乱（psychopathic disorder）和其他心智异常或障碍（any other disorder or disability of mind）。同时，明确将性滥交或其他不道德行为、性变态，或酒精、药物依赖排除于精神障碍之外。尽管《英国精神卫生法》第1条对这四种类型的精神障碍进行了界定，但实在难以明确区分它们之间的界限。因此，2007年修订后的《英国精神卫生法》取消了这种分类，将其统一规定为精神障碍，并将其简洁地界定为"任何精神错乱或失能"。同时，将酒精、药物依赖和学习障碍排除于精神障碍的范围。其次，根据卫生部制定的有关精神卫生法的《执业守则》（Code of Practice）的规定，"性质"是指患者所患的特定精神障碍，包括其特征及预后，患者之前接受治疗的效果。"程度"是指患者精神障碍当前的症状。[3]

（2）入院评估的程序。入院评估由一名AMHP或近亲属启动，实践中通常是由AMHP向医院管理方提出申请。一般认为，AMHP比近亲属更适合提

---

〔1〕 Brenda Hale, *Mental Health Law*, Thomson Reuters Limited, 2010, p.13.

〔2〕 Peter Bartlett, Ralph Sandland, *Mental Health Law: Policy and Practice*, Oxford: Oxford University Press, 2014, p.236.

〔3〕 The Department of Health, *Code of Practice for Mental Health Act* 1983, paras 4.3.

出申请，因为 AMHP 经过专业训练，具有法律知识和地方资源，并且近亲属提出申请可能对亲属关系产生潜在的负面影响。[1] AMHP 的入院申请可以是应近亲属的要求，也可以是应地方社会服务当局的要求。根据《英国精神卫生法》第 13 条的规定，地方社会服务当局也可以依职权或应患者近亲属的要求为辖区内符合条件的患者提出入院申请，此种情况下，应安排一名 AMHP 对案件进行评估。如果 AMHP 基于对患者的考虑，以及患者亲属的愿意和其他相关情形，认为有必要或适合由自己提出申请的，应为患者提出入院评估申请。

在申请前的 14 天，AMHP 应会见患者，并在申请前告知患者近亲属有关申请事宜。同时，AMHP 的申请应获得两名注册医生（registered medical practitioners）的认可，由其出具规定格式的书面建议，以证明患者符合《英国精神卫生法》第 2 条规定的条件。AMHP 和 2 名医生的评估是入院申请中不可或缺的环节。评估可以由医生和 AMHP 共同或单独进行，一般来说，除非有理由单独进行评估，否则应共同进行，但评估人员应独立地作出专业判断和结论。医生在评估中必须进行医学检查，医学检查包括：患者的体格和精神状况的检查；考虑所有相关可及的临床信息，包括他人、专业或非专业人士掌握的信息。实践中，至少要有 1 个医学建议是由认识患者的医生提供，最好是治疗过患者的医生。

如果是近亲属申请入院的，其申请同样需要获得两名注册医生的建议。在入院后，医院管理方应通知社会服务当局，由其指派一名 AMHP 会见患者，并向医院管理方汇报患者的情况。实践中，近亲属提出申请的入院十分少见。

（3）入院评估的法律效力。患者基于入院评估申请住院的，必须从入院之日起被拘禁 28 天。在此期间，可未经患者的同意采取必要的治疗，并可阻止其离开医院。在期限届满之时，患者必须被释放，或将其作为非正式住院患者，或依据第 3 条的规定予以入院治疗。

同时，第 2 条仅在短期内基于有限的目的予以适用，即评估患者的状况

---

〔1〕　The Department of Health, *Code of Practice for Mental Health Act* 1983, paras 3.28.

以确定其治疗是否见效，是否可以适用第 3 条，该评估应在 28 日内完成，不可延期。根据判例，第 2 条不可适用于以下目的：①再次申请入院评估，以延长 28 天的评估期限。换言之，入院评估只能申请一次，不能反复申请；②当第 3 条规定的入院治疗因患者近亲属的反对而不可能启动时，将第 2 条作为"临时"程序（stop-gap procedure）。[1]同时，在 28 天期限届满后，医生或护士也不可根据第 5 条的规定继续拘禁患者，[2]从而达到延期之目的。

在入院评估或入院治疗期限内，责任医生、医院管理者或近亲属都可决定将患者释放，只是近亲属将释放患者的书面通知告知医院管理者 72 小时后通知方生效，如果责任医生在此期间认为患者出院将可能对本人或他人实施危险行为，可阻止该决定的生效。此种情形下，患者的近亲属在 6 个月内不得再作出释放患者的决定。[3]

3. 入院治疗（admission for treatment）程序。

（1）入院治疗的条件。根据《英国精神卫生法》第 3 条的规定，患者的入院治疗申请可根据以下情形作出：①患者患有精神障碍，就其性质或程度而言应在医院接受治疗。②为患者本人的健康或安全或为保护他人，患者应接受治疗，且只有根据本条予以拘禁方能提供该治疗的。③患者所需的适当治疗具有可及性。从本条规定看，入院治疗强调三方面：一是患者所需的治疗只有住院方能提供。换言之，如不采取拘禁，所需治疗将无法获得。二是需"为患者本人的健康或安全或为保护他人"。根据《执业守则》的规定，"本人的健康或安全"之危险的认定可考虑以下因素：①有证据表明患者具有以下危险：自杀、自伤、忽视或不能照护自己的健康或安全，以及轻率、无意地危及自身健康或安全，或因精神障碍使其健康或安全处于危险之中。②有证据表明患者如不接受治疗，其精神健康状况将恶化。[4]三是"适当的治疗"具有"可及性"（available）。"适当的治疗"是指"考虑到患者精神障碍的性

---

[1] Richard M. Jones, *Mental Health Act Manual*, Lonolon: Sweet & Maxwell, 2012, p. 28.

[2] 第 5 条所规定的医生或护士的"控制权"仅适用于非正式入院患者。

[3] *Mental Health Act* 1983, s23, s25.

[4] The Department of Health, *Code of Practice for Mental Health Act* 1983, paras 4. 6.

质和程度，以及其他所有因素，治疗适合于该患者"。[1]该标准旨在替代1983年《英国精神卫生法》规定的"可治疗性"（treatability）标准，要求治疗具有可及性，并可以缓解或防止患者状况的恶化。[2]

（2）入院治疗的程序。入院治疗的程序与入院评估的程序基本相同。申请人通常是AMHP，并获得2名注册医生出具的规定格式的建议。入院治疗建议应陈述理由，并表明除了住院治疗，没有其他更为适当的措施。与入院评估程序相比，入院治疗程序的主要区别是近亲属角色的不同。在入院评估中，近亲属仅仅被AMHP告知有关入院事宜，而在入院治疗程序中，AMHP在申请前必须听取近亲属的意见，除非这样做不切实际或将造成不合理的迟延。如果近亲属反对申请的，AMHP将不得提出申请。[3]

入院治疗的期限为6个月，经申请可延长6个月，此后每次可延长1年。在此期间，对患者治疗无需取得其同意，并可排除其有效的预先指示（有关电击治疗的预先指示除外）。在期限届满前2个月，责任医生经检查评估，认为患者符合延期治疗条件的（与入院治疗的条件相同），可向医院管理方申请延长住院。责任医生在申请前应至少取得1名参与患者治疗的医务人员的书面同意，且该医务人员的专业不同于责任医生的专业。[4]

（3）入院评估与入院治疗的关系。值得注意的是，第2条规定的入院评估和第3条规定的入院治疗在适用目的和条件方面存在区别。因而，对于特定患者到底是适用第2条还是第3条规定入院，AMHP等专业人员必须作出正确的选择。根据《执业守则》的规定，第2条适用于：有关患者状况的性质和程度尚不明确的；有必要实施一项初步的住院评估以制定治疗计划或就患者在入院后是否会自愿接受治疗作出判断；或需要实施一项新的住院评估以重新制定一项治疗计划，或就患者是否会自愿接受治疗作出判断。[5]第3条

---

〔1〕 *Mental Health Act* 1983, S145 (4).

〔2〕 Lawrence Gostin, *Principles of Mental Health Law and Policy*, Oxford: Oxford University Press, 2010, p. 13.

〔3〕 Mental Health Act 1983, s. 11 (4).

〔4〕 例如，假如责任医生为精神科医生，提供书面意见的医务人员的专业就不可以是精神科，比如可以是护理专业。

〔5〕 The Department of Health, *Code of Practice for Mental Health Act* 1983, paras 4. 26.

适用于：患者已经根据第 2 条被拘禁的；或患者精神障碍的性质和程度，治疗计划的关键内容以及患者自愿接受治疗的可能性，都已经明确之情形。[1]因此，第 2 条的主要目的是评估，如果目的纯粹是用于评估以决定治疗方案，则不能使用第 3 条。但是如果评估是治疗的组成部分，评估系用于治疗目的，且该治疗能够防止患者症状的恶化，那么可以选择使用第 2 条或第 3 条。[2]

实践中，被拘禁患者由入院评估转为第 3 条的入院治疗是十分普遍的现象。由于第 2 条的入院评估不能延期，当期限届满，患者将不会自愿遵循治疗计划时，第 3 条也就成为最普遍的选择。总体而言，入院评估的适用频率更高，且呈上升趋势，而入院治疗的适用频次在下降。例如，入院评估的使用人数从 2007 ~ 2008 年的 15 508 人上升到 2011 ~ 2012 年的 20 931 人，而入院治疗的使用人数从 9763 人下降到了 7701 人。[3]

4. 紧急情况下的入院评估（admission for assessment in cases of emergency）。在任何紧急情况下，均可提出紧急入院评估申请。紧急申请可由有资质的精神卫生人员或患者的近亲属提出，其条件与第 2 条入院评估的条件相同，但申请人应证明将患者予以收治和拘禁的紧急必要性，以及诉诸第 2 条的程序将导致不合理的迟延。《执业守则》规定，本条只可用于真正的紧急情况，其情形包括出现对本人或他人明显的身心损害风险、严重的财产损害危险、患者需要人身约束等。同时，不能将紧急入院评估作为方便医生在院内检查患者之目的。

紧急入院只需要 1 名医生的书面建议，如有可能，出具建议的医生应事先了解患者。紧急入院的患者可被拘禁于医院 72 小时，在此期间，如获得另一名医生的许可，则转变为第 2 条规定的入院评估。

---

〔1〕 The Department of Health, *Code of Practice for Mental Health Act* 1983, paras 4. 27.

〔2〕 Jonathan Butler, *Mental Health Tribunals Law*, *Practice and Procedure*, Jordan Publishing Limited, 2013, p. 97.

〔3〕 Robert Brown, *The Approved Mental Health Professional's Guide to Mental Health Law*, SAGE Publications Inc. , 2013, p. 22.

5. 转移至安全地方的拘禁。治安法官根据 AMHP 的报告和证明，有合理理由怀疑一个人患有精神障碍，且存在以下情形：受虐待、被遗弃或未受到适当控制的，或独自生活而不能照顾自己的，可签发令状授权警察将该患者转移至安全地方，并将其拘禁 72 小时。在此期间，由 AMHP 和医生对该人进行检查，以便提出入院评估或入院治疗申请，或给予其他治疗或照护安排。根据《英国精神卫生法》的规定，"安全地方"是指地方社会服务当局提供的住所、医院、警局、精神障碍患者独立医院或照护之家，以及其他任何收纳患者的临时处所。[1]

如果警察在公共场所发现一个人疑似患有精神障碍，且该人需要立刻得到照护或控制的，出于保护患者本人或他人之利益的目的，可将该人转移至安全地方，并将其拘禁 72 小时，从而使该患者接受检查，接受 AMHP 的会见，以及其他必要的治疗或照护。[2]

6. 临时拘禁：医生、护士的控制权。《英国精神卫生法》第 5 条允许已住院的非正式患者根据第 2 条或第 3 条的规定申请入院评估或治疗。此种情形下的适用前提一般是非正式入院患者试图出院，限于时间紧迫，根本无法依照常规的入院评估或治疗程序将患者予以拘禁，为解决这一问题，本条授予医生和护士临时拘禁患者的"控制权"（holding power）。

具体而言，负责患者治疗的医生如认为应为该患者提出入院申请，可向医院管理者提交书面报告，并从报告提交之时起将患者拘禁 72 小时。此种情况下的拘禁并没有明确的标准，只要医生认为《英国精神卫生法》第 2 条或第 3 条的申请应当（ought）作出时，他就可以依据本条之规定将非正式住院患者予以拘禁，但医生应说明非正式住院不再适用的理由。

此外，如果护士认为住院患者患有精神障碍，为本人健康或安全或为保护他人，有必要立刻限制其离开医院，在无法通过医生提交报告的情况下，可将该患者拘禁 6 小时。

---

〔1〕 *Mental Health Act* 1983, s135（6）.

〔2〕 *Mental Health Act* 1983, s136.

图表5 英国非自愿医疗（拘禁）的类型

条款	拘禁行为	拘禁期限	是否可延期	患者是否可向裁判所申请听证	裁判所是否自动听证
第2条	入院评估	28天	不可延期	可以；14天内	否
第3条	入院治疗	6个月	首次可延期6个月；之后每次1年	可以；入院后6个月内，延长住院的期限内均可	可以；入院6个月届满时，此后每3年审查一次
第4条	紧急情况下的入院评估	72小时	不可延期；但经另一名医生的许可，可转为第2条入院评估	可以；仅限于转为第2条之情形	否
第5（2）条	医生的控制权力	72小时	不可延期	否	否
第5（4）条	护士的控制权力	6小时	不可延期	否	否
第17A条	社区治疗命令	6个月	可延长6个月，此后每次可延长1年	可以；入院后6个月内，延长住院的期限内均可	可以；入院6个月届满时，此后每3年审查一次

（二）非自愿医疗的救济程序

在英国，精神障碍患者的非自愿入院以专业人员为主导，无论是入院评估，还是入院治疗，AMHP、医生均发挥重要作用。1959年《英国精神卫生法》排除了精神障碍患者入院的司法审查，取而代之的是事后救济制度。其内容是：首先，患者对入院决定不服的，可向普通法院申请人身保护令；其次，在入院拘禁过程中，患者可向精神卫生审查裁判所（mental health review tribunals）就继续拘禁的合法性申请审查。精神卫生法范围内的救济则是指后者，以下就裁判所救济程序予以详细介绍。

1. 裁判所的组织及其改革。

（1）精神卫生审查裁判所的改革。精神卫生审查裁判所最早系依据1959年《英国精神卫生法》建立，负责对依据入院治疗命令或普通住院命令而被拘禁患者之审查，但不包括入院评估案件的审查。然而，随着《欧洲人权公约》

在英国的实施，特别是欧洲人权法院在 X v. United Kingdom 案中指出，因心智障碍而被拘禁的所有精神障碍患者，有权就其继续拘禁的合法性获得定期的司法审查，人身保护令不足以提供全面的保护。[1]因此，到 1983 年的《英国精神卫生法》，几乎所有被拘禁的患者都可向裁判所提出审查请求。

精神卫生审查裁判所作为英国众多行政裁判所的一种，如同整个裁判所制度一样，其性质一直存在争议。随着 2007 年《裁判所、法院和执行法》的实施，这一争议方才尘埃落定，该法确认裁判所是司法体系的一部分，并受司法独立原则的保障，完全独立于行政权。同时，《裁判所、法院和执行法》对原有的混乱的裁判所体系进行了整合，建立了初级裁判所和上级裁判所为一体的新型裁判所体系，[2]精神卫生审查裁判所并入"健康、教育和社会福利法庭"（Health，Education and Social Care Chamber），成为其下属的裁判所之一。换言之，精神卫生审查裁判所属于专门审理精神卫生案件的初级裁判所，如对其裁决不服，可向上级裁判所提起上诉。

（2）精神卫生审查裁判所的组织。根据 1983 年《英国精神卫生法》的规定，英格兰和威尔士各设立一所精神卫生审查裁判所，其成员由司法大臣任命，但根据 2005 年《英国宪法改革法》的规定，人选由司法任命委员会决定。裁判所成员由法律、医疗和其他成员组成，具体是由法官、医师和具有卫生或社会服务经验的人员组成。其中，初级裁判所法官要求具有 5 年律师经历，一般由初级律师或皇家大律师、巡回法院法官等担任，上级裁判所法官需具有 7 年法官经历，上诉法院、高等法院、巡回法院和地区法院法官自

---

〔1〕 (1982) 4 EHRR 188.

〔2〕 作为福利国家的产物，英国行政裁判所的数量众多，杂乱无章，在 2001 年 Leggatt 报告发表时，就有 60 多类甚至更多的各类裁判所，且不少裁判所名存实亡，受理案件极少。因此，建立新型、独立和统一管理的裁判所体系的呼声日益高涨。随着 2007 年《裁判所、法院和执行法》的实施，新的裁判所体系得以建立。《裁判所、法院和执行法》创制了两级裁判所：初级裁判所（First-tier Tribunal）和上级裁判所（Upper Tribunal），两级裁判所都设立若干法庭（Chamber），并设立法庭主席（Chamber President），每个法庭之下根据案件类型再划分为不同的裁判所。目前，初级裁判所分为：社会资格法庭、健康、教育和社会福利法庭等 6 个法庭，上级裁判所则分为 4 个法庭，分别是行政上诉法庭、财政和税收法庭、土地法庭和移民与避难所法庭。参见［英］罗伯特·卡恩沃斯："英国行政裁判所——新的开始"，吴恩玉译，载《行政法论丛（第 13 卷）》，法律出版社 2010 年版，第 481～483 页；王建新："英国行政裁判所制度最新演进"，载《行政法学研究》2013 年第 4 期。

动取得裁判所法官资格。[1]医疗成员仅限于医生，一般为精神科指定医生，且主要是由退休医生担任。实践中，存在的突出问题是愿意担任医疗成员的医生不多，从而造成裁判所医疗成员的严重不足。"其他成员"以往称之为"非专业人员"（lay member），实际上是由具有资深专业经验，与另外 2 名法律和医疗成员资历相当的专业人员担任，通常是社工和具有精神卫生工作背景的人，因而现在更多称为"专业人员"（specialist member）。[2]

目前英格兰有将近 1000 名成员，威尔士有 90 名。为保持中立性，裁判庭服务人员（如书记员）来自司法部门，而非卫生部门，因此任何案件的处理均独立于患者被拘禁的医院和部门。具体到案件的审理，法庭由上述 3 类成员组成，且人数至少为 3 名，其中法律成员——现在被熟知为英格兰的裁判所法官（tribunal judge），为听证主持人。根据学者的观察，法律成员通常是法庭最具权力的成员，但是医生基于其特殊角色，其观点也至关重要。[3]

独立和公正是法院最为显著的特点。这意味着裁判所在机构上必须独立于拘禁当局（如医院管理者、负责监护患者的地方社会服务当局等），其成员也必须是公正的。但是医学专家作为裁判所的成员，其公正性不无疑问。首先，医疗成员在听证前对申请人（患者）进行检查，在听证过程中对案件进行审理和裁决，这就使得医疗成员具有事实发现者和裁决者的双重身份。[4]这一检查行为明显具有"证据收集"的功能，这是否会影响案件裁决的公正性？其次，医疗成员和参与治疗的责任医生通常彼此认识，甚至有着很好的私交。此种情形下，如何避免产生裁判所和当局共谋的印象，就显得十分重要。[5]

（3）精神卫生审查裁判所的职权。精神卫生审查裁判所作为独立的司法

---

〔1〕 Peter Bartlett, Ralph Sandland, *Mental Health Law: Policy and Practice*, Oxford University Press, 2014, p. 510.

〔2〕 Jonathan Butler, *Mental Health Tribunals Law, Practice and Procedure*, Jordan Publishing Limited, 2013, pp. 17~18.

〔3〕 Brenda Hale, *Mental Health Law*, Thomson Reuters Limited, 2010, p. 255.

〔4〕 Jonathan Butler, *Mental Health Tribunals Law, Practice and Procedure*, Jordan Publishing Limited, 2103, p. 13.

〔5〕 Brenda Hale, *Mental Health Law*, Thomson Reuters Limited, 2010, p. 256.

机构，其主要职能是审查拘禁案件、附条件出院案件、监督性社区治疗案件，并释放应予出院的患者。[1] 换言之，裁判所的职权是依据相关法律标准判断非自愿拘禁患者是否应当继续拘禁，并不考虑入院决定本身的合法有效性。具体而言，对入院决定合法性的救济途径是人身保护令，[2] 如果患者对入院决定的合法性不服，可向高等法院申请人身保护令或申请司法审查。实践中，这一救济方式也开始获得重视，针对 AMHP 入院评估不够充分，申请前没有听取近亲属意见等问题，产生了一系列诉讼。[3]

2. 裁判所的听证程序。

（1）申请。裁判所听证程序的启动主要包括两种情形：一是依申请启动，申请人一般为患者，特定情况下也可以是患者的近亲属；[4] 二是由国务大臣、医院管理者将案件移交裁判所而自动启动。

患者依据入院评估或入院治疗申请而入院的，可在相关期限内就其拘禁向裁判所提出听证申请。具体而言，入院评估患者在入院后 14 天内，入院治疗患者在入院后的 6 个月内或延期拘禁的期限内，可向裁判所提出申请。

如果患者缺乏能力或忘记权利或者因为怕麻烦而没有提出申请，为保护其权益，《英国精神卫生法》引入了长期住院患者的定期审查制度。对于任何入院评估或治疗、接受社区治疗、召回社区治疗、转移至医院监护的患者，一旦 60 天的期限届满，医院管理者应将该案件移送裁判所，以便听取裁判所的意见。同时，当案件经裁判所听审后逾 3 年，医院管理者也应将案件移送裁判所审查。此外，根据《英国精神卫生法》第 67 条的规定，国务大臣在必要时可随时将案件移送至裁判所。实践中，裁判所对案件的移送审查通常都是由医院管理者行使，国务大臣很少行使这一权力。[5]

---

〔1〕 The Department of Health, *Code of Practice for Mental Health Act* 1983, paras 32. 2.

〔2〕 Jonathan Butler, *Mental Health Tribunals Law, Practice and Procedure*, Jordan Publishing Limited, 2013, p. 25.

〔3〕 Robert Brown, *The Approved Mental Health Professional's Guide to Mental Health Law*, SAGE Publications Inc., 2013, p. 110.

〔4〕 近亲属作为申请人仅限于第 66 条（1）（g）（h）规定的两种情形。

〔5〕 Peter Bartlett, Ralph Sandland, *Mental Health Law: Policy and Practice*, Oxford University Press, 2014, p. 516.

（2）听证前程序。

第一，代理。无论是在患者被拘禁入院之初，还是延长拘禁，或者当患者法律地位改变，如从第 2 条的入院评估转变为第 3 条的入院治疗，或者社区治疗命令被撤销时，医院管理者和地方社会服务当局（the Local Social Services Authority，LSSA）有义务采取措施确保患者知晓向裁判所申请听证的权利，并告知其有权获得代理。[1]同时，医院管理者应确保被拘禁患者在任何合理时间会见其代理人，在患者同意的情况下，应保证代理人尽管快查阅患者的病历资料。[2]

获得代理是患者的法定权利。在听证程序中，患者有权为自己指定 1 名代理人，可以是律师也可以是其他人员；如果患者没有指定代理人，且患者本人表示不愿自己处理案件或希望获得代理或欠缺任命代理人的能力，裁判所认为获得代理符合其最佳利益的，可为其指定 1 名法律代理人。由于精神卫生案件的专业性，代理人可以帮助当事人搞清楚复杂的法律问题，帮助当事人更为有效地参与听证，提高胜诉的概率。然而，代理也可能会影响裁判所审理的效率，进而延误患者的治疗。同时，法庭风格的辩护通常也不适合这类听证。[3]

第二，文件提交与信息披露。所有申请文件必须采取书面形式，在规定的期限内送达裁判所。医院管理者应在收到申请文件副本或移送案件后的 3 周内向裁判所提交相关资料，包括医院声明、临床报告、社会环境报告、护理报告等。裁判所对于收到的文件，除非是不允许披露，如披露可能造成该当事人或其他人严重损害的，否则应将复印件交给所有各方。除非法庭有相反的指示，否则有关精神卫生案件的信息和案件当事人的姓名都不得公开。[4]

第三，医学检查。在听证举行前，裁判所应安排 1 名适当的成员（一般

〔1〕 The Department of Health，*Code of Practice for Mental Health Act* 1983，paras 32. 5.

〔2〕 The Department of Health，*Code of Practice for Mental Health Act* 1983，paras 32. 7.

〔3〕 Brenda Hale，*Mental Health Law*，London：Sweet & Maxwell，2010，p. 261.

〔4〕 Tribunal Procedure（First-Tier Tribunal）（Health，Education and Social Care Chamber）Rules（SI 2008/2699），r14（7）.

为医疗成员）对患者进行检查，并可采取其他方式以确定其精神状况。检查的方式包括私下对患者本人的检查，查阅有关患者拘禁、治疗及后期护理服务的资料，摘录、复制与听证相关的文件。[1] 一旦医疗成员检查患者并将检查结果告知法庭，这一检查结果就被视为具有证据地位。

（3）听证的举行。对于入院评估案件，裁判所应在收到申请后的 7 日内举行听证，并提前 3 个工作日通知相关当事人听证的时间和地点。对于其他案件，裁判所应至少提前 14 天告知相关当事人听证的时间和地点，包括有关听证时间和地点的变更。听证地点一般在患者被拘禁的医院，也可以是裁判所的办公地。医院应提供适当的听证场所，并确保听证室的私密、安静、整洁，以及足够宽敞和设施齐全。如果患者是在社区中接受治疗，医院管理者应考虑医院作为听证地点是否适当。[2]

除非裁判所认为公开听证有利于促进公正，否则听证应以非公开的方式举行。如果采取公开方式，裁判所也可以决定适用部分公开、部分非公开的方式。实践中，绝大多数案件都是采取非公开方式。一般认为，非公开方式有利于保护患者的隐私，避免公开听证给患者造成负面影响，但也引发缺乏透明度之质疑。

各方当事人都有权参加听证。在已经通知或采取合理措施通知相关当事人出席听证的情况下，一方的缺席不影响听证的举行，但是患者一般不得缺席，除非是已经对患者实施了医学检查，且裁判所确认患者决定不出席听证或因健康原因无法出席听证。[3] 鉴于行政裁判所的最高宗旨是"公平和正义"，包括"避免不必要的形式和寻求程序的灵活性""确保各方的充分参与""有效利用裁判所的专长"和"避免迟延"等，[4] 因而裁判所采取的听证程序往往比较灵活，尽可能避免程序的繁琐，以最大限度地维护患者

---

〔1〕 Tribunal Procedure (First-Tier Tribunal) (Health, Education and Social Care Chamber) Rules (SI 2008/2699), r34.

〔2〕 The Department of Health, *Code of Practice for Mental Health Act* 1983, paras 32.33.

〔3〕 Tribunal Procedure (First-Tier Tribunal) (Health, Education and Social Care Chamber) Rules (SI 2008/2699), r39.

〔4〕 Tribunal Procedure (First-Tier Tribunal) (Health, Education and Social Care Chamber) Rules (SI 2008/2699), r2.

的健康和利益。在听证中，裁判所必须听取双方的意见，包括审查各方所提交的证据，向各方当事人提问，询问证人或其他出庭的人员。同时，裁判所也不排除传闻证据，由于医学判断主要是依据各方所提供的传闻证据，对此裁判所应严格审核。[1]就此而言，裁判所的听证更多是采取纠问式而非对抗式。

听证过程中的核心问题是医院当局是否可以继续拘禁患者，或者是否应当释放患者。尽管裁判所听证主要采取纠问式，但举证责任的分配仍是十分重要的问题。对此，目前达成的共识是应由"责任当局"（responsible authority），即医院管理者（hospital mangers）或承担患者监护责任的地方社会服务当局（适用于监护案件）承担举证责任。[2]

（4）裁决。裁判所必须在听证之后才能作出裁决，不允许不经听证直接作出裁决的情形。裁判所可视情况作出以下裁决结果：①患者符合拘禁条件的，可裁决继续拘禁患者。②指示释放患者。如果经听证认定患者不符合《英国精神卫生法》第2条有关入院评估的条件和第3条有关入院治疗的条件，患者不应继续被拘禁的，裁判所应作出释放患者的裁决。释放患者的裁决可以是立即释放，也可以是在指定时间内释放。总体而言，裁判所裁决出院的案件比例较低，如2006年，裁判所裁决出院的案件约占全部案件的14%，从申请到听证的时间，入院评估为6天，入院治疗为6周。[3]③如决定不释放患者，裁判所也可建议责任医生准许患者准假出院（leave of absence）或转院，或建议将患者转为监护或社区治疗。

无论作出何种裁决结果，裁判所都应在听证结束后的7个工作日内（入院评估案件为3个工作日）送达书面的裁决书，裁决书应记载裁决结果、裁决理由，并告知上诉的权利，包括上诉期限、方式等。[4]

---

〔1〕 Brdnda M, Hoggett, *Mental Health Law*, London: Sweet & Maxwell, 1996, p. 268.

〔2〕 Jonathan Butler, *Mental Health Tribunals Law*, *Practice and Procedure*, Jordan Publishing Limited, 2013, p. 48.

〔3〕 Jonathan Butler, *Mental Health Tribunals Law*, *Practice and Procedure*, Jordan Publishing Limited, 2103, p. 8.

〔4〕 Tribunal Procedure（First-Tier Tribunal）（Health, Education and Social Care Chamber）Rules（SI 2008/2699）, r41.

（5）听证裁决的上诉。2007 年《裁判所、法院和执行法》实现了裁判所制度的统一，并建立了初级裁判所（First-tier Tribunal）和上级裁判所（Upper Tribunal）为一体的两级裁判所制度，当事人对初级裁判所的裁决不服的，可以在收到裁决书之日起 28 日内以书面形式向上诉裁判所上诉。具体到精神卫生案件，如果当事人对精神卫生审查裁判所的裁决不服，可以向上级裁判所上诉，即向行政上诉法庭（The Administrative Appeals Chamber）提起上诉。然而，根据《裁判所、法院和执行法》的规定，当事人的上诉应取得作出裁决的初级裁判所的准许。当初级裁判所收到上诉申请后，首先应考虑是否对裁决进行审查，如果裁判所认为裁决存在法律错误，[1]可决定对裁决进行审查。如果裁判所决定不审查原裁决，或审查后未改变原裁决的，接下来应考虑是否同意当事人的上诉。如果初级裁判所不允许上诉，应将决定送达当事人，并说明拒绝的理由，告知其可以向上级裁判所申请准许上诉。

若初级裁判所同意患者上诉，或者上级裁判所准许患者上诉的，案件即进入上诉程序。上级裁判所如果认定裁决存在法律错误的，可以撤销初级裁判所的裁决，并可视情况分别作出以下决定：①对案件进行审理，重新作出裁决；②将案件发回初级裁判所重新审理。

（三）小结

在西方国家中，英国的非自愿医疗制度乃至整个精神卫生制度都独具特色、自成体系。它深深根植于本国的传统和文化，系数百年来经验积累和自我演进的结果，且很少受到外部的冲击和影响。即便自 20 世纪 70 年代以来，以自由主义为取向的严格程序模式在西方国家产生广泛影响——很多国家，包括一些英联邦国家都采取美国式的司法审查模式，但英国依然恪守自身的传统，有关非自愿入院的类型及其程序均迥异于其他国家。

英国的非自愿医疗制度具有以下特点：①就价值取向而言，英国的非自愿医疗制度在尊重和保障患者权利的同时，更偏向于维护患者的治疗利益。这集中体现在其非自愿医疗程序并没有采取美国式的司法审查模式，而是通

---

[1] 仅限于法律错误，如没有遵循判例法，适用法律条文错误等，不包括事实问题。参见 Jonathan Butler, *Mental Health Tribunals Law*, *Practice and Procedure*, Jordan Publishing Limited, 2013, p. 161.

过发挥专业人员的专业优势积极协助患者入院接受治疗。②非自愿入院决定的制约理念。英国的非自愿医疗偏向于医学模式，医疗专业在患者的非自愿入院中发挥重要作用，但与我国的不同之处在于，患者的非自愿入院并不完全是由医疗当局决定，而是由其他独立方作出，多数情况下是由 AMHP 作出，[1] 且家属、AMHP、医生、地方社会服务当局、医院管理方等在患者入院中均发挥作用，相互之间形成一定的制约关系，并不存在医疗专断之情形。③建立多样化的非自愿医疗类型，包括非自愿住院和社区治疗命令，其中非自愿住院又包括入院评估、入院治疗等多种类型，并针对每一类非自愿医疗规定相应的实体和程序标准。④建立完备而畅通的法律救济体系。尽管英国没有建立非自愿入院的事先审查制度，但为患者的出院提供了充分的事后救济途径。患者对入院决定不服的，可向法院申请人身保护令；对继续拘禁住院不服或要求出院的，可向精神卫生审查裁判所申请出院。⑤就程序模式而言，英国的非自愿医疗更偏向于医疗模式，但医师的专业权力受到其他专业人员、司法机关的制约。在患者的非自愿入院中，家属、AMHP、医生、地方社会服务当局、医院管理方等主体之间存在制约关系，并不存在医疗专业专断之情形。即便是诊断评估，也存在多个医师的把关，不易出现错判，且医生并非全部来自收治患者的医院，从而在很大程度上消除了利益关联。

三、加拿大的非自愿医疗程序

加拿大属于联邦制国家，联邦没有统一的精神卫生法，但 10 个省和 3 个特区都制定了各自的精神卫生法。在早期，除魁北克省外，加拿大各省的精神卫生法主要受英国法传统的影响，且都移植于英国法，后几经修改。然而，20 世纪 70 年代以来，则受美国法影响甚巨，其突出表现是针对非自愿住院各省普遍采取了美国式的危险性标准，以及非自愿入院和治疗的分离模式。前者表现为将传统的"需要治疗"（need for treatment）标准修改为人身危险性标准；后者表现为患者在自愿入院后仍享有拒绝治疗权，非自愿入院并不意

---

〔1〕 European Union Agency for Fundamental Rights, Involuntary placement and involuntary treatment of persons with mental health problems, FRA – European Union Agency for Fundamental Rights, 2012, p. 36.

味着可以采取非自愿治疗。

在加拿大，精神障碍患者的住院治疗包括自愿住院（非正式入院）和非自愿住院，其中自愿住院条件包括：患者申请入院；医生诊断其患有精神疾病并需要治疗；患者具有同意入院和治疗的能力。同时，非正式入院和自愿入院的条件相同，例外情形是，当患者不具有同意能力时，需取得监护人或其他替代决定者的授权。自愿住院患者可随时出院，但非正式入院的患者则需取得父母、监护人或替代决定者许可，除非审查委员会作出了出院命令。[1]除了非自愿住院，加拿大多数省都规定了非自愿社区治疗，但其作用主要还是作为非自愿住院的补充或替代。

（一）非自愿住院的条件

在早期，各省都采取"需要治疗"标准，但 20 世纪 60 年代以来，受美国法的影响，需要治疗标准逐渐被摈弃，取而代之的是严格的人身危险性标准。1986 年加拿大统一法律委员会起草的《统一精神卫生法》最具代表性，该草案将非自愿入院的条件规定为：①精神障碍可能对本人或他人造成严重的人身损害的；②精神障碍可能对本人造成迫在眉睫的严重身体伤害，且患者不适合自愿入院的。[2]然而，20 世纪 90 年代以来，这一过于严格、狭窄的危险性标准开始在美国和加拿大受到质疑和批评，结果是相关省开始扩大危险性标准，重新纳入需要治疗标准，其突出表现是将"人身损害"（physical harm）修改为更为宽泛的"损害"，并开始引入"恶化"（deterioration）标准，将之作为"损害"的表现形式。换言之，即便患者的精神障碍不会导致实际损害，但如果不予治疗可能将导致其身心健康严重恶化的，也可对其采取非自愿住院措施。

1. 非自愿住院实体要件的构成。目前，尽管加拿大各省有关非自愿住院的标准不一，但都包括以下 1~3 项标准，部分省还包括其他标准：①患者不适合作为自愿住院患者。②属于法定的精神障碍。③对本人或他人可能造成

---

〔1〕 John E. Gray, Margaret A. Shone, Peter F. Liddle, *Canadian Mental Health Law and Policy*, Toronto: LexisNexis Canada Inc. , 2008, p. 20.

〔2〕 John E. Gray, Margaret A. Shone, Peter F. Liddle, *Canadian Mental Health Law and Policy*, Toronto: LexisNexis Canada Inc. , 2008, pp. 51~52.

损害的。部分省，如不列颠哥伦比亚、纽芬兰、亚伯达等省还将"恶化"标准作为"损害"的表现形式，即"损害"还包括"可能造成身心的严重恶化"。④需要或建议接受精神医学治疗的。⑤不具有作出治疗决定的能力。其中，萨斯喀彻温省、新斯科舍省、纽芬兰省和拉布拉多省，还需要④、⑤要件，不列颠哥伦比亚省、曼尼托巴省还需要④要件。[1]

例如，新斯科舍省非自愿住院的标准为：经一名精神科医生评估并认为符合以下条件：①患有精神障碍。②需要在精神医疗机构内接受精神医疗。③由于精神障碍，该人（a）威胁或试图对本人或他人造成严重伤害，或者最近已经实施对本人或他人造成严重损害的行为；或（b）可能造成严重的身体伤害，或严重的精神状况恶化。④该人需要在精神医疗机构内接受精神医学治疗，且不适合作为自愿入院患者住院的。⑤由于精神障碍，该人不具有作出入院和治疗决定的能力。[2]

曼尼托巴省非自愿住院的标准为：精神科医生如果认为一个人符合以下条件的，可将其作为非自愿患者收治入院：①患有精神障碍。②因精神障碍，该人（a）可能对本人或他人造成严重损害，或者如不将其拘禁于医院，其身心健康状况将严重恶化；（b）需要持续的治疗，且该治疗只有住院方能提供。③由于本人拒绝或不具有自愿住院患者作出同意的心智能力。[3]

2. 精神障碍。非自愿住院必须以患者患有法律规定的精神障碍为前提，只是各省有关精神障碍的定义宽严不一。有的省采取较为宽泛的定义，将精神障碍界定为任何"心智疾病或障碍"，对精神障碍的范围和严重程度均未作出界定，因而被认为过于模糊。因此，多数省对精神障碍作出更为严密的界定，如纽芬兰省将精神障碍定义为："因思考、情绪、认知、定向或记忆障碍导致判断、行为、认知能力或日常生存能力的损害，从而需要精神科治疗。"[4]

一般而言，法律对精神障碍的定义包括三方面：①精神障碍的外部表现，

〔1〕 John E. Gray, Margaret A. Shone, Peter F. Liddle, *Canadian Mental Health Law and Policy*, Toronto: LexisNexis Canada Inc., 2008, pp. 117~118.

〔2〕 Involuntary Psychiatric Treatment Act, S. N. S. 2005, c. 42. s. 17.

〔3〕 Mental Health Act, C. C. S. M. c. M110. s. (1).

〔4〕 Mental Health Care and Treatment, S. N. L. 2006, c. M‐9. 1. S. 2 (k).

即症状。一般表述为思考、情绪、认知、定向或记忆等方面的障碍。很多省还要求上述症状达到"严重"的程度。②症状所导致的后果——功能损害。法定的精神障碍，除了具有一定严重的症状之外，还必须要求这些症状造成特定人明显的功能损害。各省一般表述为判断、认知、日常生存能力的损害，且要求这一损害达到明显或严重的程度。③排除某些精神障碍。考虑到部分精神障碍不具有可治疗性，如对其采取非自愿住院可能与非自愿住院的治疗性目的不符。因此，一些省明确将某些精神障碍排除于法定精神障碍的范围，如新不伦瑞克、曼尼托巴等省，明确规定精神障碍不包括精神发育迟滞，爱德华王子岛规定精神障碍包括"酒精、药物依赖所导致的精神障碍"，这表明仅仅具有酒精、药物依赖并不属于精神障碍。

3. 危险性。危险性是各省非自愿住院的必备条件，其一般表述为因精神障碍对本人或他人造成的损害危险，只是各省对危险性的界定略有差异。危险性包括对本人的危险和对他人的危险，各省法律都没有进一步界定何谓"对本人的危险"和"对他人的危险"。同时，对于危险或损害的客体，少数省仅限于人身损害，强调对本人或他人的人身损害，但多数省还包括其他形式的损害，如"精神损害"。也有的省使用比"损害"更为宽泛的"安全"（safety）一词，如爱德华王子岛的规定将"危险性"表述为"特定人患有精神障碍，就其形式或程度，出于本人或他人的安全利益而需要住院的"。[1]

危险性表现为损害发生的可能性，而对于损害是否要求达到一定的程度，各省规定不无差异。多数省要求损害达到"严重"程度，如曼尼托巴省、新斯科舍省、安大略省、努勒维特省等，新不伦瑞克省则要求"特定人最近的行为表明对本人或他人造成即刻（imminent）的人身或心理伤害的实质危险（a substantial risk）"，魁北克省则要求"严重和即刻的危险"。也有部分省份对损害的严重程度未作要求，如纽芬兰、萨斯喀彻温、拉布拉多等。

4. 需要治疗（need for treatment）。在加拿大，不列颠哥伦比亚、萨斯喀彻温、曼尼托巴、新斯科舍、纽芬兰和拉布拉多等省明确规定非自愿入院要

---

〔1〕 Mental Health Act, R. S. P. E. I. 1988, c. M-6.1. s. 1 (k).

以"需要治疗"为条件。如曼尼托巴省将该要件表述为："需要持续的治疗，且该治疗只有住院方能提供。"[1]新斯科舍为："该人需要在精神医疗机构内接受精神医学治疗，且不适合作为自愿入院患者住院的。"[2]没有明确规定"需要治疗"要件的地区，也应考虑将其作为非自愿住院的潜在要件。因为，如果精神障碍患者无需治疗，医疗机构仅提供预防性拘禁，这将与医疗机构的性质不符，并可能被认定违宪。[3]

将"需要治疗"作为非自愿住院的要件可避免国家纯粹出于拘禁目的采取非自愿治疗，确保非自愿住院的医疗属性和治疗性目的，防止非自愿住院沦为防卫社会之手段。然而，采取这一要件可能使那些不具有可治疗性但具有危险性的精神障碍患者被排除于非自愿住院的范围，从而可能危及公共安全和公众利益。

5. 无作出治疗决定的能力。除上述要件外，萨斯喀彻温、安大略、新斯科舍和纽芬兰等省还将"无作出治疗决定的能力"作为非自愿住院的要件。如新斯科舍将该要件表述为："由于精神障碍，该人不具有作出入院和治疗决定的能力。"[4]将行为能力作为非自愿住院的要件，意味着如果一个人具有作出入院和治疗决定的能力，即便他患有精神障碍，且具有危险性并需要治疗的，也不能对其采取非自愿住院措施。采取这一标准可解决以下问题：①具有行为能力的患者的拒绝治疗权问题。拒绝治疗将延误治疗，并增加治疗的成本。将无行为能力作为非自愿住院的要件将使得具有行为能力的患者排除于非自愿住院的范围，从而解决拒绝治疗权的适用问题。②将精神病性人格障碍排除出非自愿住院，因为这部分患者多数都具有作出治疗决定的能力。[5]

（二）非自愿住院的程序

在加拿大，精神障碍患者的住院以自愿入院为原则，很多省的《精神卫

---

〔1〕 Mental Health Act, C. C. S. M. c. M110. s. (1).

〔2〕 Involuntary Psychiatric Treatment Act, S. N. S. 2005, c. 42. s. 17.

〔3〕 John E. Gray, Margaret A. Shone, Peter F. Liddle, *Canadian Mental Health Law and Policy*, Toronto: LexisNexis Canada Inc., 2008, p. 147.

〔4〕 Involuntary Psychiatric Treatment Act, S. N. S. 2005, c. 42. s. 17.

〔5〕 John E. Gray, Margaret A. Shone, Peter F. Liddle, *Canadian Mental Health Law and Policy*, Toronto: LexisNexis Canada Inc., 2008, p. 150.

生法》明确规定，自愿入院优先于非自愿入院，如果一个人更加适合作为自愿入院患者，就不应该被非自愿拘禁。[1]对于非自愿入院，其程序大致包括两个环节：一是短期入院评估许可程序。该环节涉及将疑似患者予以拘留（apprehension），并将其移送到指定医院接受短期的检查评估，以决定此人是否应接受进一步的长期住院。短期入院评估实际相当于紧急强制住院，各省规定的期限为 24 ~ 72 小时不等。二是长期住院许可。在患者入院后，经另一名医生的评估许可，可正式将患者作为非自愿患者收治入院，其住院期限为 2 周至 1 个月不等。

1. 短期入院。对于拒绝自愿治疗的患者，如果不予治疗将对本人或他人造成伤害的，可对其采取非自愿治疗。各省非自愿入院的方式大致包括三种情形：①医生申请入院。患者自行或在他人协助下到医院接受诊断的，医院可安排 1 名医生对其进行检查，并对其进行住院评估。除了新斯科舍省规定要由 2 名医生评估许可外，其他 12 个省均规定只要 1 名医生的许可就可将疑似患者移送至精神病院。以曼尼托巴省为例，当医生对特定人进行检查，认为该人患有精神障碍，且因精神障碍可能对本人或他人造成严重损害，或导致身心健康严重恶化的，该人不愿住院或无同意自愿入院的心智能力的，应向医院负责人申请非自愿入院评估。[2]②法官指令入院。如果无法使患者自愿到医生处检查，家属、邻居或其他人员认为其符合非自愿住院条件的，可向法院法官或治安法官申请非自愿住院。法官如认为其符合法定条件的，可下达非自愿住院令状，授权警察将患者监禁，并移送指定机构接受精神病学评估。[3]③警察协助入院。如果医生或法官来不及介入的，法律（精神卫生法）授权警察拘留该患者，并将其带到医生处接受检查。警察对患者的拘留只有在其他入院途径不具有可能性的情况下才可以采取，比如，医生检查或法官命令检查不具有合理性或可能产生危险时；同时，还要求警察有合理理

---

〔1〕　John E. Gray, Margaret A. Shone, Peter F. Liddle, *Canadian Mental Health Law and Policy*, Toronto: LexisNexis Canada Inc., 2008, pp. 160, 187.

〔2〕　Mental Health Act, C. C. S. M. c. M110. s8 (1).

〔3〕　李冬、王岳：“中国与加拿大亚伯达省精神卫生立法之比较研究”，载《中国卫生法制》2012 年第 3 期；王小平、Murphy Emlene：“加拿大不列颠哥伦比亚省精神卫生法简介”，载《国外医学（精神病学分册）》2004 年第 3 期。

由认为该人疑似患有精神疾病，且该人正在实施或已经实施危害行为，即实施了危害行为或具有危险性。

上述检查的目的在于确定患者是否应入院接受一定期限的观察，如果医生经诊断评估，认为其符合法定入院评估标准的，可作出短期住院评估决定，期限一般为 24 ~ 72 小时。例如，亚伯达省和育空省为 24 小时，不列颠哥伦比亚省、努勒维特省和西部领地为 48 小时，其他省为 72 小时。短期入院具有强制性，无需取得患者同意，且各省均允许在此期间对患者采取紧急非自愿治疗。同时，也有的省允许在非紧急情况下对患者采取非自愿治疗，但安大略省、育空等省只允许对患者采取约束措施，而不得采取治疗。[1]

2. 长期住院。超过初始入院评估期限的住院，则需要经另一名医生的准许，且多数省规定应由精神科医生作出评估和许可，但也有的省允许其他医生作出。例如，不列颠哥伦比亚省《精神卫生法》规定，对于短期入院评估患者，如果需要继续住院的，医院应在 48 小时内安排另一名医生对患者进行检查，出具第二个医学证明，才可以使患者继续住院 1 个月。如需延期住院，则需另行检查评估。同样，亚伯达省《精神卫生法》规定，在患者入院后 24 小时内应安排 2 名精神科医生分别对其进行检查，如认为该患者符合长期住院条件的，可分别签发医学证明，将患者继续拘禁 1 个月。

对于长期住院的许可决定，除了魁北克省规定了由法院决定之外，其他省都无需法院介入。多数情况下，长期住院决定需经精神卫生机构的负责人作出，但通常是由受其委托的入院评估的医生作出，唯一的例外是大不列颠哥伦比亚省，非自愿入院由审查委员会根据精神科医生的建议作出。关于长期住院的期限各省规定不一，一般为 2 周、3 周或 1 个月，其中，安大略省、努勒维特省和西部领地为 2 周，萨斯喀彻温省、曼尼托巴省、魁北克省和育空省为 3 周，其他省为 1 个月。[2]

3. 延期住院。在正式入院后的一定时间内，应对患者进行延期住院许可

---

〔1〕 John E. Gray, Margaret A. Shone, Peter F. Liddle, *Canadian Mental Health Law and Policy*, Toronto: LexisNexis Canada Inc., 2008, p. 179.

〔2〕 John E. Gray, Margaret A. Shone, Peter F. Liddle, *Canadian Mental Health Law and Policy*, Toronto: LexisNexis Canada Inc., 2008, p. 184.

的检查评估，其目的在于确定患者是否符合继续住院的条件。作为一项正式的权利保护机制，延期许可制度系针对患者是否应该出院这一问题进行评估，有关其具体运作各省的规定并不完全一致。首先，患者入院后多长时间内应进行延期住院许可的评估，安大略省、努勒维特省和西部领地为入院后的 2 周，萨斯喀彻温省、曼尼托巴省、魁北克省和育空省为入院后 3 周，而新斯科舍等其他省则是入院后 1 个月。其次，首次延期许可之后，多数省规定在一定的期限内应作出延期许可评估，如规定每隔 30 天、60 天和 90 天为后续延期许可的期限。也有的省规定，如果患者住院超过 60 天且符合非自愿住院条件，法院可作出为期 1 年的长期住院命令。再次，关于延期住院评估的作出主体，8 个省规定 1 名医生作出即可，但有的省明确要求该医生必须是精神科医生，4 个省规定由 2 名医生作出。而对于长期住院的许可，新不伦瑞克省规定必须由审查委员会作出，萨斯喀彻温省则需经法院的命令。最后，延期住院的评估标准通常与非自愿入院的标准相同。

4. 定期审查。在患者入院后的一定时期内，审查委员会应自动对患者的拘禁进行审查。这一做法多数省都有规定，如阿尔伯塔省规定，每 6 个月应举行听证，萨斯喀彻温省规定，在患者入院之初的 21 天，以及此后每隔 6 个月审查委员会应对住院自动进行审查。[1]亚伯达省《精神卫生法》亦规定，除了患者及其家属可以随时向审查委员会提出审查申请，在患者及其家属没有主张权利的情况下，每间隔 6 个月，审查委员会应依职权主动对患者的拘禁进行审查，如认为患者不再符合非自愿住院条件的，应指示医院允许患者出院。

5. 出院。一般而言，如果患者不再符合强制住院条件或病情缓和无需继续住院时，医院应将患者释放出院或转为自愿住院治疗。然而，审查委员会对有关出院案件的审查，是否采取与入院相同的标准？逻辑上应作出肯定回答，但有的省却有不同的规定。例如，有的审查委员会对出院标准进行宽泛解释，从而限制患者的出院；而有的省对出院采取"恶化"标准，只要患者仍可能出现严重的身心健康恶化的，审查委员会就可拒绝其出院。[2]

---

〔1〕　Mental Health Services Act, S. S. 1984 –85 –86, C. M –13. 1, s. 33 (5. 2).

〔2〕　John E. Gray, Margaret A. Shone, Peter F. Liddle, *Canadian Mental Health Law and Policy*, Toronto: LexisNexis Canada Inc. , 2008, pp. 366 ~367.

（三）非自愿住院的救济程序

在加拿大，患者申请撤销入院决定或请求出院采取事后救济的方式。除魁北克省和西北领地由法院决定外，其他省都是由审查委员会（board）或审查组（panel）这一独立裁判机关（tribunal）作出。审查委员会与法院类似，但程序更为灵活、便捷，审理更为高效，且不收取费用。

1. 审查委员会的组成。审查委员会一般由 3 人组成，包括律师、医生和其他人员各 1 名，一般由主管当局任命。以曼尼托巴省为例，精神卫生审查委员会（Mental Health Review Board）由律师、精神科医生和律师、精神科医生以外的其他人员各 1 人组成，其中律师担任审查会的主席。[1]也有的省规定由 4 组成，如亚伯达省，包括律师、精神科医生、医生和社会公众各 1人。审查委员会的每位成员享有同等的表决权，表决结果遵循少数服从多数的原则。

2. 权限。审查委员会审理的案件主要是出院案件，有的省还包括与治疗相关的内容，如行为能力的认定、替代决定者的任命、治疗决定等。也有的省还包括其他决定事项，如约束措施、转院等。[2]以曼尼托巴省为例，审查委员会的审查事项包括：①患者申请撤销入院许可或延长住院许可；②患者申请撤销医生作出的关于其无作出治疗决定能力的认定；③患者申请撤销医生作出的关于其无财产管理能力的认定；④患者申请审查延长或取消"假释"（leave）许可；⑤医生申请授权对患者实施特定治疗；⑥医疗负责人申请全部或部分病历不对患者公开的。[3]

3. 通知和听证的期限。审查委员会收到患者的申请后，应在多长期限内举行听证，各省的相关规定不完全一致。如安大略省规定，审查委员会在收到申请后，应在 7 天内举行听证。亚伯达省则规定审查委员会应在收到申请后 7 天内通知当事人听证，并在 21 天内举行听证。曼尼托巴省规定，审查委员会应提前 7 天书面通知相关当事人听证的时间和地点，但没有明确规定听

---

〔1〕 Mental Health Act, C. C. S. M. c. M110. s49 (3).

〔2〕 John E. Gray, Margaret A. Shone, Peter F. Liddle, *Canadian Mental Health Law and Policy*, Toronto: LexisNexis Canada Inc., 2008, p. 357.

〔3〕 Mental Health Act, C. C. S. M. c. M110. s50 (1).

证期限，只是要求"在收到申请后合理可能的时间内举行听证，且在任何情况下不得超过相关规范的具体规定"。[1]

4. 听证过程。审查委员会的听证程序一般没有法院诉讼程序那样正式，多数省采取非对抗听证程序，偏向职权主义和纠问式，可以询问当事人和要求证人出庭等。之所以如此，目的在于避免对抗程序可能产生的负面后果。[2]即便是采取非对抗式程序，仍应遵循行政法的基本原则和宪法上的要求，尤其是应保证患者的程序参与权利，包括：①获得正式听证的通知；②获得律师代理；③出席口头听证；④提交证据；⑤申请延期听证；⑥陈述、申辩权；⑦质证权，包括对证人的交叉询问；⑧获知裁决结果；⑨获知裁决理由；⑩上诉权。

上述权利在各省的听证程序中基本上都有体现，如患者可以委托律师出席听证，对证据审查采取交叉询问的方式，审查委员会的主席有权要求证人出庭作证。听证裁决采取民事证明标准，而非刑事法上的排除合理怀疑标准。听证的裁决结果应告知当事人，有的省还规定应告知裁决的理由。同时，听证一般都采取非公开的方式，唯一的例外是安大略省，采取公开方式，媒体和公众都可参加听证。[3]

5. 对听证决定不服的救济。当患者对审查委员会的决定不服时，可向法院上诉（appeal），但对于上诉的范围，各省规定不一致。有的省仅限于法律问题，如新斯科特省，但多数省不作限制，法律问题和事实问题均可上诉。有的省之所以将上诉范围限于法律问题，是因为将审查委员会视为专业法庭，法院应尊重其所认定的事实。[4]

此外，有关上诉的层级，有的省规定只能上诉到一级法院，而有的省则不作限制，可一直上诉到加拿大最高法院。

---

〔1〕 Mental Health Act, C. C. S. M. c. M110. s50（2），（3）.

〔2〕 John E. Gray, Margaret A. Shone, Peter F. Liddle, *Canadian Mental Health Law and Policy*, Toronto：LexisNexis Canada Inc., 2008, p. 359.

〔3〕 John E. Gray, Margaret A. Shone, Peter F. Liddle, *Canadian Mental Health Law and Policy*, Toronto：LexisNexis Canada Inc., 2008, p. 362.

〔4〕 John E. Gray, Margaret A. Shone, Peter F. Liddle, *Canadian Mental Health Law and Policy*, Toronto：LexisNexis Canada Inc., 2008, p. 373.

（四）小结

加拿大的非自愿医疗制度受英美国家的影响较大，其中非自愿医疗的实体要件明显偏向于美国法，而程序则与英国法更为接近。总结分析可见，加拿大非自愿医疗制度具有以下特点：①非自愿医疗的实体要件并没有采取单一的"危险性"要件，部分省还采取了"需要治疗"要件。②就非自愿医疗的程序而言，除魁北克省和大不列颠哥伦比亚省外，其他省对精神障碍患者的非自愿住院采取了医学模式，即由医生或医院负责人决定患者的非自愿入院。③加拿大各省对强制送治规定了较为严格的程序。在患者拒绝配合医生的检查评估的情况下，强制送诊或非自愿入院评估的启动一般需获得法官的许可，并由警察执行。只有在紧急情况下，即不能由医生评估入院或法官许可入院的情况下，作为最后手段，警察方可拘留疑似患者并将其移送至医生处接受检查评估。很明显，法律对送治过程中强制权的使用持十分谨慎的态度，这无疑有利于避免非自愿医疗的滥用。④尽管非自愿住院缺乏事先审查机制，但各省法律都建立了十分便捷的事后救济机制，即设立具有司法性质的审查委员会对出院和其他事宜进行审查和裁决。其中，审查委员会成员的组成、便捷灵活的审查程序、较为宽泛的审查权限，都值得借鉴和学习。

第二节 大陆法系国家（地区）的非自愿医疗程序

一、日本的非自愿医疗程序

（一）精神卫生立法与非自愿医疗制度的发展变迁

日本精神卫生立法最早可追溯到 1900 年的《精神病人监护法》，正如该法的名称所示，这部法律的主要目的是实现对精神病人的监管，从而保护公众免受具有危险性的精神病人的威胁。为此，该法一方面鼓励地方设立精神病院，另一方面强调家属对精神病人的监护责任，从而发挥家庭和家族对精神病人的监控。其结果是大量精神病人被监禁于家中，家庭监禁（home prison）成为十分普遍的现象。据调查，当时大约有 14 万精神病人处于完全没有治疗的监禁状态。日本精神医学的创立者 Kure Syuzo 曾说："日本的精神病人遭受着双重不幸，一是精神疾病，二是生于这个国家。"[1]

二战结束后，受美国的影响，日本于 1950 年制定了《日本精神卫生法》，该法明确禁止家庭监禁，并设立了精神病鉴定和非自愿住院制度。同时，该法允许家属替代同意的住院，这一人院方式明显受到东亚家庭本位文化的影响，迥异于美国式的个人主义文化。然而，这一人院方式被过度使用，甚至被滥用，这也是导致当时患者住院长期化的重要原因。[2]20 世纪 60 年代以来，日本精神病院发展迅速，精神科病床在 1931 年至 1989 年期间增加了 25 倍，每万人口病床数达到 28.9 床，平均住院日 496 天，为美国的 41 倍。其主要原因在于日本政府为私立精神病医院的设立提供贷款优惠和补助，并且精神病人的住院费用主要由医疗保险和国家社会福利预算支付，也就形成病人长期住院之现象。同时，由于私立精神病院以营利为目的，医院内人满为患，大部分的病人全天被关在病房，并普遍使用人身约束和隔离，很少采取治疗措施。[3]

1984 年日本发生"宇都宫事件"，2 名患者在宇都宫医院内被男护士殴打致死，警方经深入调查后，发现这家医院在近三年内有 222 名患者死亡，其中只有 27 名能够说明死亡原因。[4]这一事件引起国际人权组织的关注，并引发日本国内对精神医疗制度的广泛讨论和反思，尤其是精神医疗制度长期以来所存在的一些弊病，如非人道的住院条件、人手不足、普遍存在的虐待、限制通信自由和会见等。在此背景下，政府开始着手精神卫生法的修改，并于 1987 年通过了新修订的《日本精神卫生法》。

1987 年《日本精神卫生法》强化了对精神障碍患者权利的保障，如明确规定自愿住院，限制隔离、人身约束和其他限制措施的使用，明确保障住院

〔1〕 Naotaka Shinfuku, "What is Happening in the Mental Health System in Japan: Some Observations", *Taiwanese Journal of Psychiatry*, Vol. 26 No. 2, 2012, p. 72.

〔2〕 Naotaka Shinfuku, "What is Happening in the Mental Health System in Japan: Some Observations", *Taiwanese Journal of Psychiatry*, Vol. 26 No. 2, 2012, p. 72.

〔3〕 Kazuo Yoshikawa and Pamela J, "Taylor. New forensic mental health law in Japan", *Criminal Behavior and Mental Health*, 13 (2003), 227.

〔4〕 Pamela Schwartz Cohen, "Psychiatric Commitment in Japan: International Concern and Domestic Reform", *Pacific Basin Law Journal*, 14 (1995), 31.

患者的通信自由和会见权。同时，该法规定了精神医疗审查会制度，规定每个地方都应设立一个精神医疗审查委员会（Psychiatric Review Board），处理患者的出院和改善治疗的请求，以及对非自愿住院患者的定期审查。

1995 年，《日本精神卫生法》被改为《精神卫生福利法》，并力图改变以往以住院为中心的医疗模式，从而转向以社区为中心的精神卫生服务模式。同时，被认定触犯刑法的精神病人的强制住院亦根据《精神卫生福利法》的规定进行，即触法精神病人的强制治疗与其他精神障碍患者一样在普通精神病院进行。然而，由于精神病院的开放化和社区医疗成为精神医疗的普遍趋势，触法精神病人在精神病院内的强制治疗已成为医院的沉重负担，治疗实效亦受影响，不足以防止其再犯。[1]因此，要求制定新的触法精神病人处遇制度的呼声日益强烈，作为回应，日本国会于 2003 年制定了《医疗观察法》，针对实施特定犯罪行为而无刑事责任能力或限制刑事责任能力的精神病人，建立由法院审理裁决的强制医疗处遇制度。[2]如此，针对精神病人的法律处遇，日本建立了《精神卫生福利法》规定的非自愿住院制度和《医疗观察法》针对触法精神病人的强制住院和监督性社区治疗制度。[3]

（二）非自愿医疗的类型及其程序

在日本，《精神卫生福利法》规定了多种入院方式，包括自愿入院、非自愿入院、紧急非自愿入院和医疗保护入院等，后三种大致都可归入广义的非自愿医疗的范畴。自愿入院，又称为任意入院，是基于患者本人同意的入院方式。根据《精神卫生福利法》的规定，精神障碍患者的入院需基于本人的同意。对于自愿入院的患者，医疗机构应以书面方式告知患者享有请求出院等权利，如果患者请求出院，医疗机构不得拒绝，应使其出院。但是，如果经专科医师的诊断认为自愿入院患者有继续医疗和保护之必要时，医疗机构及

---

〔1〕 佐藤诚："日本触法精神障碍者处遇制度——以刑事设施中的处遇为中心"，载王牧主编：《犯罪学论丛（第 6 卷）》，中国检察出版社 2008 年版，第 449 页。

〔2〕 有关《医疗观察法》内容介绍，参见董林涛："日本《医疗观察法》内容与启示——兼谈我国刑事强制医疗程序的完善"，载《西部法学评论》2015 年第 2 期。

〔3〕 Yoshikazu Jkehara, "Involuntary Hospitalization and Treatment For Offenders With Psychosocial Disabilities in Japan", *Proleedings of the Annual Meeting（American Society of International Law）*, 109 （2015）, 84.

医师有权在 72 小时内拒绝该患者的出院请求。此种情形下，患者实际上是由自愿住院转为紧急非自愿住院。自愿入院是患者最为主要的入院方式，约 59% 的患者采取这种入院方式。[1] 以下重点介绍非自愿医疗的具体类型及其程序。

1. 非自愿住院。在日本，非自愿住院（入院），又称之为措置入院，即对于存在自伤或伤害他人的事实或危险性的重症患者，由地方政府最高行政长官作出入院申请，经 2 名指定医师一致诊断，无须经过监护人同意的入院形式。[2] 根据《精神卫生福利法》的规定，非自愿住院的程序为：

（1）送诊。根据《精神卫生福利法》第 23 ~ 26 条的规定，疑似精神障碍患者的送诊主体众多，包括：①任何人发现某人患有或疑似患有精神障碍的，都可向都道府县知事申请住院；②警察、检察官在执行职务时，发现当事人因精神疾病有自伤或伤害他人之虞，应向都道府县知事通报；③保护观察所和矫正机构的负责人发现受保护观察或矫正之人患有或疑似患有精神疾病的，应向都道府县知事通报。

（2）诊断。都道府县知事在接到上述申请、通报后，认为有调查必要的，应指定专科医师对该患者进行诊断。同时，即便没有上述申请、通报，如果都道府县知事认为特定患者如不住院，将明显具有自伤或伤害他人之虞时，可依职权指定专科医师对该患者进行诊断。专科医师有权进入疑似患者的住所进行诊断，但应事先通知该疑似患者的保护人、监护人、亲权人等在场。专科医师的诊断应根据相关标准，认定该人是否为精神障碍患者，是否因精神疾病而具有自伤或伤害他人之危险，是否应出于医疗或保护之目的使其住院。同时，非自愿住院的诊断应由 2 名以上专科医师为之，且各医师的诊断结论应一致。

（3）入院及其条件。根据《精神卫生福利法》第 25 条的规定，非自愿住院条件为：①经专科医师诊断，受诊断者为精神障碍患者；②具有危险性，且有住院治疗的必要性。即该患者如不住院将可能因精神疾病而具有自伤或

---

〔1〕 李从红、李素霞："以实现'和谐共生社会'为目标的日本精神康复"，载《国际精神病学杂志》2015 年第 1 期。

〔2〕 李从红、李素霞："以实现'和谐共生社会'为目标的日本精神康复"，载《国际精神病学杂志》2015 年第 1 期。

伤害他人之危险。可见，如同多数国家一样，对于精神障碍患者的非自愿住院，日本也采取危险性标准。对于危险性的认定，厚生省的相关解释认为应根据以下因素作出判断：患者外显症状，观察有无自杀倾向、杀人、伤害、暴力行为、性方面问题、侮辱、毁损器物、强盗、恐吓、窃盗、诈欺、放火等危险性，认定时可参考该患者的过去疾病历史，以及其他关联事实。

如经专科医生的诊断，认为该患者符合上述非自愿住院条件的，都道府县知事应对其采取非自愿住院治疗措施，并将其移送至指定精神病院。

（4）住院治疗。对于非自愿入院患者，除了可违背其意愿采取治疗外，医疗机构还可对其其他权利作出限制，包括限制行动自由、通信自由和会见，但上述限制应在治疗或保护的必要限度内。

（5）出院。如果非自愿住院患者符合出院条件，医院负责人应及时向都道府县知事报告。经专科医生诊断，认为住院患者不再具有自伤或伤害他人的危险，在听取医院负责人意见的基础上，都道府县知事应立即使患者出院。同时，在住院期间，住院患者及其保护人有权向精神医疗审查委员会申请出院，如审查会经审查认为患者符合出院条件，都道府县知事应考虑安排患者出院。

此外，《精神卫生法福利法》还规定了暂时出院制度，类似于刑罚执行中的假释制度。具体内容为，医疗机构负责人根据医师的诊断结果，参酌患者的病情，如认为其适合暂时出院，经都道府县知事的同意，可使该患者暂时出院，期限不超过 6 个月。

2. 紧急非自愿住院。紧急非自愿住院是非自愿住院的特殊形态，是指在紧急状况下，患者因精神疾病而有伤害自身或伤害他人之明显危险，因此需要立刻住院。在此种情形下，由于情况紧急，无法履行非自愿住院的一般程序（如 2 名以上专科医生的诊断），都道县府知事可决定径直将该患者安置于精神病院接受治疗。紧急非自愿住院的条件与非自愿入院的条件相同，但似乎更强调危险的明显性和紧迫性。同时，紧急非自愿住院的时间不得超过 72 小时。

3. 医疗保护住院。医疗保护住院是日本《精神卫生福利法》规定的一种十分独特的住院方式，是指经医师诊断认为患者有医疗、保护之必要，且不符合非自愿住院条件，但经保护人同意而使该患者住院治疗。医疗保护住院需经 1 名精神科医生的诊断，并经医院管理者的决定。医疗保护住院是保护人同意之下的住院方式，这里所说的保护人包括精神障碍患者的监护人、辅佐人、配偶、执行亲权之人和扶养人，保护人的职责是辅佐患者接受治疗，保护患者的财产，协助医生正确诊断患者，等等。[1]实践中，不少精神障碍患者并不符合非自愿住院的条件，而患者本人要么不具有同意能力，要么拒绝同意治疗，但家属仍然希望患者住院，此种情形下，医疗保护住院能够化解这一困境，实践中 40% 的患者采取这一入院方式。[2]然而，医疗保护住院毕竟是由保护人代为行使同意权，这一做法是否尊重了患者本人意愿，则不无疑问，因而有关医疗保护住院制度的争议很大，主张彻底取消这一制度的呼声一直十分强烈。

医疗保护住院的目的并不在于防止危害，而是出于对患者的保护和治疗，因而不具有保安属性。医疗保护住院不同于非自愿住院，患者并不符合非自愿住院的条件，当然不能采取非自愿住院；同时，这一住院也没有取得患者本人同意，而是基于保护人的代为同意，因而不同于自愿住院（任意住院），本质上仍然违背了本人的意愿。因此，医疗保护住院仅适用于不具备同意能力的精神障碍患者，如果患者具有同意能力，则只能采取自愿住院或非自愿住院（符合非自愿住院条件者）。

医疗保护住院还有一种特殊情形，即紧急医疗保护住院，是指患者有紧急住院的必要，在无法取得保护人同意的情况下所采取的入院方式。紧急医疗保护住院需经 1 名精神科医师的诊断，由医院管理者作出决定，并向都道府县报告，住院期限为 72 小时。

（三）非自愿住院的救济程序

对于精神障碍患者的非自愿住院和医疗保护住院，《精神卫生福利法》建立了专门的救济途径，即精神医疗审查会的住院审查程序。精神医疗审查会很大程度上借鉴了英国的精神卫生审查裁判所的经验，但具体运行程序却存

---

〔1〕 参见《精神卫生福利法》第 20～22 条。
〔2〕 李从红、李素霞："以实现'和谐共生社会'为目标的日本精神康复"，载《国际精神病学杂志》2015 年第 2 期。

在较大的差异。

1. 精神医疗审查会的组织。精神医疗审查会采取委员会制，其成员由都道府县知事任命，具体由精神科医师、法律和其他专业人员组成，人数为 5 ~ 15 人。对于特定的审查案件，则是从医学专业委员中选任 3 人，法律和其他专业人员中各选任 1 名委员，组成审查合议体。

2. 精神医疗审查会的职权。精神医疗审查会的职能有二：一是基于患者或其保护人的申请，处理非自愿住院患者的出院请求或改善治疗请求；二是对非自愿医疗患者的治疗进行定期审查，包括非自愿住院和替代同意（医疗保护住院）的患者。具体而言，精神医疗审查会审查以下三类案件：

（1）请求出院案件。《精神卫生福利法》明确规定，精神障碍患者有权申请出院，且在患者非自愿入院后，医院管理者应告知患者请求出院的程序。对于患者申请出院的案件，审查会的审查标准是该患者是否有继续住院的必要性，其具体标准与非自愿住院的标准相同，即是否"患有精神障碍且具有伤害本人或他人的可能"。如果是医疗保护住院的患者，其条件与医疗保护住院的条件相同，即是否为"精神障碍患者，有入院接受医疗照护和监护之必要性"。

（2）请求改善治疗案件。《精神卫生福利法》和根据该法案颁布的条例并没有明确界定针对何种类型的"改善治疗"，患者可向精神医疗审查会提出审查的请求。实践中，这类请求的允许范围一般理解为法律法规授予的、患者在住院期间享有的某些实体权利，如通信自由、不受非法隔离和人身约束等，而与治疗相关的事项被排除在审查会的审查事项外。[1]

（3）定期审查案件。精神医疗审查会应定期审查所有非自愿住院患者（包括医疗保护住院的患者）的住院情况。医院管理者必须定期向都道府县知事报告每名非自愿住院患者的"症状和卫生及福利部条例规定的其他事项"，都道府县知事应将上述事项通知精神医疗审查会，请求其就该患者住院之必要性进行审查。审查会必须根据这些报告审查住院的必要性，并向都道府县

---

[1] Pamela Schwartz Cohen, "Psychiatric Commitment in Japan: International Concern and Domestic Reform", *Pacific Basin Law Journal*, 14 (1995), 48.

知事提出建议。

3. 案件的申请。针对上述请求出院和定期审查案件，精神医疗审查会的审理程序通过以下方式启动：①患者及其保护人的请求。患者及其保护人在非自愿住院期间，有权向都道府县知事或医疗机构负责人请求出院。都道府县知事收到申请后，应通知精神医疗审查会对案件进行审查。②都道府县知事的提交。对于接受非自愿住院和医疗保护住院的患者，都道府县知事应定期向审查会提出申请，请求审查会就患者住院的必要性进行审查。审查会应每6个月审查一次非自愿住院患者，每年审查一次医疗保护住院患者，首次审查是在患者入院后1个月内进行。[1]

4. 案件的审理程序。精神医疗审查委员会对案件进行审查时，在必要时应听取患者本人的意见，在取得患者同意的情况下对其进行检查，并听取医疗机构负责人的意见，查看相关病历资料和文件，必要时可对该负责人进行询问。因此，精神医疗审查会对案件的审理并不采取正式听证方式，患者无权出席审查会对案件的审理，也没有为患者提供提交证据和质证的权利或机会，患者无法知晓审查会作出决定所依据的任何证词或证据，也无权查阅小组所依赖或产生的文件。实践中，作为审查会成员的一名或两名委员与患者的会见代替了真正的听证。[2]

此外，法律没有规定患者有获得律师代理的权利，实践中很少有律师参与这类案件。根据惯例，律师仅限于审查会的委员在医院会见病人的情况下才会在场。由于律师没有比患者拥有更好的途径获取相关信息，实际上只能为患者提供精神支持和防止公然的不当行为，因而很少有律师愿意代理这类案件。[3]

审查会应将审查结果通知都道府县知事，都道府县知事应将该结果告知提出请求出院的患者或其保护人。如果审查结果认为患者无必要继续住院的，

---

〔1〕 Pamela Schwartz Cohen, "Psychiatric Commitment in Japan: International Concern and Domestic Reform", *Pacific Basin Law Journal*, 14 (1995), 51.

〔2〕 Pamela Schwartz Cohen, "Psychiatric Commitment in Japan: International Concern and Domestic Reform", *Pacific Basin Law Journal*, 14 (1995), 44.

〔3〕 Pamela Schwartz Cohen, "Psychiatric Commitment in Japan: International Concern and Domestic Reform", *Pacific Basin Law Journal*, 14 (1995), 46.

都道府县知事应使患者出院，或命令医疗机构负责人使患者出院。

（四）小结

在一定程度上说，日本法是东西方法律文化的集大成者，在保持自己文化特色的同时，不断学习外国法，从而创造出自己的法律特色。[1]精神卫生法领域亦不例外，尽管在近代尤其是二战后，日本的精神卫生法受德、法和美国等国家法律的影响，却没有照搬西方国家的制度，而是形成了独特的精神医疗制度。20世纪60年代以来，尽管自由主义、人权保障等理念在精神卫生领域勃兴，以及去机构化运动和精神病人权利运动在西方国家风起云涌，日本的精神医疗及其法律制度却仍然岿然不动、鲜有回应。尽管20世纪80、90年代以来为解决精神医疗存在的积弊，相关法律有着极大的改变，尤其是强化了对精神障碍患者的权利保障，但其形成的法律制度仍然极具特色：①多元化的入院方式。除自愿入院外，日本《精神卫生福利法》规定了多种非自愿医疗类型，包括非自愿住院、紧急非自愿住院和医疗保障住院，其中最具特色、争议最大的当属医疗保护住院。②家属（保护人）在患者住院中发挥重要作用，尤其是法律明确授予家属替代同意住院的权利，这符合东方国家家庭本位的文化传统。③非自愿住院采取行政机关决定模式，即精神障碍患者的非自愿住院既不是由医疗机构或精神科医师决定，也不是由法院决定，而是由地方行政当局决定。这一模式是由行政权力强势的传统决定的，也反映了日本司法具有强烈的依赖政治部门的倾向，政治上无法通过司法保障少数人的人权。[2]④非自愿医疗采取事后救济方式，即建立独具特色的精神医疗审查会程序，为非自愿住院患者的出院和治疗提供相应的救济。这一救济程序仍然具有浓厚的行政色彩和内部救济特点，体现在审查程序方面则是未能充分保证当事人的程序参与权，患者的陈述、提交证据、质证、获得律师代理等权利缺失，因而并不完全符合正当法律程序的要求。尽管不少学者对精神医疗审查会的审查程序提出诸多完善建议，如充分保障患者的律师

----

〔1〕 何勤华等：《大陆法系》[《法律文明史（第9卷）》]，商务印书馆2015年版，第1133~1134页。

〔2〕 郝振江："论精神障碍患者强制住院的民事司法程序"，载《中外法学》2015年第5期。

代理权、以正式的听证取代会见和书面审理等,[1]这些建议似乎并没有被后续的修法采纳。

二、德国的非自愿医疗程序

在德国,对精神障碍患者的非自愿医疗被称为"安置"或"收容",具体包括三种类型:一是根据《德国刑法典》第 63 条对实施了违法行为的无责任能力或减轻责任能力精神病人的收容。刑事领域的收容属于保安处分的一种,其目的是保护公众免受具有危险性的精神病人的侵害,并为其提供矫正疾病之机会;二是根据《德国民法典》第 1906 条在监护人(辅助人)申请或同意之下对被监护人(受辅助人)的安置,其目的是保护受辅助人的利益,且需经辅助法院的许可;三是根据州《精神病人法》或《精神病人安置法》对精神病人实施的安置,其性质为公法性质的非自愿医疗,主要是为了维护公共安全与秩序。

以上三类收容(安置)在性质、对象、目的和实体条件等方面均有明显差别。例如,刑法上的收容要求当事人因精神疾病而处于无责任能力或减轻责任能力的状态,实施了《德国刑法典》第 11 条第 5 项规定的违法行为,[2]且"由于其状态可能实施严重的违法行为",即具有危险性。因此,那些对他人或自己有危险性但又没有实施犯罪行为之德国人,可根据各州的《安置法》,将其安置于精神病院。[3]以《德国刑法典》第 63 条为依据的保安处分命令每年维持在 400～450 个之间,在调查日共有 2500 名犯罪人被安置于精神病院,安置的平均期间为 7～10 年之间。[4]以州法和民法为依据的非自愿入院的比例各州各不相同,大致在 4%～44% 之间。相关研究显示,整个德国非自愿

---

〔1〕 Pamela Schwartz Cohen, "Psychiatric Commitment in Japan: International Concern and Domestic Reform", *Pacific Basin Law Journal*, 14 (1995), 54～72.

〔2〕《德国刑法典》第 11 条第 5 项规定:"违法的行为:仅指实现刑法构成要件的行为",参见《德国刑法典》,冯军译,中国政法大学出版社 2000 年版,第 8 页。

〔3〕[德]汉斯·海因里希·耶赛克、托马斯·魏根特:《德国刑法教科书(下)》,徐久生译,中国法制出版社 2017 年版,第 1089～1090 页。

〔4〕[德]汉斯·海因里希·耶赛克、托马斯·魏根特:《德国刑法教科书(下)》,徐久生译,中国法制出版社 2017 年版,第 1089 页。

入院在所有入院中所占比重为9.8%。紧急住院后，由法院裁定安置的比例更低，在3%~4%之间。[1] 限于本书的研究对象和内容，以下主要就民法和州法上的安置程序进行介绍：

（一）民法上的安置及其程序

在传统的监护制度下，监护人基于其监护权有权决定精神病人的非自愿住院和治疗，从而形成替代决定非自愿住院的制度与实践。然而，这种全面监护模式下的替代决定制度完全否认患者个人的自我决定权，并构成对个人自由的过度干预，违背人权保障的基本理念。为此，20世纪90年代以来，德国着手成年监护制度改革，其核心是以成年辅助制度取代禁治产监护制度，废止旧法中的禁治产宣告制度，以法律上的辅助（照管）取代原来的成年监护和保佐。辅助人的设立应遵循必要性原则，只能依据受辅助人的个别情况，在必要范围内予以设立，且辅助人的职责在于协助而非替代受辅助人处理民事实务，并应充分尊重和维护受辅助人的意愿和最佳利益。具体到精神病人的非自愿医疗，则是修订后的《德国民法典》明确了精神病人被移送安置的法定条件，并明确规定安置应取得家事法院的许可，辅助人无权决定精神病人的安置和治疗。具体而言，《德国民法典》第1906条规定，辅助人就受辅助人所为之移送安置，必须是出于受辅助人之利益，且限于以下两种情形：①因心理疾病、智能或精神障碍，致受辅助人有自杀或造成健康重大损害之虞；②为防止受辅助人即将发生重大健康损害所为之健康检查、治疗行为或侵入性之医疗，不将其移送安置不能进行，且受辅助人因心理疾病、智能或精神障碍不能理解或认识移送安置之必要性。可见，民法上的安置目的在于维护精神病人自身的生命健康权，其前提条件是受辅助人因精神障碍有自杀或重大健康损害之危险。

法院的事先许可是精神病人移送安置的前提，只有在法定的例外情形下方允许未经法院许可的临时安置。其例外情形仅限于因迟延安置有致危险之虞，如可能危及患者生命健康或造成重大健康损害等，但此种情形下的径为

---

[1] Lingle. G, et al. , "Psychiatric Commitment: Patients' Perspectives", *Medicine and Law*, 22 (2003), 41.

移送之安置应即时补正，事后应即时获得法院的许可。当移送安置的法定要件消灭时，辅助人应终止安置，并将安置终止通知法院。

患者在被安置后，对其治疗必须取得本人的同意，如果患者拒绝治疗，医疗机构不得采取强制治疗。[1]通常只有在紧急情况下才可以对患者采取强制治疗，且应符合法定的条件。对此，《德国民法典》第 1906 条第 3 款规定，如需要违背当事人真实意思采取强制医疗措施，应符合以下条件，并经辅助法院许可：①因心理疾病、智能或精神障碍，致受辅助人不能理解该医疗措施之必要。②为避免发生紧迫重大健康损害而依第 1 款规定所为之移送安置中所采取的医疗强制措施，符合受辅助人之利益而属必要。③该重大健康损害无法经由其他对受辅助人合理之措施而加以避免。④医疗强制措施之可预期利益大于可预期侵害。尽管家属可以根据《德国民法典》的规定为家庭人员申请非自愿入院，或者可以按照州法律被指定为法定监护人，但是家属在安置程序中并不发挥任何正式作用。[2]

（二）州法上的安置及其程序

在德国，各州针对精神病人的安置及其权利保护都制定了专门的法律，一般称为《精神病人法》或《精神病人安置法》。传统上，各州对精神病人的安置属于警察法的范畴，其目的在于维护公共秩序与安全。然而，随着国家照护义务的确立，以照顾思想为基础的安置也符合宪法意义上的安置要件，当事人具有自杀或严重健康损害的自我危险也构成安置的正当理由。[3]

1. 安置的条件。基于风险防范之目的，各州法律均将危险性作为安置的条件，即要求精神病人因精神疾病而对本人或第三人具有危险性。[4]例如，巴登符腾堡州《精神病人安置法》第 2 条第 4 款规定："当精神病人因精神疾

---

〔1〕　Jürgen Zielasek and Wolfgang Gaebel，"Mental health law in Germany"，*BJPsych International*，12（2015），14～16.

〔2〕　Jürgen Zielasek and Wolfgang Gaebel，"Mental health law in Germany"，*BJPsych International*，12（2015），14～16.

〔3〕　张丽卿：《司法精神医学——刑事法学与精神医学之整合》，中国检察出版社 2016 年版，第 154～155 页。

〔4〕　Fabricius，Dirk/Dallmeyer，Jens：Rechtsverhältnisse in der Psychiatrie. In Wollschläger，Martin（Hg.）：Sozialpsychiatrie. Entwicklungen – Kontroversen – Perspektiven. DGVT-Verlag：Tübingen 2001，S. 62.

病而危及其生命或健康，或者对他人合法利益造成严重现实危险，且该危险无法通过其他方式避免的，可对该患者予以安置。"[1]而所谓精神病人，则是指患有精神或情感上的疾病、残疾或严重困扰之人，包括因药物或酒精上瘾而导致精神疾病的人。[2]巴伐利亚州《精神病人安置与照护法》将危险性界定为"对公共安全与秩序造成严重危险，或者对本人生命或健康造成严重危险"。[3]对具有危险性的精神病人的安置体现了国家对个人所承担的照护责任和公共安全保障义务，一方面在于通过安置防止个人实施自杀或严重损害健康的行为；另一方面在于维护公共安全与秩序，防止精神病人实施危害公共秩序和他人安全的行为。

2. 安置的程序。

（1）安置的申请。各州一般是由地方行政当局向法院提出安置申请，有的州也可以由医疗机构的相关人员提出。地方行政当局的安置申请应附有精神科医生的医学证明，以证明被安置患者当前的精神状况和安置的必要性，有的州还要求医生在出具证明时应在近期（如 14 天内）亲自对患者进行诊察。[4]

（2）紧急情况下的安置。对精神病人的安置需经法院的许可，然而在紧急情况下，事先取得法院的许可并不具有可行性。对此，各州允许在紧急情况下临时安置患者，此即紧急安置程序。通常警察或行政当局必须认定具有紧急入院的必要性，且有 1 名医生证明这一必要性是因精神障碍造成的（患有精神障碍），并且在入院后的很短时间内，由地方法院确认入院的合法性。[5]例如，巴登符腾堡州规定，如果有紧迫的理由认为某人符合安置条件，且有必要立即安置的，在安置申请或命令作出前，医疗机构可以接受或拘禁该人。[6]巴伐利亚州规定，对于符合安置条件的精神病人，在紧急情

〔1〕 Gesetz über die Unterbringung psychisch Kranker，§ 2，vom 2. Dezember 1991.

〔2〕 Gesetz über die Unterbringung psychisch Kranker，§ 1，vom 2. Dezember 1991.

〔3〕 Gesetz über die Unterbringung psychisch Kranker und deren Betreuung，Art. 1，vom 5. April 1992.

〔4〕 Gesetz über die Unterbringung psychisch Kranker und deren Betreuung，Art. 7，vom 5. April 1992.

〔5〕 Jürgen Zielasek and Wolfgang Gaebel，"Mental health law in Germany"，*BJPsych International*，12 (2015)，14~16.

〔6〕 Gesetz über die Unterbringung psychisch Kranker，§ 4，vom 2. Dezember 1991.

况下地方行政当局可以命令立即进行临时安置。[1]在患者被临时安置后，医疗机构应立即指定医生对该患者进行检查，如果经检查确认该患者不符合收容条件，应立刻释放。紧急安置的期限一般为 2 天，也有的州规定为 3 天，如果需要对患者进一步安置的，医疗机构应在紧急安置的期间内向法院提出安置申请。

（3）安置的执行。在法院作出安置决定后，地方行政当局应负责该安置决定的执行，并选择适当的医疗机构，医疗机构的选择应充分考虑患者的意愿、治疗需要以及靠近社区原则。医疗机构对患者的收容、治疗和照护应以最小限制个人自由的方式实施，应尽可能减少对患者人身活动和自由的限制。同时，对被安置患者的治疗仍应遵循自愿原则，即应在充分告知的基础上，取得患者本人的同意。换言之，患者的非自愿入院并不意味着可以对患者采取强制治疗，违背患者意愿的强制治疗一般仅限于为了防止患者对本人健康造成严重的损害危险或对第三人的生命或健康造成危险，且患者不能理解治疗的必要性时。同时，强制治疗仍需获得法院的许可。

（4）安置的解除。实践中，精神病人的安置期限一般为 1～4 周，法律规定的期限为 6 周，经延长最长为 2 年。[2]如果患者不再符合安置条件，或安置期限届满，医疗机构负责人或地方行政当局应立刻通知法院解除安置。

（三）安置的决定程序

在德国，《德意志联邦共和国基本法》区别人身自由的限制与人身自由的剥夺，人身自由的限制指违反当事人之意思，妨碍其前往某地或空间，或阻止其进入或停留该地方的公权力行为。人身自由剥夺指违反个人自由意志之各项行动拘束，包括拘束于处罚机构、留置机构、保护机构、福利机构、医院和疗养院等封闭场所。人身自由的剥夺是对个人自由的全面限制，是"对当事人每个方向的身体移动自由的限制"，而人身自由的限制只是限制某一个方向之移动自由，是部分的限制自由。人身自由的剥夺适用严格的法律保留和法官保留，若仅涉及人身自由的限制，则无法官保留之适用。对此，《德意

---

〔1〕 Gesetz über die Unterbringung psychisch Kranker und deren Betreuung, Art. 10, vom 5. April 1992.

〔2〕 参见《家事事件和非讼事件程序法》第 329 条。条文引自王葆莳、张桃荣、王婉婷译注：《德国〈家事事件和非讼事件程序法〉》，武汉大学出版社 2017 年版。下同。

志联邦共和国基本法》第 104 条规定，"只有依据正式法律，并按照法律中规定的方式，方可限制人身自由"，"只有法官才能就是否准许剥夺自由和剥夺自由的期限作出裁判"。将精神病人安置于精神病院无疑属于剥夺人身自由的行为，应严格适用法官保留，由法院裁决之。

根据《家事事件和非讼事件程序法》的规定，受辅助人（被照管人）的安置由地方法院管辖，并适用《家事事件和非讼事件程序法》所规定的非讼程序进行审理和裁决。其具体程序包括：①听审。在采取安置措施前，法院应对被照管人本人进行听审，了解其本人的态度。[1]如果对被照管人进行听审会给关系人之健康造成重大不利影响或者关系人不愿发表看法的，可以不进行直接听审。[2]此种情况下，法院应根据医学鉴定意见作出裁判。这一规定在一些州的《精神病人安置法》中也有体现，如巴伐利亚州规定，如果患者出庭"明显不利于本人健康或对他人造成的危险的"，[3]可不安排其出席听审。为确保被照管人出庭，法院可通过主管行政机关将被照管人带至法院，在法院有明确命令时，行政机关可以采取强制措施，包括强行进入被照管人的住所。[4]②代理。被照管人有权委托律师或其他代理人参与安置事件的审理。在被照管人没有委托代理人的情况下，法院应为其指定程序保佐人。在法院不对被照管人进行听审的情况下，尤其需要指定程序保佐人。③调查。安置事件所适用的非讼程序不同于民事诉讼程序，它具有浓厚的职权主义色彩，法院可依职权主动查明相关事实，且参与诉讼程序的关系人有协助的义务。[5]具体而言，法院可以适当方式收集必要的证据，且不以关系人所提交的证据为限。[6]④鉴定意见。德国《人身自由剥夺法》第 5 条规定："如果卫生主管机关将当事人强制安置于医院或其他医疗处所，法院要先听取医疗专家的意见。卫生主管机关的申请书也须检附医疗建议书。"因此，在安置事件的审理程序中，

---

〔1〕《家事事件和非讼事件程序法》第 319 条第 1 款。

〔2〕《家事事件和非讼事件程序法》第 34 条第 2 款。

〔3〕Gesetz über die Unterbringung psychisch Kranker und deren Betreuung, Art. 7, vom 5. April 1992.

〔4〕《家事事件和非讼事件程序法》第 319 条第 5 ~ 7 款。

〔5〕在非讼程序中，关系人是指参与程序当事人，包括申请人、其他权利直接受程序影响的人，以及依照法律规定，依职权或申请参与程序的人。参见：《家事事件和非讼事件程序法》第 7 条。

〔6〕《家事事件和非讼事件程序法》第 26、27、29 条。

法院必须依职权委托专家鉴定，听取专家意见。鉴定人必须是精神科医师，且在出具鉴定意见前应对被照管人进行诊察或询问。[1]⑤裁定。法院经审理批准或命令采取安置措施的，应以裁定方式作出。裁定主文应包括安置措施的详细说明、终止时间等。⑥送达与告知。涉及批准或命令安置的裁定应通知安置机构、被照管人及其家属，为避免对被照管人的健康造成重大不利影响，可不告知被照管人裁定所依据的理由。[2]⑦抗告。根据《家事事件和非讼事件程序法》的规定，法院在作出裁定后，任何自身权利受到该裁定影响的人都有权提出抗告。具体而言，被照管人及其配偶、共同生活的家属等有权为被照管人之利益提起抗告，程序保佐人和主管行政机关也有权提起抗告，[3]提起抗告的期限为 1 个月。

（四）小结

针对精神病人的处遇，德国联邦和州法分别依据刑法、民法和州法建立了三种类型的安置。尽管三种类型的安置所针对的对象不同，但实际上都是以危险性为实质要件，且都需经法院的许可决定。因此，德国非自愿医疗制度最为突出的特点是实行严格的法律保留和法官保留，依照法律和法院的司法决定方可违背当事人的意愿采取非自愿住院和治疗。

与德国类似，我国在刑事和非刑事领域也分别建立了（刑事）强制医疗和非自愿医疗，两者的适用对象、条件、决定主体和程序等均存在明显区别。然而，与德国法律的区别在于，我国精神障碍患者的非自愿医疗并不需要经法院的审查决定，医疗机构和监护人有权决定患者的非自愿住院。很明显，我国法律倾向于将非自愿住院的决定权视为一种民事权利，甚至是监护权的权能之一，从而授予监护人替代决定住院的权利。相反，《德国民法典》也规定精神障碍患者如具有伤害自身生命健康的危险，监护人亦可将该患者移送安置，但是否接受安置，决定权在法院而非监护人。《德国民法典》和州法有关强制安置的规定准确厘清了非自愿医疗的性质、监护权的权能与属性，具有正本清源之效果，这恰恰是我国法律亟待厘清的问题之一。

---

〔1〕《家事事件和非讼事件程序法》第 321 条第 1 款。
〔2〕《家事事件和非讼事件程序法》第 325、339 条。
〔3〕《家事事件和非讼事件程序法》第 355 条。

三、我国台湾地区的非自愿医疗程序[1]

在我国台湾地区，强制医疗包括强制住院治疗和强制社区治疗。其中，强制住院治疗是指将不愿接受治疗之严重病人送往医疗单位接受治疗，且治疗需以住院方式为之。[2]强制住院治疗的目的在于维护社会安全与救护个人生命、身体，借由公权力之强行介入，迫使有危险情状，且有使自己或他人受伤害之虞，或有伤害行为之病患，接受必要之治疗。[3]传统的强制医疗仅指住院治疗，但这种封闭、隔离式的治疗方式受到越来越多的质疑。部分严重病人常于出院后拒绝继续接受治疗，对于这些不遵医嘱致其病情不稳或生活功能有退化之虞之严重病人，如能适时强制其在社区中积极接受治疗，不仅可以减缓其生活功能的退化，亦得有效防止其精神疾病复发。[4]在此背景下，2007年"精神卫生法"引入强制社区治疗，目的在于以持续有效的社区治疗替代住院，并减少病情再发。

（一）非自愿住院的条件

对于违背精神病人意愿的非自愿住院，台湾地区"精神卫生法"表述为"强制住院"，其法定条件亦采取"精神疾病＋危险性"为要件。

1. 精神疾病。根据"精神卫生法"第3条第1款的规定，精神疾病是指思考、情绪、知觉、认知、行为等精神状态表现异常，致其适应生活之功能发生障碍，需给予医疗及照顾之疾病；其范围包括精神病、精神官能症、酒瘾、药瘾及其他经主管机关认定之精神疾病，但不包括反社会人格违常者。可见，台湾地区对精神疾病的定义采取概况性规定，一方面列举其包括的范围，并明示包括其他经主管机关认定的精神疾病，从而保持列

---

〔1〕 在台湾地区，对于违背精神障碍患者意愿的治疗称为"强制医疗"，其类型包括强制住院和强制社区治疗。为与我国台湾地区相关规定表述保持一致，除了小标题之外，正文中仍然使用"强制医疗""强制住院"等表述。

〔2〕 李俊颖、周煌智："从精神病患住院实例探讨精神卫生法中强制就医权疑义"，载《医事法学》2003年第1期。

〔3〕 杨玉隆："法院审查精神病患强制住院之密度"，载《医事法学》2011年第2期。

〔4〕 林思苹："强制治疗与监护处分——对精神障碍者之社会控制"，台湾大学法律系2009年硕士学位论文。

举具有足够的开放性和灵活性；另一方面明确排除"反社会人格违常者"为精神疾病。同时，患者所患之疾病应达到严重程度，系"严重病人"。所谓"严重病人"，是指病人呈现出与现实脱节之怪异思想及奇特行为，致不能处理自己事务，经专科医师诊断认定者。可见，严重病人需从两方面认定：一是就其症状表现为"与现实脱节之怪异思想及奇特行为"。怪异思想表现为迥异于常人的意识、观念、认知等，如幻觉、错觉、幻听、妄想等。奇特行为表现为运动、思维、言语、情感等方面的失调，如兴奋状态、木僵状态、刻板动作、离奇行为、古怪动作等。[1]二是其症状导致"不能处理自己事务"。即对自己的行为或其效果无法如同理性之人一般以理智判断识别及预期，[2]如缺乏生活自理能力，欠缺认知和判断能力，无病识感和处理自身事务的能力。

2. 危险性。"精神卫生法"将危险性表述为"严重病人伤害他人或自己或有伤害之虞"。就其理解，危险性表现为严重病人实施了伤害他人或自己的行为，或可能实施伤害本人或他人的行为，前者直接认定具有危险性，后者则属于对危险性的预测。换言之，"有伤害之虞"是指尚未发生，但预期发生可能性并不低，且应包含伤人、破坏行为与自伤等。[3]

就类型而言，危险性包括对本人的危险和对他人的危险。对本人的危险主要表现为自杀或健康受到严重损害的情形，基于照顾思想，可对患者加以强制治疗。同时，对本人危险的认定，应作更多节制，以避免照顾思想的过度扩张，反造成病人承受过大的负担；[4]对他人的危险表现为对他人的伤害，且应达到一定的严重程度。鉴于强制住院对人身自由的重大限制，危险的概念应采取较严格的限缩的解释。故若精神病人所显示出的情况，仅为单纯对第三人造成轻微的精神负担或干扰（如行乞、侵入住宅、街头流浪等）时，就应寻求其他的替代措施（如门诊治疗、药物治疗、自愿进入精神病院等），

〔1〕 沈渔邨主编：《精神病学》，人民卫生出版社2009年版，第172～173页。

〔2〕 邓钧豪："强制社区治疗制度之社会治理机能"，台湾大学法律学院2011年硕士学位论文。

〔3〕 周煌智：《强制住院及强制社区治疗临床参考指引》，台湾精神医学会编制2009年版，第51页。

〔4〕 张丽卿：《司法精神医学——刑事法学与精神医学之整合》，中国检察出版社2016年版，第175页。

而非轻易地以干预自由的手段介入。[1]

3. 全日住院治疗的必要性。强制住院还必须以"经专科医师诊断有全日住院治疗之必要"为要件。此要件应包括两方面的要求：①患者所患精神疾病具有治疗的可能性。如果所患精神疾病并无有效的治疗或缓解方法，强制住院也就缺乏必要性。②如果存在更小限制的治疗方式能够达到同样目的，也就没有必要采取全日住院的方式。此处暗含最小限度干预原则之要求，该原则系指对于当事人自由范畴之干预，应尽可能最少，倘有比较缓和之手段可使用，即不可以强制住院治疗之方式介入。[2]根据"精神卫生法"第35条的规定，病人之精神医疗照护包括门诊、急诊、全日住院、日间留院、社区精神复健、居家治疗等多种方式，上述照护方式的选择应"视其病情轻重、有无伤害危险等情事"作出，病人如适合采取更小限制的照护措施，则没有必要采取全日住院。

（二）非自愿住院的程序

根据台湾地区"精神卫生法"的规定，精神病人强制住院的程序大致包括以下环节：

1. 送医。根据规定，协助精神病人就医的主体包括：①病人的保护人或家属；[3]②矫正机关、保安处分处所及其他以拘禁、感化为目的之机构或场所；③社会福利机构及其他收容或安置民众长期生活居住之机构或场所；④警察机关或消防机关。[4]实践中，精神病人的送医主要由警察机关或消防机关承担。值得注意的是，"精神卫生法"还授予保护人紧急处置权，即当严重病人情况危急，非立即给予保护或送医，其生命或身体有立即之危险或有危险之虞，保护人可予以紧急处置，其方式包括紧急送医、保护措施或其他适当

---

〔1〕 张丽卿：《司法精神医学——刑事法学与精神医学之整合》，中国检察出版社2016年版，第175页。

〔2〕 杨玉隆："法院审查精神病患强制住院之密度"，载《医事法学》2011年第2期。

〔3〕 "精神卫生法"第19条规定：经专科医师诊断或鉴定属严重病人者，应置保护人一人，专科医师并应开具诊断证明书交付保护人。前项保护人，应考虑严重病人利益，由监护人、法定代理人、配偶、父母、家属等互推一人为之。

〔4〕 "精神卫生法"第32条规定：警察机关或消防机关于执行职务时，发现病人或有第3条第1款所定状态之人有伤害他人或自己或有伤害之虞者，应通知当地主管机关，并视需要要求协助处理或共同处理；除法律另有规定外，应即护送前往就近适当医疗机构就医。

方式。

2. 紧急安置。当严重病人被送往医院并拒绝住院时，指定精神医疗机构应对该严重病人予以紧急安置。紧急安置之目的在于确保严重病人安全，使其获得妥善照顾，同时亦系基于公共安全考量，[1]防止其实施危害他人安全之行为。紧急安置应在指定精神医疗机构的急诊、病房或其他适当场所为之。医疗机构紧急安置严重病人，可采取以下措施：①限制严重病人活动之区域范围；②拘束严重病人之身体或限制其行动自由；③给予严重病人药物或其他适当治疗；④其他合理可行且限制最小之保护措施。

紧急安置系临时性措施，期限不得超过5日。经专科医师诊断，如果患者有全日住院治疗之必要时，且其拒绝住院治疗或无法表达则应即刻填写强制住院基本资料表及通报表，由医院向主管机关精神疾病强制鉴定审查会申请强制鉴定，且强制鉴定应自紧急安置之日起2日内完成。如果经鉴定无强制住院必要或未于5日内取得强制住院许可时，应即停止紧急安置。[2]当严重病人或保护人对紧急安置不服时，可向法院申请裁定停止紧急安置。严重病人或保护人对法院裁定不服的，还可在裁定送达后10日内向法院提起抗告，对于法院裁定之抗告不得再抗告。[3]

3. 强制鉴定。当病人被护送至医院，经专科医师诊断为严重病人，并有接受全日住院治疗之必要，且严重病人拒绝住院的，则需启动强制住院鉴定程序。具体而言，患者入院后，在2日内必须由1位指定专科医师评估其是否符合严重病人诊断、是否有伤害他人或自己或有伤害之虞，并询问病人是否愿意住院。如果病人拒绝住院，主管机关得指定精神医疗机构予以紧急安置，并交由2位以上专科医师进行强制鉴定。强制鉴定的内容是再次评估该名患者是否属于严重病人，是否具有伤害他人或自己或有伤害之虞，并再次询问该病人是否愿意住院。经强制鉴定认为病人仍有全日住院治疗之必要，如果严重病人仍拒绝接受或无法表达，精神医疗机构应向审查会申请许可强

---

〔1〕 吴秉祝："整体法秩序对精神障碍犯罪者之处遇与对待"，东吴大学法律学系2008年硕士学位论文。

〔2〕 参见"精神卫生法"第42条第1款。

〔3〕 参见"精神卫生法"第42条第3款。

制住院。

4. 强制住院的审查决定程序。

（1）审查机构。1990 年台湾地区"精神卫生法"规定精神病人的强制住院由 2 名精神科医生鉴定即可，但这一规定并不符合限制人身自由应遵循正当程序的原则。在"精神卫生法"的修正过程中，取消精神科医生决定住院之规定已成共识，但有关审查权的行使主体则不无争议。"精神卫生法"修正草案曾规定："精神疾病强制住院、强制社区治疗有关事项，由法院审查裁定之。"但反对观点认为强制住院的病人每年多达四五千人次，若采取法院审查方式，恐怕会造成法院人力与资源的不胜负荷，审查时间也相对拉长，反倒延宕病患的就医权益；同时，法院并无精神医学之专业知识，最后还是仰赖精神科专科医师的意见，实质上仍是由医师作裁决。如果采取类似于独立委员会的机制，审查强制住院之必要性，程序上不会像法院审理般繁琐，患者权益亦能迅速获得保护；且委员会由医学、心理卫生、法学等各界专家组成，可减少医师专断之流弊，又可弥补法院精神医学专业知识欠缺的不足。因此，最终决定由精神疾病强制鉴定、强制社区治疗审查会职掌强制住院许可之审查。[1]

根据"精神卫生法"第 15 条的规定，审查会成员应包括专科医师、护理师、职能治疗师、心理师、社会工作师、病人权益促进团体代表、法律专家及其他相关专业人士，且上述成员应符合相应资格条件。审查会采取委员会制，具体案件的审查则是依受理案件性质，邀集符合规定的 7 人以上的各类成员进行审查。审查会成员应以客观、公正的态度审查案件，如与被审查案件存在利害关系，应予回避。

（2）审查方式。审查会的审查以会议方式为原则，必要时可采取书面或访查方式。审查会议应有所定人员三分之二以上出席，并有出席委员三分之二以上的同意，始得决定。以书面或访查方式审查者，亦同。审查会召开审查会议时，应通知审查案件当事人或利害关系人到场说明，或主动派员访查当事人或

---

〔1〕 郑懿之："论精神卫生法中强制住院治疗对人身自由之限制"，东吴大学法律学系 2011 年硕士学位论文；吴秉祝："整体法秩序对精神障碍犯罪者之处遇与对待"，东吴大学法律学系 2008 年硕士学位论文。

利害关系人。这里所说的利害关系人，应根据个案予以确定，其范围较保护人更为广泛，如邻居、收容机构负责人及其职员等与病人长期相处或接触的人员，能够协助审查会了解病人病情及一般日常生活状况之人均属之。[1]同时，审查会议以视讯或其他科技通信设备方式进行，使相关人员中需要进行必要说明的人员，能够达到依法到场说明。

从上述规定可见，尽管审查会原则上应采取会议方式进行审查，并应听取案件当事人或利害关系人的意见，听取意见的方式可以是听取书面陈述，[2]也可以是到场说明。实践中审查会议仍是以书面审查为主，病人有时受限于症状，难以用文字表达，可由亲友或医疗人员代填意见说明书，但这两者通常主张须住院治疗，可能与病人意愿相左，由其填写难免无法完全传递病人之真意，但病人又鲜有言词陈述之机会。[3]

（3）审查内容。在系争案件中，审查会的审查内容包括：病人资格（是否属于严重病人，有与现实脱节的怪异思想及奇特行为，致不能处理个人事务，有伤人自伤之虞或行为，需全日住院治疗，且严重病人拒绝住院或无法表达）；是否经 2 位指定专科医师之鉴定；病人病情及其他强制住院申请程序审查事项等。[4]审查会应对上述事项进行审核，经充分讨论后作出决定。案件审查完毕后，审查会将立即以传真或电话方式将审查结果先行通知申请机构，并将审查决定通知书送达给严重病人、保护人、申请机构与地方卫生主管机关。

（4）审查决定的效力及其救济。根据"精神卫生法"第 15 条的规定，审查会具有行政属性，其审查行为与行政处分相近，但审查会作出的强制住院许可的性质，属于行政决定抑或事实行为，理论和实务不无分歧。[5]学者倾

---

〔1〕 邓钧豪："强制社区治疗制度之社会治理机能"，台湾大学法律学院 2011 年硕士学位论文。

〔2〕 其主要形式为：申请强制住院许可时应填写"强制住院严重病人之意见说明表"，这一表格可以是病人自填，也可以是病人以口述或行动表示意见，亲友或医生代填。

〔3〕 郑懿之："论精神卫生法中强制住院治疗对人身自由之限制"，东吴大学法律学系 2011 年硕士学位论文。

〔4〕 刘仁仪、李嘉富："社区精神医学专题：强制住院试办计划经验分享"，载《精神医学通讯》2008 年第 6 期。

〔5〕 杨玉隆："法院审查精神病患强制住院之密度"，载《医事法学》2011 年第 2 期；郑懿之："论精神卫生法中强制住院治疗对人身自由之限制"，东吴大学法律学系 2011 年硕士学位论文。

向于认为强制住院许可决定系行政决定，对其救济可遵循行政救济途径。[1]
然而，在修法过程中，相关部门认为，此类审查案件如循行政救济程序处理，
不但性质不宜，在实务运作上亦缓不济急，故对于审查会之强制住院审查决
定不采取行政救济，而是另行规定特别之救济方式。

具体而言，对于审查会作出的强制住院决定，严重病人或保护人不服的，
可向法院声请裁定停止强制住院。严重病人或保护人对于法院裁定不服的，
可在裁定送达后 10 日内向法院提起抗告，对此抗告结果不得再抗告。值得注
意的是，申请和抗告不影响紧急安置或审查会强制住院决定的执行，在申请
及抗告期间，对严重病人得继续紧急安置或强制住院。

5. 强制住院的期限及其延长。根据"精神卫生法"第 42 条第 2 款之规
定，强制住院期间最长为 60 日。在期满前 14 天，经 2 位专科医师鉴定，认为
有延长之必要，可向审查会申请延长住院。经审查会许可，可延长住院期间，
每次以 60 日为限。申请延长强制住院的程序与首次强制住院许可的程序并无
差异，只是需补充说明延长强制住院的理由。

从上述规定可见，申请延长住院的次数并不受限制，只是延长住院需经
审查会的重新审查，其审查内容、许可条件和审查程序与初次审查并无差异，
这在一定程度上消弭了延长住院次数不受限制可能带来的问题。

6. 强制住院的解除。强制住院期间，严重病人病情改善而无继续强制住
院必要的，精神医疗机构应立即解除强制住院，为其办理出院。强制住院期
满或审查会认为严重病人无继续强制住院之必要的，精神医疗机构也应及时
解除强制住院。此外，当严重病人病情不稳或症状并未解除时，如符合强制
社区治疗条件，可在解除强制住院之时对其采取强制社区治疗。

（三）小结

在大陆法系国家和地区中，台湾地区的非自愿医疗制度可谓独树一帜，
这集中体现在台湾地区的强制医疗审查采取了独具特色的委员会模式，即由
具有行政主体资格的审查委员会行使强制医疗审查决定权。这一模式在一定

---

[1] 杨玉隆："法院审查精神病患强制住院之密度"，载《医事法学》2011 年第 2 期。

程度上克服了司法审查模式的弊病，审查机构的人员组成、便捷灵活的程序能有效提高审查的效率与科学性，从而兼顾公正与效率，力图实现个人自由、健康权利和公共利益之间的平衡。同时，台湾地区也是亚洲较早建立强制社区治疗的地区，其理念和经验值得借鉴。

当然，台湾地区所采取的委员会模式在运行过程中也显现出某些局限性。例如，医院向审查会申请许可强制住院所应填写和提交的文件诸多，加之申请流程较为繁琐，时限十分紧张，可能影响医院申请强制住院的意愿，以及审查会审查之实质开展与效果。在"精神卫生法"实施后，强制住院的人数减少明显。2014 年强制住院的数量为 725 人次，平均每月为 60 人次，较修法前月均下降 195 人次。2009 年至 2014 年，强制住院审查案件的数量逐年下降，从 2009 年的 1679 件下降至 2014 年的 766 件。尚不清楚强制住院人数的减少系因精神病患伤害事件减少，还是拒绝住院的患者减少，抑或其他原因。与之相反，审查会许可住院的比例呈上升趋势，从 2009 年的 92.65% 上升到 2014 年的 94.6%，许可率维持在 92.6% ~ 96.5% 之间。

第三节　非自愿医疗程序的比较分析及其发展趋势

本章前两节从宏观视角阐述了代表性国家和地区非自愿医疗的程序构造及其运行，有助于深入了解和把握相关国家和地区非自愿医疗程序的整体概况及实际运行，但这一研究视角不足以揭示不同制度之间的关联与差异。因此，本节在上述研究的基础上，结合代表性国家与地区的立法和实践，通过横向的功能比较，以问题为中心，分别从非自愿医疗的类型、实体要件和程序模式等方面揭示各国和地区法律对相关问题所采取的解决方案，并进一步揭示各国和地区非自愿医疗程序的发展趋势。

一、非自愿医疗的类型比较

传统的非自愿医疗仅指非自愿住院。尽管充满争议，但它仍是各国和地区最为主要的非自愿医疗类型，也是各国和地区法律规制的重点。然而，即便是非自愿住院，不同国家和地区都存在不同分类，如美国多数州都将非自愿住院分为紧急拘禁和长期拘禁，还有很多州规定了临时拘禁，旨在授权医疗机构在提交申请和终局听证之间的时间内临时拘禁某一需要接受非自愿住院的人。[1]《英国精神卫生法》则规定了入院评估、入院治疗、紧急入院评估等多种强制住院类型。在大陆法系国家和地区，紧急住院和非紧急住院也是常见的分类。

此外，伴随着社区精神卫生服务的发展，以及去机构化运动和最小限制原则理念的深入，很多国家和地区开始引入非自愿社区治疗，这包括美国的所有州、加拿大、英国（2007 年），以及比利时、卢森堡、波兰、瑞典等欧盟 4 国。[2]非自愿社区治疗作为住院治疗的延续或替代，有利于保证出院患者治疗的延续性，防止病情恶化和反复，并使患者能够在融合而非隔离的环境下生活和治疗。相对于隔离式的住院治疗，非自愿社区治疗或许将成为非自愿医疗制度的发展趋势。

二、非自愿住院的实体要件比较

非自愿住院的实体要件无疑是各国和地区精神卫生立法中争议较大、备受关注的问题，其具体规定与各国和地区的立法理念、社会观念、政治体制、经济发展水平、精神卫生政策与资源等密切相关。纵观各国和地区立法，除了将"精神障碍"或"精神疾病"作为必备的要件外，非自愿住院的实体要件一般还包括危险性、需要治疗、可治疗性（treatability）、最小限制原则、无行为能力（判断力受损）等。当然，各国和地区只是选择其中一个或多个要件与"精神障碍"要件组合，形成法定的非自愿医疗标准。[3]其中，构成

---

〔1〕　Michael L. Perlin, *Mental Disability Law: Civil and Criminal（volume 1）*, Virginia: Lexis Law Publishing, 1998, p. 504.

〔2〕　欧盟成员国的数据来自于：European Union Agency for Fundamental Rights, Involuntary placement and involuntary treatment of persons with mental health problems, FRA – European Union Agency for Fundamental Rights,（2012）, p. 31.

〔3〕　陈绍辉：《精神障碍患者人身自由权的限制——以强制医疗为视角》，中国政法大学出版社2016 年版，第 168 页。

各国和地区非自愿医疗实体要件的分野是选择"危险性"要件，还是"需要治疗"要件。

"需要治疗"是非自愿医疗的传统标准，曾经为各国和地区所普遍采用。作为一项医学标准，"需要治疗"无疑过于宽泛、模糊，其适用完全取决于医疗专业人员的判断，可能导致非自愿医疗的对象无限扩张。20世纪60~70年代以来，伴随着精神卫生领域的民权运动和自由主义观念的勃兴，"需要治疗"标准逐渐被摒弃，取而代之的是"危险性"标准。"危险性"标准将非自愿医疗的对象限于对本人或他人具有危险性的精神障碍患者，这意味着对于那些不具有危险性的患者，即便需要治疗，也不能对其采取非自愿治疗。然而，"危险性"标准自产生以来就争议不断，批评的观点认为：①"危险性"标准同样过于模糊，且缺乏有效的认定标准和方法，实践中存在的突出问题是预测难。②"危险性"标准具有歧视性，非自愿住院患者容易被贴上暴力危险性的标签，并使得公众误认为精神疾病与危险性之间存在关联。同时，将危险性作为依据意味着非自愿医疗的功能在于社会控制。正因为如此，医生对"危险性"标准持极度的怀疑态度。[1] ③"危险性"标准不利于精神障碍患者的治疗。那些不具有危险性，或危险性不够明显或严重的精神障碍患者，将被排除于非自愿医疗之外，他们将无从接受治疗。

因此，即便是在"危险性"标准占据主流地位的当下，"需要治疗"标准仍没有被彻底摒弃。一方面，少数国家和地区仍然采取单一的"需要治疗"标准，如意大利、西班牙；另一方面，"需要治疗"标准仍以某种形式存在于"危险性"标准或其他要件中，如"恶化"要件、"严重失能"要件，如美国的部分州所规定的那样。此外，还有部分国家和地区同时将"危险性"和"需要治疗"作为非自愿住院的并列要件，只要具备其中之一（精神障碍 + 危险性或精神障碍 + 需要治疗），即符合非自愿住院的条件；也有的国家和地区要求同时具备（精神障碍 + 危险性 + 需要治疗），才符合非自愿住院的条件，

---

〔1〕 Peter Bartlett, Ralph Sandland, *Mental Health Law: Policy and Practice*, Oxford University Press, 2014, p. 240.

MI 原则和欧盟分别采取上述做法。[1]

图表6 主要国家和地区的非自愿住院标准[2]

标准	国家和地区
精神疾病 + 危险性	中国、日本、美国多数州、加拿大多数省、澳大利亚多数州；欧盟成员国包括：奥地利、比利时、保加利亚、塞浦路斯、捷克、德国、爱沙尼亚、匈牙利、立陶宛、卢森堡、马耳他、荷兰
精神疾病 + 危险性或精神疾病 + 需要治疗	美国少数州、加拿大个别省、澳大利亚少数州；欧盟成员国包括：丹麦、希腊、芬兰、法国、爱尔兰、立陶宛、拉脱维亚、波兰、葡萄牙、罗马尼亚、斯洛伐克、斯洛文尼亚、瑞典、英国
精神疾病 + 需要治疗	意大利、西班牙

从上述分析可见，多数国家和地区采取单一的"危险性"标准，只有极个别国家仍然采取单一的"需要治疗"标准。同时，在不少国家，尤其是欧洲国家，"需要治疗"仍然是非自愿住院的条件之一。相关国际标准，如 MI 原则和欧洲理事会部长委员会的建议，都对"需要治疗"采取较为开放的态度，并没有采取单一的"危险性"标准。即便是在同一国家的不同时期，对非自愿住院条件的确定也存在一定的摇摆不定。以美国为例，20 世纪 60 年代以后"需要治疗"标准被彻底摒弃，取而代之的是"危险性"标准，但 20 世纪 80 年代末以来，不少州开始放宽非自愿拘禁的条件，"需要治疗"标准又开

---

〔1〕 MI 原则 16 将非自愿入院的条件表述为："因患有精神病，很有可能即时或即将对他本人或他人造成伤害；或一个人患严重精神疾病且判断力受损，不接受入院或留医可能导致其病情的严重恶化，或将妨碍提供适当治疗，而根据最小限制原则，该治疗只有住入精神病院方能提供的。"欧洲理事会部长委员会颁布的《关于保护精神障碍患者的人权和尊严的建议》第 17 条将非自愿收容（involuntary placement）的条件规定为："一个人患有精神障碍；该人的病情有严重伤害自己或者他人的重大风险；收容包含治疗目的；不存在提供适当治疗限制性更小的替代措施；必须考虑本人的意见。"欧洲理事会部长委员会于 2004 年通过的《关于保护精神障碍患者人权和尊严的建议》[Rec（2004）10]，其中第 17 条规定了强制入院的标准："只有在满足以下条件的情况下，才可以对一个人强制收容：①该人患有精神障碍；②该人的精神状况表明有严重伤害自己或者他人的重大风险；③收容包含治疗目的；④不存在可及的、提供适当治疗的更小限制的替代措施；⑤必须考虑本人的相关意见。"

〔2〕 欧盟成员国的数据来自于：European Union Agency for Fundamental Rights, Involuntary placement and involuntary treatment of persons with mental health problems, FRA – European Union Agency for Fundamental Rights，2012，p. 60.

始融入非自愿拘禁的要件，在不少州的非自愿拘禁法中有所体现。可见，非自愿住院的条件很容易受社会政策、民众观念和法律价值取向等因素的影响。

三、非自愿住院的程序模式比较

从比较分析可见，各国和地区非自愿住院的程序大致包括申请、诊断评估、入院决定、治疗和出院等环节，而决定各国和地区非自愿住院程序之间根本差别的因素是入院决定的行使主体。换言之，入院决定主体及其程序构成各国和地区非自愿住院程序的分野。目前，少数国家和地区仍然是由精神科医生行使非自愿住院的决定权，此种模式可称之为"医学模式"；多数国家和地区都将非自愿住院的决定权授予医疗专业人员以外的中立机构或组织，如法院、独立的委员会等，此种模式可称之为"法律模式"。

非自愿住院向来被视为是医学问题，应由医疗专业人员根据相关医学标准作出判定，这一专断性的权力一直以来很少受到质疑和挑战。然而，随着人权观念的兴起，人们开始认识到非自愿住院并非纯粹的医学问题，它还涉及个人自由和自主选择等基本权利之限制，传统的医学模式开始受到严峻挑战，乃至最终被多数国家和地区所摒弃，取而代之的是中立机构行使审查决定权的"法律模式"。这一观念的转变集中体现在 MI 原则，其原则 16 第 2 款规定："非自愿住院或留医应先在国内法规定的短期限内进行观察和初步治疗，然后由复查机构（the review body）对住院或留医进行复查。"原则 17 进一步规定："各国应设立对非自愿住院或留医进行审查的复查机构，复查机构是国内法设立的司法或其他独立和公正的机构，依照国内法规定的程序行使职能。"欧洲理事会部长委员会颁布的《关于保护精神障碍患者的人权和尊严的建议》第 20 条规定非自愿收容应由"法院或其他能胜任的机构"作出决定。

在此背景下，多数国家和地区无不将非自愿住院决定纳入司法或准司法程序，由法院或中立的审查机构行使非自愿住院的决定权或审查权。根据各国和地区非自愿住院审查机构的不同性质，大致可分为三种模式：一是以美国、德国、澳大利亚等为代表的国家和地区采取的司法审查模式，即由法院行使非自愿入院的决定权；二是以日本为代表的国家和地区所采取的行政审查模式，由专门设立的具有行政机关性质的委员会或行政机关决定患者的非自愿入院；三是以苏格兰为代表的国家和地区采取的裁判所模式，由具有法院性质的行政裁判所行使非自愿入院的审查权。无论采取哪种模式，非自愿医疗的最终决定权都不是医疗机构及精神科医师，而是具有司法或准司法性质的中立机构。

然而，仍然有少数国家和地区采取医学模式，非自愿住院由医疗机构及精神科医师决定，该决定不受法院或其他机构的审查。以欧盟成员国为例，目前采取医学模式的只有马耳他、罗马尼亚、芬兰、丹麦、爱尔兰和瑞典6个国家，如马耳他由精神病院管理者决定，罗马尼亚则由"医疗当局"（medical authority）决定，芬兰是精神科医生，其他21个成员国都是由非医疗当局作出决定，且一般是法院。[1]以芬兰为例，患者的入院申请首先要获得1名医生的推荐，出具该书面推荐意见的医生可以是公立医院的任何一名医生或私立医院的执业医师，且该医生必须事先亲自对患者实施检查。患者在入院后，医院应安排1名精神科医生对患者进行观察评估，在为期4天的观察期内，医生应作出患者是否应住院的声明，而最终的住院决定应由作为医院管理者的精神科医生作出，该决定的根据是患者的病史以及上述2名医生所填写的表格等资料，且无需与患者见面。因此，在芬兰，最终的非自愿入院决定需由3名医生参与，且推荐医生必须独立于医院，而作出最终决定的精神科医生不能参与之前的任何程序。入院决定的有效期为3个月，如需延期，则需要重新作出评估，且该决定必须获得地区行政法院的确认，延期住院的期限为6个月。[2]目前，芬兰所采取的不受法院审查的非自愿医疗模式仍然面临批评。2011年，联合国反酷刑委员会对芬兰的强制医疗程序提出批评，并建议修改相关法律。

在欧盟成员国中，英国的模式比较特殊，其非自愿住院不是由法官，也不

---

〔1〕 European Union Agency for Fundamental Rights, Involuntary placement and involuntary treatment of persons with mental health problems, FRA-European Union Agency for Fundamental Rights, 2012, p. 37.

〔2〕 Hans Joachim Salize, Harald Dreßing, Monika Peitz, "Compulsory Admission and Involuntary Treatment of Mentally Ill-Legislation and Practice in European Union Member States", *European Journal of Public Health*, 12 (2002), 65~66.

完全是由医疗当局，而是由其他独立方作出，多数情况下是由 AMHP 作出。[1]
具体而言，入院评估和入院治疗通常都是由 AMHP 提出，且 AMHP 的申请必
须获得两名注册医生出具的书面建议，以证明患者符合《英国精神卫生法》
第 2 条或第 3 条规定的条件。在相关申请和手续齐全的情形下，患者方可被
收治入院。可见，英国的非自愿医疗偏向于医学模式，但家属、AMHP、医
生、地方社会服务当局、医院管理方等在患者入院中均发挥作用，且相互之
间形成一定的协调、制约关系，并不存在医疗专业专断之情形。

综上可见，法律模式为当前非自愿住院决定的主流模式，尽管极少数国
家和地区仍然保留着医学模式，但可能会面临各方面的批评和压力，不排除
这些国家和地区在不久的将来会摈弃这种模式。例如，在欧盟国家中，丹麦、
爱尔兰和卢森堡都曾采取医学模式，[2]由精神科医生决定患者的非自愿住院，
但这些国家和地区近年来都已经摒弃医学模式，转而采取法律模式。可见，
法律模式无疑代表着非自愿住院决定程序的发展趋势。

第四节　非自愿医疗程序的发展趋势及我国镜鉴

一、非自愿医疗程序的发展趋势

法律的全球化被视为近现代以来法律发展的趋势，[3]表现为法律的趋同
化和法律价值的一体化等。然而，在精神卫生领域，各国法律似乎并没有呈
现出一体化的趋势，相反呈现出各自的鲜明特色，即便是在相同法系内部，
相关国家的法律制度仍存在较大的差异。以英美法系为例，美国的非自愿医
疗程序采取严格的司法审查模式，体现出浓厚的自由主义色彩；英国却保留
着浓厚的专业主义色彩，发挥专业人员在非自愿医疗中的作用，重在保护精

---

〔1〕　European Union Agency for Fundamental Rights, Involuntary placement and involuntary treatment of persons with mental health problems, FRA-European Union Agency for Fundamental Rights, 2012, p. 36.

〔2〕　Hans Joachim Salize, Harald Dreßing, Monika Peitz, "Compulsory Admission and Involuntary Treatment of Mentally Ill-Legislation and Practice in European Union Member States", *European Journal of Public Health*, 12 (2002), 25.

〔3〕　［美］邓肯·肯尼迪、高鸿钧："法律与法律思想的三次全球化：1850—2000"，载《清华法治论衡》2009 年第 2 期。

神障碍患者的健康权；加拿大的非自愿医疗制度介于英、美两国之间，但也没有完全移植两国的制度。在大陆法系国家和地区，德、日两国的非自愿医疗制度迥异，日本《精神卫生福利法》规定的精神卫生审查会主要受英国的精神卫生审查裁判所制度的影响。[1]然而，日本、英国的审查会或裁判所在性质、功能、定位等方面迥异，完全不能归入相同的制度类型。

尽管各国和地区非自愿医疗程序各有千秋，呈现出各自的鲜明特色，但随着人权观念的普遍化，强化精神障碍患者的权利保障是各国和地区精神卫生立法的普遍趋势。基于这一理念，各国和地区非自愿医疗程序也呈现出某些共同的特点和发展趋势，具体表现为以下方面：①非自愿医疗类型的多元化发展。目前，各国和地区非自愿医疗的类型已经不限于非自愿住院，还包括非自愿社区治疗等。总体而言，非自愿医疗已形成以住院治疗和社区治疗为主体的多元类型。②非自愿医疗实体要件的多样化。尽管多数国家和地区对于非自愿医疗的实体要件采取"危险性"标准，但"需要治疗"这一传统标准仍然为部分国家所采纳。同时，越来越多的国家和地区将最小限制原则作为非自愿医疗的实体要件之一，而没有采取单一的危险性或需要治疗要件。③非自愿医疗审查程序的普遍化。对于非自愿住院的程序，除了个别国家和地区仍然采取传统的医学模式外，即由医疗机构或精神科医生决定精神障碍患者的非自愿入院，绝大多数国家和地区均采取法律模式，即建立由医疗机构以外的中立机构审查和决定精神障碍患者非自愿入院的审查程序。很明显，建立某种形式的非自愿医疗审查机制已成为各国和地区的普遍选择，法律模式代表着非自愿医疗决定程序的发展趋势。

二、境外经验对我国的借鉴价值

尽管各国和地区非自愿医疗制度有着其独特的制度、文化和观念背景，未必能够为其他国家和地区完全移植或借鉴，但不可否认的是在全球化背景下不同国家和地区之间的法律交流已是普遍现象，在立法过程中也必然需要

---

〔1〕 Pamela Schwartz Cohen, "Psychiatric Commitment in Japan: International Concern and Domestic Reform", *Pacific Basin Law Journal*, 14（1995），41.

借鉴和吸收其他国家和地区的经验和做法。就非自愿医疗而言，结合各国和地区非自愿医疗制度的发展趋势和普遍特点，可以总结以下对我国具有较强借鉴价值的理念和具体制度：

（一）人权保障的价值理念

非自愿医疗涉及个人自由、健康利益和公共安全等多重价值的冲突与平衡，如何实现上述价值的合理平衡是制度设计和实施过程中必须慎重对待的问题。就本质而言，非自愿医疗仍然是通过对个人自由的限制以达到维护本人健康和公共安全之目的。为确保对个人自由限制的正当性，就要求非自愿医疗必须是出于治疗目的和治疗需要，以公共安全为目的的纯粹拘禁并不具有合法性。因此，不应将公共安全作为非自愿医疗首要，乃至唯一的价值取向，应将患者个人权利的保护置于更为优先的地位。正是基于此，人权保障成为各国和地区非自愿医疗制度的首要目标，只是各国和地区立法中对于患者的权利保护存在一定的差异。

例如，在美国，受个人主义思想的影响，非自愿医疗制度的价值取向偏重保护个人自由，而非患者的治疗利益和公众安全。体现在非自愿医疗的实体要件方面，则是摈弃过于宽泛的需要治疗要件，而采取更为严格的危险性标准，目的在于通过危险性标准限制非自愿医疗的适用对象和范围，限制国家监护权和警察权在非自愿医疗中的适用。在程序方面，则要求患者的非自愿住院必须经法院的司法听证，并赋予患者在听证程序中广泛的正当程序权利。英国的非自愿医疗制度更偏向于维护患者的健康利益。其集中体现是，在非自愿医疗程序上英国并没有采取美国式的司法审查模式，而是通过发挥专业人员的专业优势积极协助患者入院接受治疗。无论如何，这些国家的立法均倾向于保护患者本人的利益，尽管在健康权和人身自由之间有所偏重，但均没有将公共利益作为非自愿医疗制度的首要价值取向。

我国《精神卫生法》前所未有地强化了对精神障碍患者权利的保护，从未来发展趋势看，应进一步强化患者健康权、人身自由等基本权利保护，并合理平衡患者的人身自由、健康权和公共利益之间的关系。

（二）多元化的非自愿医疗类型

非自愿医疗类型的多元化是各国和地区非自愿医疗制度发展的普遍趋势。

例如，《英国精神卫生法》规定的非自愿医疗包括非自愿住院和社区治疗命令两种类型，其中非自愿住院又包括入院评估、入院治疗、紧急情况下的入院评估等多种类型，每一类型的非自愿医疗都有相应的实体和程序标准。在美国，各州的非自愿医疗（民事拘禁）一般包括三种类型：紧急非自愿住院（紧急拘禁）、非自愿住院和强制社区治疗（非自愿社区拘禁）。其中，紧急拘禁和非自愿住院都以住院为方式，其实体标准基本相同，区别在于紧急拘禁无需经法院听证许可，而非自愿住院必须经司法听证后由法院作出决定。强制社区治疗作为非自愿住院的补充或替代方式，包括附条件释放、作为强制住院替代方式的强制社区治疗和预防性社区拘禁等具体模式。同样，加拿大的非自愿医疗也包括非自愿住院和强制社区治疗两种类型。

类型的多元化是非自愿医疗制度发展完善的必然趋势和内在要求。一方面，以全日住院方式为之的非自愿住院难以适应患者的治疗需要和精神卫生服务的发展趋势。隔离式住院过度地限制患者的人身自由，不利于患者重新融入和回归社会，特别是随着社区卫生服务的发展和最小限制原则在精神医疗领域的确立，住院治疗不应成为患者的唯一选择。在此背景下，作为非自愿住院替代方式的非自愿社区治疗开始在实践中萌生和发展，甚至成为与非自愿住院并驾齐驱的非自愿医疗类型；另一方面，就非自愿住院而言，针对精神障碍患者，从入院到作出非自愿住院决定期间将其强制留观并限制人身自由，这一行为的合法性仍有待商榷。换言之，在作出非自愿住院决定前，应授权医疗机构一定的权力将疑似精神障碍患拘禁于医疗机构内，以便对其进行诊断评估，进而作出是否住院的最终决定。基于此，紧急非自愿住院也就具有存在的空间和必要性。

我国《精神卫生法》仅规定非自愿住院这一种非自愿医疗类型，其他类型的非自愿医疗在现行法律中没有明确规定。从保障患者的合法权利和适应精神卫生服务的发展趋势出发，有必要借鉴境外经验，建立多元化的非自愿医疗类型。

（三）有效的权利救济机制

非自愿住院具有明显的限权属性，尤其会严重限制个人的人身自由、自主权等基本权利，从保障患者的基本权利出发，应为非自愿住院患者提供便捷有效的法律救济途径。对此,各国和地区的法律一般采取两种模式:一是事前救济,即建立非自愿住院的审查机制,患者的非自愿住院应由法院或其他中立机构审查决定,美国、德国即采取此种模式;二是提供事后的法律救济,即患者对医疗机构的非自愿住院决定不服的,可向法院或其他专门机构寻求救济,英国、加拿大、日本等国家即采取此种模式。无论采取何种模式,都应保障救济的便捷、高效和公正。以英国为例,患者对非自愿住院决定不服的不仅可以向普通法院寻求司法救济,住院期间还可以向精神卫生审查裁判所申请出院。因此,即便是在没有事先审查机制的情况下,患者的权利救济途径依然十分充分、便捷,同样能起到权利保障的效果。

就我国而言,无论是《精神卫生法》规定的再次诊断和鉴定程序还是司法救济,均难以发挥救济功能,患者存在出院难、起诉难等问题。在这种情况下,为患者提供有效的救济途径也就显得尤为紧迫,其路径不外乎是两种选择:①建立更为便捷有效的事后司法救济机制。一是通过法律明确规定,患者对医疗机构的非自愿住院决定(诊断评估结论)不服的,可直接向法院提起诉讼。在人身自由受限制的情况下,患者可通过医疗机构提起诉讼,医疗机构应为患者的起诉提供相应的便利和帮助,如协助患者提交诉状和证据材料等;二是非自愿住院期间,对于医疗机构拒绝出院的,患者有权向法院起诉申请出院。②建立非自愿住院的事先审查机制。从长远看,建立有效的事先审查机制更加符合非自愿医疗制度未来的发展趋势,尤其是更加有利于保障精神障碍患者的基本权利。

三、我国非自愿医疗程序的完善路径

如前所述,我国《精神卫生法》初步实现了对非自愿医疗行为的法律规制,但不可否认的是,相关程序规范仍然较为粗放,其突出表现是非自愿医疗类型单一,未能顺应精神卫生服务模式的发展变迁形成多元化非自愿医疗类型;非自愿医疗缺乏有效的外部监督和审查机制,难以充分保障精神障碍患者乃至正常公民的合法权益,且与国际人权标准存在差别;患者的权利救济渠道失灵,缺乏有效的权利保障和救济机制。因此,在充分考虑我国国情及精神卫生服务体系的基础上,基于人权保障、程序公正、程序效率等理念,

有必要实现我国非自愿医疗程序的重构与完善，其具体路径有以下几种：

（一）构建多元化的非自愿医疗类型及其程序

我国《精神卫生法》仅规定非自愿住院这一非自愿医疗类型，有关非自愿医疗的相关规定也仅适用于住院治疗。尽管住院治疗仍是我国当前最为主要的治疗模式，但它所存在的内在局限性和弊端仍不可忽视。尤其是随着精神医疗服务模式由传统的住院中心主义向社区服务模式转变，社区治疗的重要性日益凸显。在此背景下，有必要引入非自愿社区治疗。一则作为非自愿住院的替代模式，减少非自愿住院的使用率，使患者能够在限制性更小的环境下接受治疗，并有机会适应和融入社会；二则为解除非自愿住院提供保障。出院难是当前精神科住院患者存在的普遍现象，其产生原因众多，其中的重要原因是医院担心患者出院后不按时服药而导致病情恶化乃至肇事肇祸。非自愿社区治疗可以作为非自愿住院患者出院的条件，即患者以接受强制社区治疗为条件提前出院，既可以减少住院时间，也为医院解除非自愿住院提供制度保障。

同时，我国《精神卫生法》没有规定紧急非自愿住院制度，这就造成具有危险性的疑似精神障碍患者在被强制送至医疗机构接受诊断到诊断结论作出前的这段时间，医疗机构将患者予以拘禁并限制其人身自由的行为缺乏法律依据。我国《精神卫生法》第29条对此规定得十分含糊，只是规定医疗机构此时应将被送诊的疑似患者"留院"，这一规定实际上就相当于国外的紧急非自愿住院，如《英国精神卫生法》规定的"紧急情况下的入院评估"。因此，有必要借鉴国外经验，引入紧急非自愿住院制度，以化解非自愿住院决定作出前对患者进行拘禁的合法性问题。

综上，我国应建立非自愿住院、紧急非自愿住院和非自愿社区治疗为一体的非自愿医疗体系。一方面，需借鉴域外经验，构建适合我国国情的紧急非自愿住院制度和非自愿社区治疗制度；另一方面，应进一步完善非自愿住院程序。程序构建的核心理念是实现送治、诊断评估和入院决定之间的分工制约，关键是实现诊断评估与入院决定的分离，形成送治人、医疗机构和审查机构之间的制衡关系，并以此为基点构建相应的程序制度。

（二）构建非自愿医疗的审查程序

建立由医疗专业以外的中立机构独立行使非自愿医疗的审查决定权，是各国非自愿医疗制度的普遍发展趋势，也是《残疾人权利公约》、MI 原则等国际人权规范的基本要求。随着社会观念的转变、精神障碍患者人权保障意识的强化以及精神卫生服务理念的变迁，建立非自愿医疗审查程序将成为我国非自愿医疗制度发展完善的必然选择。

围绕非自愿医疗审查程序的建构，应着力解决以下问题：①非自愿医疗审查模式的选择。从比较分析可见，各国和地区的非自愿医疗审查存在多种模式，包括司法审查模式、裁判所模式和审查会模式等，各种模式各有利弊，并为不同国家和地区所采纳。就我国而言，应采取何种审查模式需权衡各种因素作出审慎选择。②审查程序及其构建。非自愿医疗的审查应采取正式的听证程序，应进一步厘定听证程序的具体运作，包括听证的启动（申请主体及其资格、期限等）、审理方式、参与人、举证责任、时限和裁决方式等。③患者的程序性权利及保护。明确患者在非自愿医疗审查程序中享有的权利类型、限度及其保护，包括获得通知的权利、律师代理权、出席听证权、陈述权、提交证据和质证权等。④审查决定的救济。需明确审查机构所作出的决定是否具有终局性，是否应建立相应的救济途径，包括进一步论证司法救济的情形、途径、诉讼类型等。

第五章

非自愿医疗程序的类型化构建

第一节　紧急非自愿住院程序

紧急非自愿住院是非自愿医疗制度的重要组成部分，特别是对于建立非自愿住院审查制度的国家和地区而言，患者的非自愿住院需经审查机构的审查决定，在决定作出前的紧急安置期间，即为紧急非自愿住院的期间。因此，紧急非自愿住院旨在解决紧急情况下临时性拘禁患者并限制其人身自由的合法性，其目的是通过对拒绝入院诊疗的疑似患者的留院观察，以确定其是否需要接受进一步的非自愿住院治疗。我国《精神卫生法》并未明确规定紧急非自愿住院制度，而法律所规定的入院观察制度尚无法发挥紧急非自愿住院制度的功能，在此背景下有必要进一步考察建立紧急非自愿住院制度的必要性，并就其具体程序构造提出相应的理论设想。

一、紧急非自愿住院的界定

在我国，无论是理论还是实践中紧急非自愿住院仍是十分陌生的话题。对于这一概念，学界较为接近的表述为"紧急留院诊断"和"非自愿留院观察诊断"，并认为非自愿留院观察诊断是指医疗机构接到特定主体紧急送诊的法定类型的疑似精神障碍患者后，应当采取一定期限的留院观察诊断并及时出具诊断结论的强制诊断。[1]这一概念是基于我国《精神卫生法》规定的"入院（留院）观察"制度所作出的定义，但也大致反映了紧急非自愿住院的基本内涵。笔者认为，紧急非自愿住院是指医疗机构对具有危险性的疑似精神障碍患者进行诊断评估，从而违背其意愿予以临时性住院的非自愿医疗类型。

紧急非自愿住院具有以下特点：①紧急性。要求精神障碍患者具有已经或将要伤害自身或危害他人安全的危险，且危险具有紧迫性、现实性，需要立刻入院接受诊断和治疗，从而保障患者本人的生命健康利益和他人的人身财产安全或公共安全。②临时性。精神障碍的诊断具有高度的复杂性、不确定和主观性，需要医生在一定时间内通过观察、交谈、检测和必要辅助检查等方式，在充分掌握患者的精神状况、症状表现和既往病史的基础上，根据相关诊断标准作出诊断结论。因此，精神障碍的诊断结论不一定能够在门诊当场作出，往往需要经过一定时间才能作出，这就需要将患者暂时留院，以便在此期间进一步进行诊断评估，并最终作出诊断结果。因此，紧急非自愿住院的期限取决于医疗机构作出诊断评估结果所需要的时间，且为防止医疗机构不及时出具诊断评估结果，不少国家的法律往往规定紧急非自愿住院的期限。如此，紧急非自愿住院具有临时性、暂时性，从而不同于正式的住院，后者是经诊断评估认为患者符合非自愿住院条件，将其收治入院并予以非自愿治疗。③限权性。尽管紧急非自愿住院具有临时性，但仍然是以全日住院方式为之，并在此期间限制患者的人身自由和活动范围，甚至采取拘束其身体的强制措施。因此，紧急非自愿住院仍属于剥夺人身自由的强制措施，且仍可能对疑似患者的身心、名誉等造成严重影响。

紧急非自愿住院与后续正式的非自愿住院有着密切联系，前者往往构成后者的前置程序，即在紧急非自愿住院期间如经诊断评估认为患者符合正式非自愿住院的条件，经有权机关的决定，即可对该患者采取正式的非自愿住院措施。然而，即便疑似患者被采取紧急非自愿住院，也并不当然会进入正式的非自愿住院程序。如果疑似患者经诊断评估认为不符合正式非自愿住院的

---

〔1〕 万传华："论非自愿留院观察诊断制度及其救济——兼评我国《精神卫生法》第二十九条"，载《医学与哲学 A》2018 年第 5 期。

条件，即应解除非自愿住院，或允许患者出院或将该患者转为自愿住院患者。无论如何，必须充分认识到紧急非自愿住院系独立的非自愿医疗类型，且与正式的非自愿住院在适用对象、决定主体、存续期间等方面有着明显区别。

二、紧急非自愿住院的境外实践

相关国家和地区对紧急非自愿住院的表述并不统一。美国各州一般称为"紧急拘禁"，英国较为接近的制度为"紧急入院评估"，加拿大各省一般称为"非自愿入院评估"，[1]同时，相关国家和地区的紧急非自愿的程序及其运行也存有差异，具体阐述如下：

（一）美国：紧急拘禁

在美国，所有州都规定了紧急拘禁这一非自愿拘禁类型。尽管各州紧急拘禁的条件和程序略有差异，但其共同特点是无需经法院的听证许可，医疗机构即可在一定期限内将患者拘禁于医疗机构内，目的是"省去繁文缛节，以最快、最便捷的方式将患者送往医院"，[2]使者及时接受诊断评估和治疗，并进一步确定其是否应接受正式的住院治疗。紧急拘禁的程序一般包括申请、决定、救济等环节，具体如下：

1. 条件。很多州对紧急拘禁的条件规定较为宽松，只要行为人因精神疾病对本人或他人具有危险性或造成损害可能即可，少数州则要求"严重失能"，如加利福尼亚州、康涅狄格州等。以特拉华州为例，紧急拘禁是指疑似精神障碍患者因精神障碍而对本人或他人造成危险，且本人拒绝入院接受评估或照护，而在 24 小时内被非自愿拘禁于指定精神卫生机构接受评估和治疗。[3]康涅狄格州规定，任何人经 1 名医生诊断患有精神障碍且对本人或他人具有危险性或严重失能，且需要立即在精神医疗机构接受照护和治疗的，可将该人予以拘禁。[4]

---

〔1〕 各省的具体表述略有不同，有的称为"非自愿检查、评估"，如曼尼托巴省；有的称为"非自愿评估"或"非自愿精神医学评估"等，如新斯科舍省。

〔2〕 Michael L. Perlin, *Mental Disability Law: Civil and Criminal (volume 1)*, Virginia: Lexis Law Publishing.

〔3〕 DEL CODE ANN. tit. 16 § 5001 (8).

〔4〕 CONN. GEN. STAT. ANN. § 17a – 502 (a).

　　另外，也有部分州对损害程度作出规定，要求损害达到"严重程度"或具有"即刻危险""实质损害危险"。例如，德克萨斯州紧急拘禁的条件为：①当事人患有精神；②除非立即采取约束措施，否则当事人将因精神疾病而产生对本人或他人造成严重损害的实质风险（a substantial risk of serious harm）。[1]科罗拉多州、夏威夷州、爱达荷州、蒙大拿州等则要求具有"即刻损害危险"。

　　2. 申请。各州有关拘禁程序的申请主体的规定并不完全一致，大致包括以下情形：①部分州规定紧急入院评估只能由执法人员（a law enforcement officer）作出，如印第安纳州、阿拉巴马州、迈阿密州等。也有的州规定由治安官提出申请，如肯塔基州、密歇根州等。此种情形下，治安官若认为特定当事人符合条件应接受紧急拘禁或评估的，可对该人采取保护性监护措施，并将该人移送至精神卫生机构接受评估和检查。[2]②由医生或与患者存在特定关系的成年人提出申请，如患者的父母、配偶、监护人等，如密西西比州。③有的州规定任何人都可提出申请，如西弗吉尼亚州、南达科他州等。总体而言，多数州对紧急拘禁的申请主体不作过多限制，如在德克萨斯州，治安官、监护人和其他成年人都可申请紧急拘禁。

　　3. 决定。紧急拘禁具有应急性和临时性，所有州都规定无需经司法听证，其目的在于"以最低限度的繁文缛节，以最快、最便捷的方式将患者送往医院"。[3]紧急拘禁的决定一般由医生经评估后作出。如马萨诸塞州规定，紧急拘禁只有在患者"不住院将有因精神疾病导致严重损害可能"时方实施，具体则是由"被指定的医生"（a designated physician）对患者进行检查后作出决定，被指定医生以外的其他医生、具有资质的心理医生或护士，以及警察都可以提出紧急入院申请，但应由"被指定的医生"作出决定。[4]同样，纽约州规定由医院医生或郡精神卫生主管作出决定。然而，也有的州规定紧急拘禁应由法官或治安法官决定，如德克萨斯州、肯塔基州、弗吉尼亚州等。弗吉尼亚州规定，紧急拘禁须经法官或治安法官决定，但法官不一定需要与被

〔1〕　TEX. HEALTH & SAFETY CODE § 573. 001 （a）.
〔2〕　KY. REV. STAT. ANN. § 202A. 041 （1）. MICH. COMP. LAWS § 330. 1427 （1）.
〔3〕　Michael L. Perlin, *Mental Disability Law: Civil and Criminal* （volume 1）, Lexis Law Publishing.
〔4〕　G. L. c. 123, § 12.

告见面，通过电话获得的信息即可作出决定。

4. 入院后的审查。患者在紧急入院后，多数州都要求某种形式的入院后审查。例如，在纽约州，在患者入院后 48 小时内，精神卫生专业人员经过检查，认为患者患有精神疾病且对本人或他人具有危险的，可将其拘禁 15 天。[1]在加利福尼亚，许可入院后 72 小时内，2 名专业人员（其中 1 人为医生）经检查评估认为患者符合拘禁条件，可签署书面许可，将患者拘禁 14 天。[2]

5. 紧急拘禁的期限。紧急拘禁具有临时性、应急性，其时间应限制在较短的期限内，一般为 48~72 小时。目前，有 34 个州规定为 72 小时，如加利福尼亚州和马萨诸塞州等；9 个州为 48 小时，如弗吉尼亚州。也有的州期限很短，如弗吉尼亚州在法律修改之前，紧急拘禁的期限仅为 4 小时（现为 72 小时），新罕布什尔州为 6 小时。但也有的州规定了更长的时间，如纽约州的期限最长可达 15 天——如果患者入院 48 小时内经另一名医生检查认为其患有精神疾病且对本人或他人具有危险，路易斯安那州的期限也长达 15 天，罗德岛为 10 天，内布拉斯加州和新墨西哥州为 7 天。

在紧急拘禁的期限届满后，精神卫生机构应及时释放患者，或在取得患者同意后将其转为自愿住院。如果患者符合民事拘禁条件且需要继续住院治疗，精神卫生机构应在期限届满前向法院提出拘禁申请，经法院审查许可，可继续拘禁该患者。此种情形下的拘禁则是长期拘禁。

6. 紧急拘禁的救济。所有州都规定在拘禁期间可以申请司法审查，但只有在患者要求时才予以启动。例如，在马萨诸塞州，患者或其代理人有合理理由认为拘禁将导致入院程序的滥用或误用，可向地区法院申请紧急听证。除应患者或代理人的申请外，法院应当在收到申请的当天或不迟于下一个工作日举行听证。

（二）英国：紧急入院评估

《英国精神卫生法》规定了多种非自愿入院类型，其中最为常用的是入院评估和入院治疗。考虑到入院评估和入院治疗的程序较为繁冗，对于紧急情

---

〔1〕 N. Y. MENTAL HYG. LAW § 9.39 (a).

〔2〕 CALIF. WELF. & INST. CODE § 5250.

况下患者的入院往往是缓不济急。为简化入院程序，使情况危急的患者能够及时获得治疗和控制，《英国精神卫生法》第 4 条规定了"紧急情况下的入院评估"（Admission for assessment in case of emergency）。

紧急入院评估的申请可以由 AMHP 或患者的近亲属提出，其条件与第 2 条入院评估的条件相同，但申请人应证明将患者予以收治和拘禁的紧急必要性，以及根据第 2 条的程序将导致不合理迟延。根据《执业守则》的规定，本条只可用于真正的紧急情况，不得用于管理便利，或者便于医生检查患者之目的。具体而言，紧急情况是指当患者的精神状况或行为所引发的问题若等到第二名医生的许可，将不能获得合理期待的解决。换言之，要获得第二名医生的许可将可能造成不合理的迟延。其具体情形包括出现对本人或他人明显的身心损害风险、严重的财产损害危险、患者需要人身约束等。[1]

紧急入院只需要 1 名医生的书面建议，如有可能，出具建议的医生应事先了解患者。紧急入院评估的期限为 72 小时，在此期间，如获得另一名医生的许可，则转变为第 2 条规定的入院评估，患者可继续被拘禁 28 天。

三、我国的入院观察制度及其局限性

（一）《精神卫生法》有关入院观察的规定

我国《精神卫生法》没有明确规定紧急非自愿住院制度，但是根据第 29 条第 2 款的规定，针对被强制送诊的具有危险性的疑似精神障碍患者，医疗机构"应当将其留院"，并立即指派精神科执业医师进行诊断，及时出具诊断结论。[2]因此，对于拒绝留院并具有危险性的疑似患者，医疗机构可以将其强制留院，此种情形下的留院观察也就相当于"紧急非自愿住院"。考虑到我

---

〔1〕　Paul Barber, Robert Brown, Debbie Martin, *Mental Health Law in England & Wales*: *A Guide for Mental Health Professionals*, SAGE Publications Ins. , 2017, pp. 34～35.

〔2〕　《精神卫生法》第 29 条第 2 款规定："医疗机构接到依照本法第二十八条第二款规定送诊的疑似精神障碍患者，应当将其留院，立即指派精神科执业医师进行诊断，并及时出具诊断结论。"第 28 条第 2 款规定："疑似精神障碍患者发生伤害自身、危害他人安全的行为，或者有伤害自身、危害他人安全的危险的，其近亲属、所在单位、当地公安机关应当立即采取措施予以制止，并将其送往医疗机构进行精神障碍诊断。"

国《精神卫生法》第30条和第31条有关非自愿住院之规定没有出现"强制"或"非自愿"等字眼,仅有"应当实施住院治疗"之表述,而理论和实务普遍认为上述条款实际上就是非自愿住院之规定。[1]基于体系解释,也可以认为《精神卫生法》第29条第2款规定的就是"紧急非自愿住院"。对此,精神医学界也认为该条规定为"非自愿入院观察",[2]也有学者称之为"紧急留院诊断"[3]或"非自愿留院观察诊断",[4]这些观点也倾向于认为我国实际上存在"紧急非自愿住院"。

(二)　入院观察制度的局限性

根据《精神卫生法》第29条第2款的规定,对于被强制送诊的疑似精神障碍患者,医疗机构有权将该疑似患者留院,目的是通过留院观察和诊断,以确定患者是否患有精神障碍,以及患者是否应接受非自愿住院。就这一制度的功能和性质而言,应相当于紧急非自愿住院。然而,立法机关明显将非自愿住院决定前的留院观察视为纯粹的医学行为,未充分考虑该期间仍然涉及人身自由之限制,从而应对医疗机构的行为作出必要的规制。由于未能认识到紧急非自愿住院的存在价值及其必要性,立法机关也就没有从构建一种独立的非自愿医疗类型角度,对这一制度作出系统的规定。就此而言,现行入院观察制度存在以下局限性:

1. 入院观察制度缺乏独立性。无论是自愿就诊的疑似患者还是被强制送诊的疑似患者,在确诊之前都可能需要留院观察。尽管《精神卫生法》第29条第2款赋予医疗机构对具有危险性的疑似患者留院观察的权力,但这一规定过于单薄,难以支撑起一项独立的法律制度,留院观察往往被视为非自愿入院的一个环节,而非一种独立的非自愿医疗类型。更为重要的是,该条并没有明确赋予医疗机构在确诊之前、诊断评估期间将疑似患者强制留院的权

---

〔1〕　信春鹰主编:《中华人民共和国精神卫生法解读》,中国法制出版社2012年版,第94~97页。

〔2〕　本书编写组编:《中华人民共和国精神卫生法医务人员培训教材》,中国法制出版社2013年版,第101页。

〔3〕　刘白驹:《非自愿住院的规制:精神卫生法与刑法(下)》,社会科学文献出版社2015年版,第663页。

〔4〕　万传华:"论非自愿留院观察诊断制度及其救济——兼评我国《精神卫生法》第二十九条",载《医学与哲学A》2018年第5期。

力，从而解决在此期间拘禁患者的合法性问题。

2. 入院观察缺乏必要的法律规制。《精神卫生法》仅有第29条第2款对入院观察制度作出粗略的规定，缺乏可操作的实施程序。例如，我国《精神卫生法》并没有明确规定入院观察的期限，只是要求医疗机构应"及时出具诊断结论"，理由是"精神障碍的诊断是一个科学判断问题，不同类型的精神障碍的诊断时间不尽相同，不宜一刀切，规定一个统一的时限"。[1]尽管法律规定应及时出具诊断结论，但何谓"及时"却不明确，这也就导致疑似患者在正式住院之前人身自由被剥夺的期限的不确定性。又如在患者确诊之前的入院观察期间，医疗机构是否可以对患者采取强制性措施，如强制性治疗、人身约束、限制活动自由等。疑似患者在紧急入院观察期间是否有权要求出院，如被强制留院的救济途径是什么。

由于入院观察制度欠缺必要的法律规制，尤其是与非自愿住院之间缺乏清晰的界限和衔接，在非自愿留院观察阶段也可能导致疑似患者"被精神病"，从而引发法律纠纷。例如，在王某林案中，原告王某林在其儿子的陪同下于2016年1月18日上午到被告天津市安定医院处问诊，被告接诊医生在询问原告平时表现和相关事实后，即将原告带至病房，并将其捆绑到床上。当天中午午餐后，接诊医生再次对原告进行询问，并出具门诊病历，病情载明："患者病情基本稳定，取药，嘱坚持服药，定期门诊复查。"原告出院后多次要求接诊医生及相关部门道歉和退药等，经协商双方无法达成一致意见，遂向法院提起诉讼。[2]本案中，被告医院在没有确诊的情况下将原告收治入院，其行为性质应属于《精神卫生法》第29条规定的入院观察，但本案原告之情形并不符合该条关于入院观察的条件。因为《精神卫生法》第29条规定的入院观察仅限于符合《精神卫生法》第28条第2款条件的疑似精神障碍患者，即被强制送往诊断而具有危险性的疑似患者。本案中，原告是在其儿子的陪同下主动到被告处问诊，属于自愿就诊，且患者并没有伤害自身或危害他人安全的危险，被告医院的诊疗应遵循自愿原则，而不应违背其意愿予以强制

〔1〕 信春鹰主编：《中华人民共和国精神卫生法解读》，中国法制出版社2012年出版，第94页。
〔2〕 天津市河西区人民法院（2017）津0103民初4915号判决书。

收治并采取约束措施。

四、建立紧急非自愿住院制度的必要性

从境外经验看，紧急非自愿住院制度的功能在于以下两方面：①解决拒绝就诊的疑似患者从入院到非自愿住院决定作出期间，对患者予以强制留院并限制其人身自由的合法性问题。在这一期间，疑似精神障碍患者尚处于诊断评估期间，是否患有精神障碍以及是否需要非自愿住院尚不明确。在正式的非自愿住院决定作出前，应授权医疗机构临时性拘禁拒绝诊疗的疑似患者，以便合法地限制其人身自由，并采取必要的诊疗措施。②缓和非自愿住院需经审查机构决定所存在的缓不济急之矛盾。如前所述，多数国家和地区对于精神障碍患者的非自愿入院都应经法院或其他中立机构的审查决定，在审查机构作出非自愿入院决定后，患者方可被强制收治入院。然而，在紧急情况下，疑似精神障碍患者需立刻入院接受诊断评估和采取必要的控制措施，如果采取正式入院程序明显不具有可行性。正是基于此，各国和地区均建立紧急非自愿住院制度，以实现与正式的非自愿住院程序之间的衔接，从而保证患者及时入院诊断和治疗。

就我国而言，《精神卫生法》仅规定了非自愿住院制度。尽管该法第29条第2款所规定的入院观察制度具有类似紧急非自愿住院制度的性质和功能，但这一单薄的条款尚不足以形成一种独立的非自愿医疗类型。从实践出发，紧急非自愿住院制度确实有其存在的必要性和空间，具体表现为：①解决拒绝就诊的疑似精神障碍患者强制留院的合法性问题。根据《精神卫生法》第30条第2款的规定，精神障碍患者的非自愿住院以诊断评估表明其患有严重精神障碍且具有危险性为前提。因此，诊断评估是患者非自愿住院的前提，它实际上包括精神障碍诊断和危险性评估两方面。然而，无论是精神障碍诊断，还是危险性评估，都不一定在门诊就诊时当即作出认定，往往可能需要在一定期间内对疑似患者的持续观察、诊断方能得出结论。在此情形下，有必要对疑似患者采取临时性入院观察措施以确定其是否应接受非自愿住院；而对于拒绝入院的疑似患者则应授予医疗机构临时性的紧急拘禁权，从而违背疑似患者的意愿将其强制收治入院，这一制度即为紧急非自愿住院。②实

现对具有危险性的疑似精神障碍患者的控制。对于具有危险性的精神障碍患者，为防止其对本人或他人实施危害行为，在将其强制送至医疗机构诊断治疗时，应赋予医疗机构一定的紧急处置权，包括限制其人身自由等必要的控制措施，以防止其实施危害行为。因此，紧急非自愿住院实际上是法律赋予医疗机构的一项临时性拘束疑似精神障碍患者的权力，通过这一权力，医疗机构可以对具有危险性的疑似患者采取必要的控制措施，从而达到保护患者本人的人身健康权益和公共利益之目的。③从长远看，我国必然应建立非自愿住院审查制度，即精神障碍患者的非自愿住院应经法院或其他中立机构的审查决定。在此情形下，紧急非自愿住院更是不可或缺的非自愿医疗类型，这一制度可以弥补正式的非自愿住院缓不济急的弊病，即对于需要接受入院观察和治疗的疑似精神障碍患者，在审查机构作出正式的非自愿住院决定前，医疗机构可对该患者采取临时性的非自愿住院措施，从而解决临时拘束患者的合法性问题。④实现从入院观察到入院治疗的衔接。对于拒绝入院诊断评估且具有危险性的疑似精神障碍患者，紧急非自愿住院制度可以实现这部分患者的临时安置；经诊断评估，如认为其符合非自愿住院条件的，可对其采取正式的非自愿住院措施。因此，紧急非自愿住院制度可以实现对患者从入院观察、诊断评估到正式住院的衔接，其与非自愿住院制度共同构筑起精神障碍患者的非自愿医疗体系。

总之，通过紧急非自愿住院制度，医疗机构可以将符合条件的疑似精神障碍患者予以留院观察。在此期间，只要医疗机构的诊疗行为符合法律规定，即便最后经确诊认定该疑似患者并不符合非自愿住院条件而解除住院的，也不应认定医疗机构对患者采取的非自愿住院措施违法。如此，紧急非自愿制度可以化解在确诊之前、诊断评估期间强制收治患者可能面临的法律风险，而现行法律所规定的入院观察制度尚不具有此种功能，反而可能使医疗机构陷入相关法律纠纷之中。例如，在被媒体称为"精神卫生法面世后开审第一案"中，原告因与父母就其婚恋问题存有分歧，从而被父母强行送入北京市回龙观医院住院近 72 个小时。后经医院会诊后认为其不需要住院治疗，原告方办理出院手续。出院后，原告认为自己遭受了"被精神病"，并向媒体公开其遭遇，从而引起社会的广泛关注。[1]然而，根据本案一审判决所示，原告确实具有精神病史，之前亦接受过抗抑郁的相关治疗，于2012年6月5日在其父母和同居男友的陪同下至北京回龙观医院就诊，入院诊断为"兴奋状态。精神障碍，未特指（待诊）"，6月8日经会诊，确定诊断为"复发性抑郁障碍，目前为缓解状态"，当日原告出院。[2]本案中，原告是在家属的陪同下就诊，根据家属的陈述及其所提供的病历，可以认定原告有精神疾病史和割腕轻生经历，疑似患有精神障碍，但尚不能确诊，被告医院有必要将其留院观察以便进一步确诊，并不违反法律规定。因此，本案被告医院对原告的留院观察实际上属于《精神卫生法》第29条第2款规定的"入院观察"，但由于该条所规定的"住院"无法与正式的非自愿住院相区分，导致不少患者将留院观察期间的住院等同于正式的非自愿住院，从而将诊断评估期间的留院行为一律视为"被精神病"，引发不必要的误解和纠纷。可见，有必要从法律上明确规定紧急非自愿住院制度，并明确适用对象、条件和实施程序，明晰其与正式的非自愿住院的区别。

五、我国紧急非自愿住院程序的构建

综述可见，我国有必要借鉴境外经验，引入紧急非自愿住院制度，并对这一制度作出系统规定。结合我国精神卫生服务的现状与特点，紧急非自愿住院的基本程序大致如下：

（一）条件

从各国和地区的经验看，紧急非自愿住院的条件一般与非自愿住院的条件相同，且采取比非自愿住院更为宽松的认定标准。例如，美国多数州紧急拘禁的条件较为宽松，只要行为人因精神疾病对本人或他人具有危险性或造成损害的可能即可，并不要求损害达到严重或紧迫之程度。英国的紧急入院评估亦采取与非自愿住院相同的条件。我国《精神卫生法》第28条第2款规定强制送诊的条件与非自愿住院的条件相同，即要求疑似精神障碍患者有伤害自身或

---

〔1〕 闫格："精神卫生法面世第一案：女恋爱被父母强送精神病院"，http://www.china.com.cn/news/law/2012-11/21/content_27180566.htm，最后访问时间：2020年7月2日。
〔2〕 北京市昌平区人民法院民事判决书，（2013）昌民初字第01012号。

危害他人安全的危险性。紧急非自愿住院的送诊及其条件可采取这一规定，即以疑似精神障碍患者具有危险性为条件。

同时，紧急非自愿住院以具有临时留院观察为必要，即需要通过住院观察以进一步作出诊断评估结论，且住院有利于控制患者病情、避免危险的发生。如果经过门诊的诊查和评估能够确诊并认定患者符合非自愿住院的条件，应为患者办理正式的非自愿住院手续。

（二）启动与申请

紧急非自愿住院程序的启动实际上包括两种情形：一是依申请启动，其重点是明确申请人的范围及其主体资格。一般而言，紧急非自愿住院的申请主体与非自愿住院并无差异。例如在美国，多数州对紧急拘禁的申请主体不作过多限制，如在德克萨斯州，治安官、监护人和其他成年人都可申请紧急拘禁；有的州规定任何人都可提出申请。二是医疗机构依职权启动。此种情形主要针对自愿入院患者要求出院的情形。如经医生评估认为患者符合非自愿住院条件，为阻止患者出院，医疗机构可采取紧急拘禁。对于此种情形，美国很多州有着十分成熟的做法。例如，德克萨斯州规定，自愿入院的患者可随时要求出院，医生应在患者提出出院申请后的 4 小时内为患者办理出院手续，除非医生有合理理由认为患者符合非自愿住院或紧急拘禁标准，此种情形下，医生可申请紧急拘禁，或向法院申请非自愿住院，以继续拘禁该患者。[1]英国也规定了类似的制度，但它实际上规定的是一种相对独立的拘禁类型，即《英国精神卫生法》第 5 条规定的医生和护士临时拘禁患者的"控制权"（holding power）。该条针对的是试图出院的非正式入院患者，但责任医生如认为其符合第 2 条入院评估或第 3 条入院治疗条件，为阻止该患者出院，可在 72 小时内临时拘禁该患者。

我国《精神卫生法》第 28 条第 2 款规定了强制送诊的主体为近亲属、所在单位、当地公安机关，这一规定无疑较为符合我国实际。同时，我国《精神卫生法》没有规定自愿住院转为非自愿住院之情形与程序。相反，第 44 条第 1 款规定："自愿住院治疗的精神障碍患者可以随时要求出院，医疗机构应

---

　〔1〕　TEX. HEALTH & SAFETY CODE § 572.004 (a).

当同意。"这一规定使人认为，自愿入院患者，包括自愿入院观察的患者，只要其提出出院，医疗机构就应当同意。事实上，此种情形下，医疗机构如果认为患者符合紧急非自愿住院条件的，可采取紧急非自愿住院措施，临时限制患者的人身自由，并进一步决定患者是否应接受非自愿住院治疗。因此，我国《精神卫生法》应考虑规定自愿入院转为非自愿住院之情形。具体而言，自愿入院接受诊断评估的患者要求出院时，如经诊断评估符合非自愿住院的条件，应接受非自愿住院的，医疗机构可对其采取紧急非自愿住院措施。

（三）决定

紧急非自愿住院的目的在于弥补正式的非自愿住院需经审查机构审查决定所造成的缓不济急的局面，从而授予医疗机构未经审查机构许可决定即可拘禁患者的权力。因此，紧急非自愿住院无需经法院或其他中立机构的审查决定，医生经初步诊断认为符合条件的，即可将患者拘禁于医疗机构内。

紧急非自愿住院的目的是对患者进行诊断评估以确定其是否应接受进一步的非自愿住院。那么，在此期间，医疗机构可采取哪些措施呢？例如，能否对患者采取非自愿治疗？我国《精神卫生法》第 28 条、第 29 条有关送诊和诊断评估的相关规定都没有提及治疗。疑似精神障碍患者无论是自行前往还是被送往，无论有无危害行为或危害行为的危险均是以诊断为依据。因此在确诊前，原则上不能使用药物。如果需要使用诊断性药物治疗，应取得患者的同意。[1]一般而言，治疗应以诊断为前提，未经诊断并作出诊断结论的，不应对患者进行治疗。然而，考虑到部分患者病情的紧急性和危险性，应允许在紧急状况下对患者进行治疗，即便尚未作出最终的诊断结论。例如，加拿大各省均允许在诊断评估期间对患者采取紧急强制治疗措施，部分省甚至允许在非紧急情况下对患者实施治疗。

在紧急非自愿住院的情形下，医疗机构当然也可以采取适当的强制措施，具体包括：①限制患者活动的区域范围；②拘束患者的人身或限制其行动自由；③给予患者药物或其他适当治疗；④其他合理可行且限制最小的保护措施。

---

〔1〕 本书编写组：《中华人民共和国精神卫生法医务人员培训教材》，中国法制出版社 2013 年版，第 111 页。

同时，一旦患者被采取紧急非自愿住院措施，医疗机构应履行相应的告知义务，包括告知患者权利、救济途径、期限等。

（四）期限

一般而言，紧急非自愿住院具有临时性、应急性，其时间应限制在较短的期限内。例如，美国各州一般为48～72小时，且多数州为72小时，但也有的州采取更长的时间，如15～30天不等。英国为72小时。

考虑到精神障碍诊断评估的复杂性和难度，同时也必须考虑到在此期间需完成获得正式的非自愿住院许可的所有流程，因而紧急非自愿住院的期间不应过短，否则不仅不符合医学规律，也将导致非自愿住院许可程序过于紧张、匆忙，以致影响审查机构裁决的公正性。因此，如果考虑到在此期间需完成拒绝住院患者的非自愿住院审查，可考虑将紧急非自愿住院的期限规定为10～15天。

（五）法律救济

尽管紧急非自愿住院的存续期限较短，但毕竟为限制人身自由的措施，患者如对住院决定不服，应有权获得相应的法律救济。例如，在美国，尽管紧急拘禁无需经法院事先审查决定，但患者有权向法院提起诉讼或申请人身保护令。就我国而言，也应赋予患者向法院起诉请求停止紧急住院之权利。

第二节　非自愿住院程序

在非自愿医疗体系中，紧急非自愿住院和非自愿社区治疗处于补充地位，各国和地区仍然是以正式的非自愿住院作为规范重点，并以此为核心构建相应的法律程序。我国《精神卫生法》仅规定正式的非自愿住院（为表述方便，以下使用"非自愿住院"的表述），并对其实施程序作出初步规定，但这一程序仍存在一些待完善之处。如何进一步规范和完善非自愿住院程序是理论和实践中值得关注的问题。

一、非自愿住院的程序及其理念

一般情况下，非自愿住院的实施过程包括送诊、诊断、入院、治疗和出院等环节。在非自愿住院的实施过程中，所涉及争议问题首先是送治人是谁、谁有权将疑似精神障碍患者送至医院接受诊断和治疗；其次是非自愿入院的决定权由谁行使、应遵循何种程序。

就制度设计而言，非自愿住院的实施涉及诸多主体和利益相关者，因此应合理平衡相关主体之间的权利（权力）义务，从而形成一定的权力制约机制。例如，送治人一般无权决定精神障碍患者的非自愿入院，其作用主要是启动非自愿住院程序；医疗机构及精神科执业医师主要就医学问题作出诊断评估。由于非自愿入院决定涉及精神障碍患者的人身自由、人格尊严等基本权利，如此重大的法律判断应由法院或其他适格的中立机构作出决定。因此，各国非自愿住院制度的一个重要理念是实现诊断评估与入院决定的分离。医疗机构负责疑似精神障碍患者的诊断评估，并提出住院治疗的医学建议，但是非自愿住院的决定应由法院或其他中立机构作出。医疗专业人员作出的有关非自愿住院的医学意见只有获得审查机构的确认或批准，方可继续拘禁患者，并对其采取非自愿治疗措施。然而，受制于传统、文化、观念和医疗资源等因素，我国的非自愿住院程序在制度设计上并未体现上述考量，相反，赋予监护人（送治人）、医疗机构等相关主体过于集中的权利（权力）。基于权力制约与人权保障理念，应合理配置程序参与主体的权利（权力）义务，形成程序参与主体间的分工、制约关系。

另一方面，尽管非自愿住院具有医学关怀的追求，但本质上是对精神病患者人身自由的剥夺，[1]而人身自由作为公民最为重要的基本权利，不管是出于公共利益还是本人的健康利益之维护，对其剥夺都应受到严格的程序规制，非自愿住院亦不例外。因此，非自愿住院的实施应遵循正当法律程序理念，其程序设计应符合最低限度的程序公正。应当承认，我国《精神卫生法》所规定的非自愿住院程序与国际上有关保护精神障碍患者权利的基本原则有着较为明显的差别，其中最为突出的问题是精神障碍患者的非自愿入院缺乏中立机构的审查，且事后的司法救济不足。因此，有必要对我国非自愿住院的实施程序予以重构，建立送诊、诊断评估、审查决定、治疗、出院为一体

---

[1] 陈卫东、程雷："司法精神病鉴定基本问题研究"，载《法学研究》2012 年第 1 期。

的非自愿住院实施程序，并实现不同主体之间的分工与制约：①明确送治人的范围和职责。无论是近亲属，还是所在单位、公安机关、民政部门等，均无权决定患者是否接受非自愿入院，其仅仅是作为护送者或协助者。②医疗机构的主要职责是负责疑似精神障碍患者的诊断评估，并就非自愿入院提出相应的医学建议；对于拒绝治疗且需非自愿住院的患者应向审查机构提出非自愿住院审查申请。③建立非自愿住院的审查机制，实现非自愿住院的诊断评估与入院决定的分离。医疗机构负责精神障碍的诊断和评估，医疗机构之外的审查机构负责审查决定非自愿住院，在作出非自愿住院决定后，由医疗机构负责非自愿治疗的实施。

二、送诊程序

送诊程序主要解决谁有权将疑似精神障碍患者送往医疗机构接受诊疗的问题。由于送诊往往涉及精神障碍诊断乃至非自愿住院程序的启动，为避免错误送诊，对送诊主体应作出必要的限制。特别是对于拒绝就诊的精神障碍患者，对其送诊可能需要采取强制措施，此种情形下的强制送治则涉及个人自由的限制，所引发的争议更大。

（一）送诊主体

从比较分析可见，各国（地区）有关送诊主体的规定差异较大。例如，美国不少州对非自愿住院的申请主体不作过多限制，有的州甚至规定任何人都可以提起申请。[1]也有的国家将申请主体限定为特定的人员，如英国为家属或地方服务当局认可的 AMHP，日本为都道府知事。同时，在一些国家，只有获得医疗专业人员的医学建议后，才能向指定的精神卫生机构提出申请，要求将患者收治入院。相反，有些国家在医学检查评估之前即可提出入院申请，检查评估是在申请入院后作出。总之，各国有关精神障碍患者入院的送诊和申请主体的规定差异较大，这些差异反映了各国不同的文化背景，没有哪种方式被认为是唯一"正确"的。[2]

---

〔1〕 具体分析参见第三章一节。

〔2〕 WHO，*WHO Resource Book on Mental Health*，*Human Rights and Legislation*，WHO Press，2005，p. 50.

我国《精神卫生法》区分非紧急情形和紧急情形下的送诊，前者的送诊主体包括疑似精神障碍患者的近亲属、民政等有关部门，后者则仅限于疑似精神障碍患者的近亲属、所在单位、当地公安机关。[1]应该说，我国《精神卫生法》有关强制送诊的规定较为符合实际，并无不当之处。当然，也有学者认为《精神卫生法》有关送诊主体的规定仍然过于宽泛，如将单位作为送诊主体不合理，容易被滥用。[2]笔者认为，送诊仅仅是启动入院程序，目的是使得疑似精神障碍患者能够在他人的护送下及时接受诊断评估和治疗，对送诊主体作过多限制，可能并不利于患者的就诊。

在《精神卫生法》颁布前，送治不规范被视为导致"被精神病"频发的根源之一，但真正的根源是缺乏明确的非自愿入院标准和约束性程序，从而导致医疗机构滥用非自愿医疗权。换言之，问题的根源在于"收"而非"送"，以及医疗机构不受制约的权力。因此，问题的关键不在于如何严格限制送治人的范围和规范送治行为，而是应建立较为严格的非自愿入院条件、诊断评估程序和中立的非自愿入院审查制度，并形成送治人、诊断评估机构和审查机构之间的分工制约机制，确保医疗机构严格根据医学标准和法律规范收治病人。[3]正因为如此，不少国家和地区对非自愿入院的送治或入院申请人并不作严格限制，送治人仅仅提出入院申请或启动入院程序，最终决定患者非自愿入院的不是医疗机构，而是作为中立第三方的法院或其他机构。不管是谁提出入院申请，医疗机构都没有必须收治的义务，也不会直接影响中立机构作出非自愿入院决定。因此，送治人仅仅是患者入院的协助者或护送者，其职能是将疑似精神障碍患者送至医院接受诊断评估，确定患者是否应接受非自愿住院治疗。

（二）送诊程序的细化

我国《精神卫生法》针对紧急情况下的强制送诊仅规定送诊主体和强制

---

〔1〕 参见《精神卫生法》第 28 条。

〔2〕 戴庆康等：《人权视野下的中国精神卫生立法问题研究》，东南大学出版社 2016 年版，第 234 页。

〔3〕 陈绍辉：《精神障碍患者人身自由权的限制——以强制医疗为视角》，中国政法大学出版社 2016 年版，第 271 页。

送诊的条件，而有关送诊程序则未作进一步规定。结合实践，应明确以下方面：①明确送治主体可采取的紧急处置措施，包括制止疑似患者的危害行为、采取保护措施以及必要的人身约束措施等。同时，公安机关、所在单位在临时控制、约束疑似患者后，应立刻将患者送往医院接受诊断评估。②应明确具有暴力危险性的患者，近亲属、所在单位可请求公安机关协助就医，公安机关应予以相应帮助。③所在单位或公安机关实施强制送诊后，应在合理时间内及时通知患者的近亲属。通知的期限宜规定为在患者入院后的 24 小时内，无法查找或联系到患者近亲属除外。④明确强制送诊应以疑似精神障碍患者拒绝就诊为条件。就强制送治条件而言，一般要求特定人呈现出精神障碍症状，且因精神障碍实施或可能实施危害本人或他人的危害行为。换言之，需要具有强制送治的紧迫性和必要性，且本人拒绝前往医疗机构就诊。

三、诊断评估程序

诊断评估的目的是明确就诊者是否患有精神障碍，是否符合非自愿住院的条件并予以住院。诊断评估固然属于医疗行为，但其结果具有法律效力，是患者非自愿住院的主要甚至是唯一的依据。因此，法律应对诊断评估行为作出必要的规制，其程序问题主要包括：

（一）诊断评估的主体资质

诊断评估应由具有资质的医疗机构及其医务人员作出，这应无疑问。在一些国家和地区，只有政府主管部门指定的医疗机构才可以收治非自愿住院的精神障碍患者，如英国。我国《精神卫生法》未作此限制，根据第 25 条的规定，无论是公立还是私立医疗机构，只要开设了精神科、具备相应的诊断、治疗条件的，即可收治非自愿入院患者。考虑到当前精神卫生资源匮乏、住院床位紧张之现状，这一规定无疑具有合理性。但考虑到非自愿住院对医疗机构的设施、场所和人员均具有较高的要求，且涉及个人自由的不定期拘禁，应对收治机构设置一定的准入条件。

同时，为确保诊断评估结果的准确性和科学性，是否应对从事诊断评估的医务人员的资质（如职称、技能、经验，是否必须是精神科执业医师）以及诊断评估人员的数量（如是否要求 2 名以上）作出进一步要求，是立法中必须考量的问题。一方面要求诊断评估人员具备相应资质，能够最大限度地保证诊断评估的准确性，避免错误诊断的发生，但另一方面也必须考虑到精神卫生资源的可及性和规定的可行性。对于精神卫生资源匮乏和精神科执业医生缺乏的地区，过于严格的规定将不切实际。

MI 原则建议非自愿入院患者的评估应由 2 名独立的医学从业人员分别作出，但这一建议即便是在发达国家也未能完全得以实现。例如，在欧盟成员国中，包括德国、比利时等在内的 9 个国家规定只要 1 名医疗专家的评估即可，过半数国家要求 2 名以上医疗专家的评估意见，法国、芬兰等 6 个国家则要求 3 名以上医生的评估。同时，对于评估人员的资质，部分成员国规定，任何医生均可进行医学评估，如比利时；有的国家则规定入院前的首次评估可以是非精神科医生，如卢森堡；但多数国家要求必须由具有资质的精神科医生才可以实施检查和出具医疗评估报告。[1]

我国《精神卫生法》仅规定诊断评估由精神科医生作出，未就诊断评估的人数或资质作进一步规定。这一规定当然充分考虑了当前精神科医生匮乏之现状，但一些地方性立法作出了更为细致的规定，如《上海市精神卫生条例》（2014 年修订）和《深圳经济特区心理卫生条例》规定精神障碍诊断应当由主治医师以上职称的精神科执业医师作出。《北京市精神卫生条例》和《武汉市精神卫生条例》规定重性精神疾病的诊断应当由具有 2 年以上精神科诊断、治疗工作经验的精神科医师作出。

考虑到精神障碍诊断评估的结果是患者非自愿入院的依据，为确保诊断评估结论的准确性、科学性，应采纳世界卫生组织的建议，即有 2 次独立的评估，其中一次须由 1 名有资格的从业人员执行。[2]具体而言，对于可能需要非自愿住院的患者，入院后应接受 2 名医生的独立诊断评估，其中 1 名必须是精神科执业医师。

---

〔1〕 European Union Agency for Fundamental Rights, *Involuntary placement and involuntary treatment of persons with mental health problems*, FRA-European Union Agency for Fundamental Rights, 2012, pp. 35~36.

〔2〕 世界卫生组织：《世界卫生组织精神卫生、人权与立法资源手册》，2006 年，第 69 页。

(二) 诊断人员的回避

为确保诊断评估的客观、中立，防止诊断过程中的偏见、先入为主和不当利益考量，不少国家的精神卫生法规定了回避制度。如《英国精神卫生法》第 12 条规定，医生如与申请存在利益冲突的，不得出具医学建议。我国《精神卫生法》无此规定，但若干地方性法规有相应规定，如《上海市精神卫生条例》第 45 条第 1 款规定："与精神障碍患者有利害关系的精神科执业医师不得为该精神障碍患者进行诊断和出具医学诊断证明。"我国《精神卫生法》有必要作出类似规定，明确与患者存在利害关系的医生不得对该患者进行诊断评估，并明确应该回避的情形。

(三) 诊断评估的期限

在诊断评估期间，患者的人身自由仍处于被限制的状态，且为促使医疗机构及时作出诊断结论，防止不必要的拖延，有必要对诊断评估的期限作出规定。我国《精神卫生法》仅规定医疗机构应"及时出具诊断结论"，未能明确具体期限。学界较为普遍的观点认为应借鉴国际通行的 72 小时期限，上海市等地方立法规定诊断评估的期限为患者留院观察后的 72 小时。笔者亦认为应规定诊断评估的期限，且以 72 小时为宜，但对于疑难病例，经医院负责人批准，可延长 48 小时。

四、非自愿入院审查程序

我国非自愿医疗制度的问题是授予医疗机构及精神科医师广泛而不受约束的入院决定权。医疗机构的非自愿医疗决定无需经法院或其他中立机构的审查许可，直接依据其诊断评估结论即可将严重精神障碍患者无限期地予以收治，这就使得非自愿医疗的决定和实施缺乏必要的外部监督和制约，不足以防范非自愿医疗的滥用。作为严重限制人身自由的行为，非自愿医疗是国家基于其固有权力（国家监护权和警察权）为保护患者本人的利益和公共利益所采取的强制措施。基于该行为的公权力属性及其对当事人权益的重大影响，应由医疗机构以外的中立机构行使非自愿医疗的决定权。具体而言，应将非自愿医疗纳入司法审查程序，由法院行使非自愿医疗的审查决定权。至于非自愿医疗审查程序的具体构造，将在第六章中予以系统论述，在此不予赘述。

五、非自愿治疗程序

非自愿治疗是在患者非自愿入院后医疗机构采取的强制性治疗措施，这一治疗具有其他生理疾病治疗所不具有的特殊性：一是治疗具有强制性，无需取得患者本人的同意，从而侵害患者的自主选择权和知情同意权，且治疗过程中患者人身自由受到不同程度的限制，欠缺自由选择的空间和条件；二是无论是药物治疗、物理治疗（如电抽搐治疗），还是内外科治疗，精神疾病的治疗方法都具有较为严重的副作用和风险。在非自愿治疗的背景下，患者无从对治疗作出选择，只能承受治疗所带来的痛苦和风险。正是如此，法律才需要对非自愿治疗行为予以特殊的规制，而不应坐视不管，任由医疗机构为之。具体而言，对非自愿治疗行为的规制主要包括以下方面：

（一）定期评估

定期评估的目的是通过对住院患者的健康状况和治疗情况的评估，以决定是否对患者继续采取非自愿治疗。如经检查评估，认为患者不再符合非自愿住院条件的，应及时释放患者，否则可继续拘禁患者或延长其住院时间。因此，定期评估制度实际上具有监督和救济的功能。就医疗机构而言，定期评估是对治疗的一种内部或外部的监督机制；对住院患者而言，定期评估发挥了对继续强制的必要性和合法性的审查作用，因而具有权利救济的功能。从各国规定看，定期评估制度主要涉及以下层面的问题：

1. 评估主体。从比较法看，定期评估的承担主体主要包括两种模式：一是由审查机构承担。例如，美国所有州都要求在非自愿治疗后的一定时间后应就继续拘禁的合法性举行司法听证，期限一般是患者入院后的 6 个月，也有很多州为 3 个月和 1 年。[1]英国建立了自动的定期审查制度，对于任何入院治疗或接受社区治疗或召回社区治疗或转移至医院监护的患者，一旦 60 天的期限届满，医院管理者将案件移送裁判所，以接受裁判所的审查。二是由医疗机构及精神科医师负责定期审查。如在日本，继续住院的必要性由指定医

---

[1] Christoper Slobogin, et al., *Law and the Mental Health System: Civil and Criminal Aspects*, Eagan: West Publishing Company, 2009, p. 852.

疗机构评估，澳大利亚的部分州也规定由精神卫生机构负责人或医生评估。我国《精神卫生法》也规定由医疗机构对患者进行检查评估。

2. 评估内容。定期评估的内容是继续拘禁的合法性，即患者当前的精神状况是否仍然符合非自愿住院的条件。对此，美国的判例认为，定期评估的核心问题是认定"（患者的）现状具有继续限制其人身自由的合法性和正当性……"，法院应"考虑被拘禁者自初次听证以来精神状况的任何改善或恶化，这将降低或增加在现有限制状态下对本人或社会可能造成的危险"，并"全面评估有关患者精神疾病和潜在危险性的全部相关证据"。[1]就我国而言，根据《精神卫生法》第44条第5款的规定，定期评估的内容是根据精神障碍患者的病情，评估其是否符合非自愿住院的条件，即第30条第2款规定的有关非自愿住院的要件。

3. 评估期限。不少国家和地区都规定了开展评估的期限及其间隔。例如，美国各州的规定不一，多数州为患者被拘禁后的3个月、6个月或1年。[2]加拿大各省都规定了定期评估制度，如阿尔伯塔省规定，每6个月应举行听证；萨斯喀彻温省规定，患者在入院之初的21天，以及此后每隔6个月应对住院自动进行审查。[3]

我国《精神卫生法》草案曾规定："医疗机构应当组织精神科执业医师定期对非自愿住院患者进行检查评估。"但"定期"一词最终被删除，改为"及时"，但何谓"及时"似乎更多取决于医疗机构的裁量，并不受严格的时间及其间隔之限制。就此而言，我国法律所规定的检查评估制度并非定期评估，而是不定期的评估制度。[4]这种缺乏强制性的不定期的检查评估制度无疑有一些问题，因此有必要借鉴境外经验，明确评估的时间及其间隔，如规定医疗机构应在患者入院后每隔2个月定期评估一次。

---

〔1〕　Fasulo v. Arafeh, 173 Con. 473, 378 A. 2d 553.

〔2〕　Christoper Slobogin, et al., *Law and the Mental Health System: Civil and Criminal Aspects*, Eagan: West Publishing Company, 2009, p. 852.

〔3〕　Mental Health Services Act, S. S. 1984 – 85 – 86, C. M – 13. 1, s. 33 (5. 2).

〔4〕　陈绍辉：《精神障碍患者人身自由权的限制——以强制医疗为视角》，中国政法大学出版社2016年版，第294页。

（二）治疗期限及其延长

1. 治疗期限。传统上，非自愿住院一般都不受期限的限制，是否出院取决于医疗机构根据相关医学标准作出的判断。由于精神医学治疗水平的有限性，不少精神疾病尤其是慢性精神疾病很难获得有效的治疗。同时精神医疗本身内含防卫社会之功能，具有危险性的精神障碍患者很难获得出院，这就造成住院的长期化，并形成所谓"机构化"现象。在此背景下，很多国家开始采取措施限制住院时间，其方式为通过立法直接规定非自愿住院治疗的期限。例如，加拿大各省都规定了住院期限，但期限长短不一，有的省只有 2～3 周，多数省为 1 个月，如需要延期住院则需重新评估获得许可。在英国，入院评估的期限为 28 天，入院治疗的期限为 6 个月。在美国，各州有关非自愿拘禁的期限不一，一般是 3 个月至 1 年之间，但也有的州采取更短的期限，如德克萨斯州，初始拘禁的期限一般为 45 天，如果法官认为有必要采取长期限的，可作出不超过 90 天的拘禁决定。

在我国，住院的长期化是一个普遍问题。相关个案研究表明，有的医院的住院患者的平均年龄达 53 岁，平均住院时间长达 126.6 月，即 10 年以上。[1]另一精神病专科医院的调查显示，该院连续住院 3 年以上的精神障碍患者共 295 例，占在院患者总数的 67.0%。这 295 例长期住院患者中，有 288 例可以在院外生活或康复却仍然滞留在院，占当时在院患者总数的 65.5%。[2]可见，《精神卫生法》的实施并没有缩短住院时间或增加出院机会。导致住院时间的长期化及出院难的原因很多，其中，《精神卫生法》所采取的"不定期拘禁"制度恐怕就是其一。正是非自愿住院不受期限限制，使得医疗机构和监护人可以无限期延长住院，且无需承担任何法律后果。因此，从促进治疗、缩减住院时间和避免"机构化"的目的出发，我国《精神卫生法》宜规定非自愿住院的期限，首次住院的期限以 6 个月为宜。

2. 治疗期限的延长。当然，规定治疗期限可能未必符合精神疾病治疗的规律，毕竟个体差异、疾病性质及其疑难程度，决定了不同个体疾病的治疗

---

[1]　罗丽新等："《精神卫生法》实施后精神病人长期住院原因调查"，载《中国健康心理学杂志》2014 年第 12 期。

[2]　殷濛濛等："精神卫生中心长期住院患者现状调查分析"，载《上海医药》2018 年第 12 期。

周期各不相同。特别是当治疗期限过短时，也可能导致治疗的短期化，甚至形成所谓的"旋转门"问题。因此，针对规定治疗期限所存在的弊端，可考虑通过治疗期限延长制度予以实现。

一般而言，立法只要规定了治疗期限，为确保治疗的灵活性，都会规定治疗期限的延长制度。有关治疗期限的延长之规定，一般应考虑以下问题：①延长治疗期限的决定主体。就性质而言，延长治疗期限与重新收治入院无本质差别，需要重新评估和作出审查决定。因此，各国（地区）普遍规定应由审查机构作出决定，如美国各州都需经法院听证许可，英国需经精神卫生审查裁判所的审核许可。②延长的期限与次数。各国（地区）有关延长住院的期限规定不一，从1个月至1年不等。如英国首次可延长6个月，此后可再次延长1年，之后每次可延长1年。另外，关于延期的次数，很多国家和地区都未作限制，如英国。

就我国而言，也应规定治疗期限延长制度，每次延长的时间可考虑为6个月，但必须经审查机构的审查决定。具体而言，在治疗期限届满前，医疗机构经检查评估认为患者符合非自愿住院条件应继续住院的，可向审查机构提出延期住院的申请，审查机构依照审查程序作出是否同意延期的决定。

（三）精神科特殊治疗的规制

相对于生理疾病的治疗，精神疾病的治疗方式较为单一，其中主要的治疗方式包括药物治疗、心理治疗等。同时，精神医疗领域也存在一些特殊的治疗方式，如精神外科治疗、电抽搐治疗及其他不可逆的治疗方式等，这些治疗方法要么具有高度的风险性、不确定性，要么因施用于不具有意思能力的患者而容易被滥用。从保护精神障碍患者的合法权益出发，法律应对这些特殊治疗方式予以专门规制。[1]

以精神外科治疗为例，该治疗方法除了具有外科手术本身的风险外，还通常会导致智力下降和情感迟钝。同时，精神科外科手术治疗具有不可逆性，如已经被破坏的脑组织不再重生，也可能造成永久性的人格改变，包括改变

---

〔1〕 有关精神科特殊治疗的法律规制，参见，陈绍辉：《精神医疗的法律问题研究》，清华大学出版社2022年版，第102~108页。

个人的思维、感觉、行为，甚至是一个人的所有的特性。[1]正因为这一治疗方式所具有的高度风险性和严重的副作用，精神医学界对这一治疗方式持十分谨慎的态度，各国（地区）立法亦采取较为严格的立场。因此，国际上普遍认为精神外科治疗不得运用于非自愿住院患者，对于自愿住院患者则应履行严格的知情同意手续，且该治疗应经审查机关的审查许可。我国《精神卫生法》也秉持相同立场，明确禁止对非自愿住院患者实施以治疗精神障碍为目的的外科手术，但这并不排除精神外科治疗可用于自愿住院患者。此种情形下，应严格履行知情同意手续，充分尊重患者的知情权和选择权，避免家属代替同意而出现"被手术"问题。

六、出院程序

患者如经治疗不再符合非自愿住院条件，医疗机构应为患者办理出院手续，或经患者同意转为自愿住院。实践中，出院程序关乎患者的合法权益，应提供完备的程序保护。

（一）出院或终止非自愿住院的条件

一般而言，非自愿住院的存续及终止以患者的状况是否符合非自愿住院标准为前提。也就是说，如果患者经治疗病情痊愈、缓解或不再具有危险性，医疗机构应及时解除非自愿住院。我国《精神卫生法》并没有完全遵循这一原则，一方面，对本人具有危险性的精神障碍患者，监护人有权随时要求使其出院，医疗机构认为患者可以出院的，也可以通知患者或监护人办理出院；另一方面，对他人具有危险性的精神障碍患者，是否出院由医疗机构决定。即《精神卫生法》第44条第4款规定："……医疗机构认为患者可以出院的，应当立即告知患者及其监护人。"从本条规定看，是否出院取决于医疗机构的判断，且没有明确应当出院的标准或条件。然而，《精神卫生法》审议稿曾规定，对于对他人具有危险性的精神障碍患者，"医疗机构认为患者无危害他人安全危险、可以出院的，应当立即告知患者及监护人"。审议稿以"无危害他

---

[1] Bruce J. Winick, "The Right to Refuse Mental Health Treatment: First Amendment Perspective", *Universty of Miami Law Review*, 44 (1989), 64~65.

人安全危险"作为出院的标准，但这一规定最终被删除，可能的原因是确认无危害他人安全危险的难度很大，医疗机构无法保证他们认为无危害他人安全的精神障碍患者出院后不发生危害他人安全的行为。[1]

对出院和入院采取相同的标准无疑具有合理性，立法上也应明确出院的标准，一则防止出院标准不明而引发争议，并造成医疗机构的恣意，二则为司法机关和审查机关判定出院提供标准，而非一味遵从医疗机构的判断。另外，在规定了治疗期限的国家或地区，一旦治疗期限届满，医疗机构没有申请延期的，也应及时释放患者。这也是患者出院的法定情形之一。

（二）出院的决定主体

各国（地区）有关非自愿住院的终止主体的规定差异较大。以欧盟成员国为例，多数国家都是由医生决定终止治疗，也有不少国家规定法院和医疗专业人员都可决定终止治疗，如匈牙利一般都是法院决定终止治疗，但医院负责人在认为患者不再符合非自愿住院条件时，也可有权决定释放患者。也有的国家规定，只有法院才能决定终止非自愿治疗，如法国、奥地利、爱沙尼亚等，而意大利则是由作为行政当局的市长决定。[2]在英国、日本医疗机构或医师以及审查会都有权释放患者。

近亲属或监护人一般无权决定患者的出院，鲜有国家或地区赋予近亲属或监护人这一权利。例外的规定是英国，《英国精神卫生法》规定，近亲属有权决定释放非自愿入院的患者，但是对于近亲属要求释放患者的通知，责任医生如认为患者被释放后"可能实施对本人或他人的危险行为的"，可拒绝该要求。我国《精神卫生法》授予监护人决定出院的权利，这一规定不仅缺乏理论依据，也完全不具有合理性，应予以摒弃。

具体而言，在我国，有权决定出院的主体应仅限于医疗机构和审查机构，患者及其监护人有权向医疗机构或法院申请出院，但是否同意应由医疗机构或法院作出决定。

---

〔1〕 刘白驹：《非自愿住院的规制：精神卫生法与刑法（下）》，社会科学文献出版社2015年版，第671页。

〔2〕 European Union Agency for Fundamental Rights, Involuntary placement and involuntary treatment of persons with mental health problems, FRA – European Union Agency for Fundamental Rights, 2012, p. 38.

（三）出院的法律救济途径

在多数国家和地区，患者及其近亲属有权向审查机构提出出院申请，审查机构经审查可以作出是否出院的决定。同时，也有的国家和地区规定，对于患者的持续住院，医疗机构应定期向审查机构提出申请，以审查继续拘禁的合法性。例如，《英国精神卫生法》规定，任何接受入院评估或入院治疗的患者，一旦60天的住院期限届满，医院管理者应将该案件移送裁判所，以便听取裁判所的意见。同时，当案件经裁判所庭听审后逾3年时，医院管理者也应将案件移送裁判所审查继续拘禁的合法性。加拿大各省也有类似规定。

我国《精神卫生法》第82条赋予患者向法院起诉的事后救济方式，但这一事后司法救济的效果十分有限。事实上，更为有效的救济途径是赋予患者及其监护人在住院期间向审查机构就非自愿住院的合法性进行审查的权利，包括请求出院的权利。具体而言，应将出院纳入法院审查的范围，患者及其监护人有权向法院申请出院，法院经审查可作出是否出院的裁决。

第三节　非自愿社区治疗程序

作为一项新兴的非自愿医疗类型，非自愿社区治疗获得越来越多国家和地区的青睐和认可，但各国和地区的非自愿社区治疗在类型、实体条件和程序构造等方面均存在较大差异。因此，有必要对有代表性的国家和地区的非自愿社区治疗程序进行比较分析，揭示非自愿社区治疗的实体条件和程序构造，并进一步探讨我国引入非自愿社区治疗制度的必要性及具体程序的构建。

一、非自愿社区治疗的境外实践

非自愿社区治疗制度在各国的发展较为迅速，其中，较为成熟的国家为美国。目前，美国已经有45个州制定了非自愿社区拘禁法，[1]其中至少有9

---

〔1〕 Joseph Leopardi，"Nj'S Involuntary Outpatient Commitment Law Poses Civil Liberties Issues For People With Mental Illness"，43 *Rutgers L. Rec.* 33，36（2015～2016）.

个州规定了预防性社区拘禁，加利福尼亚州、新泽西州、佛罗里达州和密歇根州近年来还规定了 2 种类型的非自愿社区拘禁。[1]此外，以色列、英国、爱尔兰、澳大利亚、新西兰、加拿大等国家都通过立法建立了非自愿社区治疗制度，目前超过 75 个国家和地区建立了这项制度。[2]以下以相关代表性国家和地区为例，对非自愿社区治疗制度的具体运行作初步分析。

（一）美国

在美国，非自愿社区治疗一般称为非自愿社区拘禁或非自愿社区治疗（Involuntary Outpatient Commitment, or Involuntary Outpatient Treatment）。学界对非自愿社区拘禁的理解分歧较大，[3]较为中立的观点认为："非自愿社区拘禁是法院作出的旨在强制精神障碍患者在机构外生活，并遵从相应治疗计划的一项命令。该命令一般包括精神药物治疗或其他服务，如个体或团体治疗，参加教育或职业教育，监控生活安排等。"[4]

非自愿社区治疗最早可追溯到 20 世纪 50 年代，伴随着抗精神病药物的发明和临床运用，精神疾病开始可以受到药物的有效控制，在社区环境中对精神障碍患者进行治疗成为可能。非自愿社区治疗的最早形式是附条件出院，即将那些能够在社区中生活的住院病人予以释放，并对其采取监控性措施使其在社区中继续接受治疗。同时，随着最小限制原则在判例和立法中的确立，非自愿社区治疗作为住院治疗的替代方式在多数州获得确立。近年来，针对非自愿拘禁存在的"旋转门"问题，以及大量精神障碍患者流落街头而无法接受治疗之现象，一些州开始建立一种新型的非自愿社区治疗模式——预防性社区拘禁。预防性社区拘禁着眼于预防精神障碍患者的潜在危险性，目的是通过社区治疗防止患者的疾病恶化到需要非自愿住院的程度。

---

〔1〕 Candice T. Player, "Involuntary Outpatient Commitment: The Limits of Prevention", *Stanford Law & Policy Review*, 26 (2015), 161~162.

〔2〕 张鹤："精神病患者社区非自愿治疗域外考察"，载《四川警察学院学报》2018 年第 6 期。

〔3〕 Henry A. Dlugacz, "Involuntary Outpatient Commitment: Some Thoughts on Promoting a Meaningful Dialogue Between Mental Health Advocates and Lawmakers", *New York Law School Law Review*, 53 (2008), pp. 82~83.

〔4〕 Jennifer Honig, "New Research Continues to Challenge the Need for Outpatient Commitment", *New England Journal on Criminal and Civil Confinement*, 31 (2005), 110.

预防性社区拘禁最早可追溯到北卡罗莱纳州的立法，该法允许任何人向法院提出申请，使精神障碍患者处于监护状态，以便对其进行检查。这一命令的作出要求法院认定精神障碍患者对本人或他人具有危险性或需要治疗以避免症状的恶化并导致危险的发生。经检查，如果医生建议对患者采取社区治疗，法院应举行听证以决定患者是否应接受非自愿社区拘禁。如果法院要作出非自愿社区拘禁的决定，则必须符合以下条件：①患者患有精神疾病；②患者在监控之下能够在社区安全生活；③需要治疗以防止疾病恶化而具有危险性；④患者因精神疾病而无能力决定自愿接受治疗。由于这种非自愿社区拘禁以危险性为条件，而非仅仅以疾病"恶化"为标准，因此其适用对象和范围十分有限。[1]真正推动预防性社区拘禁制度发展的是1999年纽约州的Kendra's法和2002年加利福尼亚州的Laura's法。

1. 预防性社区拘禁的实体要件。目前，美国至少有10多个州制定了预防性社区拘禁法，[2]结合各州的规定，预防性社区拘禁的条件主要包括：①行为人不能就治疗作出理性决定。②行为人具有精神疾病史，且在特定时期内至少2次住院或在矫正设施中接受精神卫生服务；或者在特定时期内因精神疾病而对本人或他人实施或试图或威胁实施严重暴力行为。③由于精神疾病，行为人不可能自愿接受治疗，且能够在治疗中受益。④如不接受治疗，将导致行为人的状况继续恶化，并将削弱其行为能力或将对本人或他人造成即刻危险。⑤没有支持或监督，行为人可能在社区中无法安全生存。各州的具体条件各异，一般是上述5个条件的组合。少数州仅以④为条件，如德克萨斯州和佛罗里达州；多数情况是②、③、④的组合；其他州采取①、③、④的组合。[3]

以纽约州为例，其辅助性社区治疗命令（assisted outpatient treatment）的

---

〔1〕 R. A. Bernfeld, "Outpatient Commitment: The Role of Counsel in Preserving Client Autonomy", 17 *Suffolk J. Trial & App. Adv.* 352, 358（2012）.

〔2〕 These States are Alabama, California, Florida, Georgia, Hawaii, Illinois, Indiana, Kansas, Louisiana, Maine, Minnesota, Michigan, New York, North Carolina, Pennsylvania, South Carolina, and Texas. Richard C. Boldt, "Perspectives on Outpatient Commitment", *New England Law Review*, 49（2015）, 60.

〔3〕 Richard C. Boldt, "Perspectives on Outpatient Commitment," *New England Law Review*, 49（2015）, 62~63.

作出应符合以下条件：①18 周岁以上。②患有精神疾病。③根据临床诊断，若无监控，患者无法在社区中安全生存。④有拒绝遵从精神疾病治疗的记录。即在提交申请前的 36 个月内在医院住院或司法、矫正机构中接受精神卫生服务（不包括现在或近 6 个月内的住院与监禁），或在申请前的 48 个月内曾对本人或他人实施严重暴力行为，或者对本人或他人威胁或试图实施严重人身伤害行为（不包括现在或近 6 个月内的住院与监禁）。⑤由于其患有精神疾病，不可能自愿接受社区治疗。⑥根据其治疗经历和当前行为，需要接受辅助性社区治疗以防止疾病复发或恶化，从而导致对本人或他人严重的伤害。⑦能够从辅助性社区治疗中受益。[1]

从上述规定可见，纽约州社区拘禁的条件极大地扩张了传统非自愿拘禁的条件：首先，社区拘禁的对象患有精神疾病即可，并不要求达到严重程度。换言之，只要诊断为精神疾病疾病即符合条件；其次，社区治疗摒弃了传统非自愿拘禁所采取的危险性或严重失能（grave disability）条件，取而代之的是患者精神疾病史和住院与暴力行为记录，并将 3 年内的住院记录和 4 年内的暴力行为作为证据。[2]尽管纽约州的社区拘禁条件看似十分宽泛，其适用的对象范围实际上仍然较为狭窄。例如，没有在医院或其他设施中接受过治疗的严重精神障碍患者，或 3 年内没有 2 次以上住院治疗经历的精神障碍患者，以及处于发病初期的严重精神障碍患者，可能会因不符合法律所规定的条件而不能申请社区治疗。[3]

2. 预防性社区拘禁的程序。在美国，预防性社区拘禁必须经法院审查决定方可执行，各州有关社区治疗决定的听证程序大同小异，以下以纽约州为例就其具体程序予以介绍。

在纽约州，预防性社区拘禁被称为"辅助性社区治疗"，这一决定必须由法院经听证审理后作出，其启动得由具有资质的申请人向法院提出申请。根

---

〔1〕 N. Y. MENT. HYG. L. § 9. 60（c）.

〔2〕 Rachel A. Scherer, "Toward A Twenty-First Century Civil Commitment Statute: A Legal, Medical, and Policy Analysis of Preventive Outpatient Treatment", *Indiana Health Law Review*, 4（2007），387.

〔3〕 Katherine B. Cook, "Revision Assisted Outpatient Treatment Statutes in Indiana: Providing Mental Health Treatment for Those in Need", *Indiana Health Law Review*, 9（2012），679～680.

据该州《精神卫生法》的规定，申请人的范围十分宽泛，包括：①与患者共同居住、年满 18 岁的成年人；②父母、配偶、成年兄弟姐妹、成年子女；③患者住院的医院负责人；④患者所在的任何公共或慈善机构、精神卫生服务提供者的负责人；⑤监督治疗或负责治疗患者的精神科医生；⑥治疗患者的心理医生、社工；⑦社区服务的负责人或官员；⑧负责监督患者的假释或缓刑官员。[1] 申请人向法院申请社区治疗命令应提交申请书，并附有医生的证明文书，以证明提交申请书的 10 日内该医生亲自检查了被申请人，并建议申请辅助性社区治疗，或者证明该医生在提交申请书的 10 日内曾试图对被申请人进行检查，但因被申请人拒绝配合而未能成功检查，该医生有合理理由认为被申请人符合辅助性社区治疗条件。[2]

提供证明的医生或者法院指定的医生必须亲自检查患者，并声明：①被申请人符合辅助性社区治疗的全部条件；②治疗系最小限制性替代措施；③所建议的辅助性社区治疗及其合理性；④如果治疗还包括药物治疗，医生应说明药物的种类及其对患者身心的利弊影响。

法院应在收到申请书之日起的 3 个工作日内举行听证，除非是有利于患者本人，否则不得延期。在听证过程中，被申请人享有委托代理人、提供证据、申请证人出庭和交叉询问的权利。同时，社区治疗决定的作出必须有医生事先拟定的书面治疗计划，该治疗计划应包括患者应接受的所有社区服务和治疗措施，治疗计划的制定应保证被申请人及其近亲属的参与。法院在听取医生对治疗计划的解释后，方可作出最后决定。如果经听证，有清晰和令人信服的证据证明患者符合社区治疗的条件，且没有其他适当的、可行的更小限制性替代措施时，法院可作出初始期限不超过 1 年的辅助性社区治疗决定，该治疗决定应附有书面的治疗计划。[3] 在治疗决定期满前 30 天，相关负责人或申请人可申请延长治疗期限，法院经审查可决定延长 1 年。

3. 预防性社区拘禁的运行。尽管已经有 45 个州通过立法确立了非自愿社区治疗制度，但是这些制度的实施效果并不理想，至少有 12 个州很少或根本

---

〔1〕 N. Y. MENT. HYG. L. § 9. 60 (e) (1).

〔2〕 N. Y. MENT. HYG. L. § 9. 60 (e) (2).

〔3〕 N. Y. MENT. HYG. L. § 9. 60 (j) (2).

没有使用过强制社区治疗。即便是纽约州，也只有一部分郡适用州制定的社区治疗法律。在佛罗里达州社区拘禁法律实施的最初 3 年，法院只作出了 71 项强制社区治疗命令。纽约州在 Kendra's 法实施后的 4 年内，有 10 078 人被推荐纳入辅助性社区治疗项目，但精神卫生人员仅对其中的 4041 人提出申请，法院最终批准将 3766 人纳入治疗项目。[1]究其根源，一方面在于很多州的社区精神卫生服务体系不健全，使得社区精神卫生服务缺乏可及性；另一方面，推行法律实施的财政投入严重不足。[2]此外，由于缺乏强制性的执行机制，当患者怠于遵守治疗计划时，医生没有有效的手段迫使患者遵守治疗命令，这不仅影响了社区拘禁的效用，也制约了精神医疗从业人员使用社区拘禁的积极性。

对于预防性社区拘禁的实际效用，相关研究的分歧较大。肯定的观点认为预防性社区拘禁采取了较传统民事拘禁更低的标准，由法院命令患者在社区中接受治疗，有利于消除精神病人的潜在危险性，降低医疗费用，提升精神病人的生存质量，解决精神病人的无家可归、犯罪化以及精神卫生体系所存在的"旋转门"等问题。[3]相关实证研究也表明，社区拘禁具有积极的治疗效果，有助于提高治疗的依从性，并提升患者的社会适应功能。[4]在纽约州，严重精神疾病所带来的无家可归、再犯行为和危害行为的发生比率明显下降。同时，预防性社区拘禁能够提升严重精神障碍患者精神卫生服务的可及性和有效性，并促进精神卫生服务体系的完善。[5]然而，也有不少学者质疑预防性社区拘禁的实际效用。相关随机对照试验表明，和一般治疗相比，社区拘禁患者似乎没有减少重新住院可能，也没有更好的服药依从性，患者的犯

〔1〕 David B. Kopel and Clayton E. Cramer, "ARTICLE: Reforming Mental Health Law to Protect Public Safety and Help the Severely Mentally Ill", 58 *How. L. J.* 715, 775 (2015).

〔2〕 Paul Sarlo, "Financing Mental Healthcare: A Budget-Saving Proposal for Rethinking and Revitalizing Florida's Involuntary Assisted Outpatient Treatment Law", *Stetson Law Review*, 42 (2012), 229~230.

〔3〕 Ken Kress, "An Argument for Assisted Outpatient Treatment for Persons with Serious Mental Illness Illustrated with Reference to a Proposed Statute for Iowa", *Iowa Law Review*, 85 (1999), 1323.

〔4〕 R. A. Bernfeld, "Outpatient Commitment: The Role of Counsel in Preserving Client Autonomy", 17 *Suffolk J. Trial & App. Adv.* 352, 367 (2012).

〔5〕 Rachel A. Scherer, "Toward A Twenty-First Century Civil Commitment Statute: A Legal, Medical, and Policy Analysis of Preventive Outpatient Treatment", *Indiana Health Law Review*, 9 (2012), 371.

罪率和流落街头率没有明显的改变。尽管上述研究的研究方法具有一定的局限性，结果的说服力不无疑问，但社区拘禁的有效性仍待进一步检验。[1]

此外，有关预防性社区拘禁的合宪性也是实践中争议很大的问题。毕竟预防性社区拘禁并不符合非自愿拘禁的标准，其对个人自由的限制也就不可避免引发合宪性争议。特别是当治疗方式涉及药物治疗等侵入性治疗手段时，将侵害患者的拒绝治疗权这一宪法权利。根据州法和判例，强制用药只有在紧迫情况下方可实施，其标准与非自愿拘禁的标准相同。而社区拘禁所使用的强制药物治疗明显采取更低的标准，此种情形下的社区拘禁将违法侵害个人隐私、人格尊严和个人自主，因而不具有合宪性。[2]对此，美国精神医学会曾建议社区拘禁只有在患者无行为能力时才能采取强制用药。纽约州的Kendra's 法为回避这一问题，没有授权社区拘禁可以采取强制药物治疗。在 In re K. L. 案中，法院肯定了纽约州 Kendra's 法的合宪性，因为纽约州的社区拘禁法并没有规定强制用药，也没有针对患者的拒绝遵守社区治疗计划而施加任何处罚措施。社区治疗命令的效力仅仅是使守法公民自觉遵守法院的命令。[3]实践中，尽管法院作出的治疗计划中通常都包括药物治疗，但是并没有规定强制用药的具体措施或者惩处患者拒绝服药的措施，这也就规避了可能引发的违宪问题。

（二）英国

在英国，传统的社区治疗必须取得患者的有效同意，当患者欠缺同意能力时，必须在该患者没有表示积极反对或紧急的情况下，方可予以治疗。无论患者是否具有拒绝治疗能力，均无权违背其意愿施以治疗。[4]由于缺乏有效的社区治疗约束机制，很多患者在出院后就不再接受治疗，继而复发并被重新收治入院，也就形成社会关注的"旋转门"现象。为克服这一问题，2007 年修订的《英国精神卫生法》引入了"社区治疗命令"（Community Treatment Order,

〔1〕 刘勇、谢斌："强制社区治疗的国际经验及对我国的启示"，载《中国心理卫生杂志》2017年第 12 期。

〔2〕 Bruce J. Winick et al., "Outpatient Commitment: A Therapeutic Jurisprudence Analysis", Psychology, Public Policy, and Law, 9（2003），114～115.

〔3〕 In re K. L., 806 N. E. 2d 480（N. Y. 2004）.

〔4〕 Brenda Hale, Mental Health Law, London: Thomson Reuters Limited, 2010, p. 234.

CTO）制度。[1]社区治疗命令的目的在于确保患者能够在社区而非医院中获得安全的治疗，从而防止患者疾病复发，以及由此造成的对本人或他人的损害。同时，社区治疗命令有助于患者在医院外保持精神健康的稳定，并促进健康的恢复。实践中其适用范围远超预期，至 2011 年 12 月，社区治疗命令的使用次数累计为 4220 次，其中，2082 人被召回住院，1469 人次被撤销社区治疗命令，1712 人被释放。[2]

1. 社区治疗命令的条件及其作出。CTO 针对的对象仅限于被拘禁于医院接受治疗的患者（a patient is to be detained in a hospital for treatment），经责任医生（Responsible Clinician，RC）的决定，并经具有资质的精神卫生人员（Approved Mental Health Professional，AMHP）的书面同意，且应符合以下条件：①患者患有精神障碍，其性质或程度决定其应接受治疗。②为本人健康或安全，或为保护他人，该患者应接受治疗。③治疗无需通过住院获得，在社区中即可获得。④责任医生基于其权力可将患者召回住院。对于该条件，责任医生应特别考虑患者的疾病史及其他相关因素，如不住院患者健康状况恶化之风险等因素作出判断。⑤患者的适当治疗具有可及性。

可见，责任医生在作出社区治疗命令中具有十分重要的作用，责任医生负责对患者进行评估并认定其是否符合法定条件。同时，责任医生的决定应获得 AMHP 的同意。即便患者符合社区治疗命令的条件，也并不意味着必须接受社区治疗。因为，AMHP 在作出决定时还应考虑患者的社会背景，尤其是患者的社会、文化背景。[3]在责任医生和 AMHP 同意患者接受社区治疗命令时，他们应办理相关法定手续，并将相关表格交付给医院管理方，且责任医生应在表格上注明作出社区治疗命令的日期，该日期系社区治疗命令开始的日期。

社区治疗命令应规定患者应遵守的条件，责任医生在规定该条件时应考虑达到以下一个或多个目标：①确保患者接受治疗；②防止损害患者的健康

---

〔1〕《精神卫生法执业守则》（*Codes of Practice for Mental Health Act* 198）将社区治疗命令称之为"监督性社区治疗"（supervised community treatment）。

〔2〕 Robert Brown，*The Approved Mental Health Professional's Guide to Mental Health Law*，SAGE Publications Inc.，2013，pp. 38～39.

〔3〕 *Codes of Practice for Mental Health Act* 1983，para 25. 24，25. 25.

或安全；③保护他人。责任医生可随时以书面形式改变社区治疗命令规定的条件，且这一改变并不需要征得 AMHP 的同意。同时，责任医生也可决定暂停社区治疗命令的任何相关条件。

2. 社区治疗命令的法律效力。社区治疗命令并不导致原住院命令或入院治疗决定终止，仅仅是在社区治疗命令生效期间暂停医院对患者的拘禁权力。

在社区治疗的实施过程中，责任医生应与患者保持密切联系，并对其出院后的精神健康和状态进行监控。具体安排取决于患者的需求和个人情况，以及当地服务方的组织方式。如果患者健康状况恶化，或者因精神障碍而实施高度危险行为，或者拒绝治疗，责任医生应采取相应的适当措施。此时，责任医生应分析原因和下一步该采取的措施。如果患者拒绝接受重要治疗，应对其进行紧急评估，并可考虑将患者召回住院。[1]

3. 社区治疗命令的期限。社区治疗命令的期限为 6 个月，期满可延长 6 个月，延期届满后还可延长 1 年。延长期限的，责任医生同样应取得 AMHP 的同意，且仍然应符合社区治疗命令的条件。

4. 违反社区治疗命令的后果。如果患者怠于遵守社区治疗命令所规定的条件，责任医生可将其召回住院。[2]一旦召回通知送达给患者本人，患者不得擅自离开，并将被移送至医院。在患者被移送医院后，治疗团队应对患者进行评估，并提供必要的治疗，以及决定下一步应采取的措施。[3]患者在被召回医院后最长可被拘禁 72 小时，在此期限内，责任医生应作出以下任一决定：①对患者进行治疗，并在 72 小时内准许其回家。②撤销社区治疗命令。如果责任医生认为患者符合《英国精神卫生法》第 3 条第 2 款规定的入院治疗条件，且获得 AMHP 同意的，可撤销社区治疗命令，将患者收治入院。一旦社区治疗命令被撤销，医院管理人员应自动启动精神卫生裁判所的程序。患者重新入院后，住院的期限从撤销之日起重新计算，时长为 6 个月。[4]③释放患者。

---

〔1〕 *Codes of Practice for Mental Health Act* 1983，para 25. 39.

〔2〕 根据《英国精神卫生法》第 17E（1）条的规定，召回住院的情形还包括：责任医生认为患者因其精神障碍需要住院治疗的；如果患者不被召回住院，可能对本人或他人健康或安全造成危险的。

〔3〕 *Codes of Practice for Mental Health Act* 1983，para 25. 56~63.

〔4〕 Robert Brown，*The Approved Mental Health Professional's Guide to Mental Health Law*，SAGE Publications Inc.，2013，p. 41.

责任医生可在任何时候释放患者。同时，在 72 小时届满时，如果责任医生没有释放患者，或者社区治疗命令没有被撤销的，患者应被释放。

（三）加拿大

在加拿大，非自愿社区治疗一般被称为"辅助性社区治疗"，主要包括附条件出院和社区治疗命令两种形式，其中，附条件出院在 12 个省的精神卫生法中都有规定，而社区治疗命令作为辅助性社区治疗的新模式，最早规定于萨斯喀彻温省，随后获得越来越多省的青睐，至 2008 年已有 6 个省规定了社区治疗命令。

社区治疗命令的目的是为严重精神障碍患者提供比非自愿住院治疗限制更小的社区环境下的综合治疗和监控计划，其所针对的对象一般是那些病情已经稳定的住院患者，这些患者出院后经常停止治疗，导致病情重新恶化，并最终再次住院。因此，社区治疗命令的目的是防止这些患者沦为"旋转门"患者或慢性精神病患者。

1. 社区治疗命令的条件。在加拿大，各省有关社区治疗命令的条件略有差异，但一般包含以下方面的要件：[1]①社区拘禁性（committal）标准。这方面的条件与非自愿住院的标准基本相同，包括精神障碍、危险性或恶化标准。如安大略省规定，精神障碍患者若在社区中不接受持续的治疗、照护或监督，由于精神障碍的问题，将导致对本人或他人严重的人身伤害，或导致本人身心状况的恶化或严重健康损害。②精神病史条件。社区治疗命令的对象限于具有长期住院史的精神障碍患者，只是各省有关住院记录的计算时间略有差异，如萨斯喀彻温省规定，患者在申请前的 2 年内有 3 次入院或总计 60 天的非自愿住院；新斯科舍省规定患者在 2 年内必须有为期 60 天的非自愿住院或 2 次非自愿入院。之所以规定住院史，是因为社区治疗命令的目的在于解决精神病治疗中存在的"旋转门"问题。[2]很多患者经住院治疗，病情稳定后释放出院，由于缺乏有效约束，这些患者经常停止治疗，从而导致病

---

〔1〕 John E. Gray, Margaret A. Shone, Peter F. Liddle, *Canadian Mental Health Law and Policy*, LexisNexis, 2008, pp. 277~284.

〔2〕 Anita G. Wandzura, "Community Treatment Orders in Saskatchewan: What Went Wrong?", *Saskatchewan Law Review*, 71 (2008), 277.

情复发恶化，又重新住院。但这一条件也使得没有住院史的患者被排除于非自愿社区治疗之范围。对此，有学者认为，应摈弃这一要件，摈弃住院史要件有利于鼓励患者尽早接受治疗，并使其他没有住院史的患者接受社区治疗。[1]③社区服务的可及性。多数省都规定社区治疗命令的前提是社区治疗具有可及性，系社区能够提供的服务。同时，医生必须能够证明患者能够遵守治疗计划。规定这一条件的目的在于确保患者在社区中能够接受充分的精神卫生服务，尤其是严重精神病人，其所需要的不仅仅是药物治疗，还包括其他治疗服务。[2]此外，也有少数省，如安大略省、新斯科舍省、阿尔伯特省的社区治疗命令还需经患者本人或其替代决定者的同意（当患者无同意能力时）。法律之所以如此规定，主要目的在于表明治疗已经取得患者或其替代决定者的"授权"，表明他们将遵守社区治疗命令。[3]

以上是加拿大各省有关社区治疗命令的一般条件，但各省的具体规定仍有所差异。例如，萨斯喀彻温省的法律规定，社区治疗命令应符合以下条件：①患有精神障碍，且由于精神障碍，患者需在社区中接受治疗、照护和监管。②在过去的2年内，患者必须在相关机构中住院达60天以上，或有3次以上的住院经历。③精神科医生有合理的理由认为如果患者不在社区中接受治疗、照护或监督，由于精神障碍，该患者可能对本人或他人造成伤害，或者身心健康发生严重恶化。④患者所需接受的医疗服务系社区所能提供的，即具有可及性。⑤患者不具有同意能力。⑥患者能够遵守社区治疗命令所下达的治疗计划。可见，在萨斯喀彻温省，无行为能力是社区治疗命令的条件。然而，在安大略省，具有行为能力和同意能力的患者仍可适用于社区治疗命令。同时，如果患者不具有同意治疗的能力，替代决定者可以作出同意治疗的决定。萨斯喀彻温省并没有规定患者接受社区治疗命令的替代决定问题，在社区治疗下，有关治疗决定系医生根据"良好的医疗实践"（good medical practice）和

---

〔1〕 Anita G. Wandzura, "Community Treatment Orders in Saskatchewan: What Went Wrong?", *Saskatchewan Law Review*, 71 (2008), 279~280.

〔2〕 Anita G. Wandzura, "Community Treatment Orders in Saskatchewan: What Went Wrong?", *Saskatchewan Law Review*, 71 (2008), 288.

〔3〕 John E. Gray, Margaret A. Shone, Peter F. Liddle, *Canadian Mental Health Law and Policy*, LexisNexis, 2008, pp. 283~284.

患者合理的观点作出。[1]

2. 非自愿社区治疗的程序。

（1）决定主体。在加拿大，有关社区治疗命令的程序大致相同，社区治疗决定由医生作出，主要区别在于社区治疗命令的作出过程中医生数量的不同，以及对医生资质的不同要求。安特略省规定只要 1 名医生，且不必是精神科医生，而纽芬兰、拉布拉多和新斯科特省则规定必须为 1 名精神科医生，萨斯喀彻温省要求 2 名精神科医生，阿尔伯特省则要求 2 名医生，其中 1 名必须是精神科医生。[2]

（2）期限。有关社区治疗命令的期限，多数省规定为 6 个月，但萨斯喀彻温省仅要求 3 个月。相关研究表明，6 个月的治疗期限太短，不足以达到和巩固治疗效果，因而建议适当延长社区治疗命令的期限。[3]

（3）执行。萨斯喀彻温省规定如果患者怠于遵守社区治疗命令，医生可命令将该患者予以羁押，并将其立刻移送到相关检查场所，以便使其重新入院。当患者没有遵守社区治疗命令时，医生应首先通知患者本人或替代决定者（如果有的话），告知其怠于遵从治疗计划可能产生的后果（如羁押、非自愿入院）。同时，医生必须为患者履行社区治疗计划提供合理的帮助，否则，不能向警察申请羁押该患者。

在履行上述程序后，如果患者的行为仍不符合社区治疗命令要求，医生可向警察申请羁押该患者，并由警察将其移送至作出社区治疗命令的医生处。对于患者被移送后的处置措施，加拿大各省的规定并不一致，大致包括两种模式：①安大略省和新斯科特省规定，患者被移送并经检查后，医生可作出 3 种选择：一是取消社区治疗命令，将患者释放；二是作出新的社区治疗命令；三是作出入院许可，以决定患者是否应接受非自愿住院。无论如何，不可延续原社区治疗命令，可以作出部分或全部修改。②纽芬兰、拉布拉多和阿尔伯

〔1〕 Anita G. Wandzura, "Community Treatment Orders in Saskatchewan: What Went Wrong?", *Saskatchewan Law Review*, 71 (2008), 283.

〔2〕 John E. Gray, Margaret A. Shone, Peter F. Liddle, *Canadian Mental Health Law and Policy*, LexisNexis, 2008, pp. 307 ~ 308.

〔3〕 Anita G. Wandzura, "Community Treatment Orders in Saskatchewan: What Went Wrong?", *Saskatchewan Law Review*, 71 (2008), 294.

特省规定，经检查后，医生可作出以下选择：一是取消社区治疗命令，将患者释放；二是延续原社区治疗命令，但可对该治疗命令作出修改；三是取消社区治疗命令，签发入院许可。[1]

（四）新西兰

在新西兰，最小限制原则贯彻非自愿医疗的始终。如果患者符合非自愿治疗条件，除非法院认为患者在社区中不能接受充分治疗，才能作出住院命令，否则应作出社区治疗命令。换言之，一旦认定患者应接受非自愿治疗，首先应选择社区治疗这一更小限制方式，只有这一方式不适合时，方可采取非自愿住院这一限制更为严格的方式。

在新西兰，社区治疗和非自愿住院治疗的条件相同，具体为：①严重精神障碍患者对本人或他人的健康或安全造成严重危险，或照顾自身的能力严重减损。②适当的社区服务具有可及性。可见，新西兰的社区治疗命令并不以住院史为条件。一旦法官作出住院或社区治疗命令，负责医生在根据患者的需要选择住院或社区治疗时具有很大的灵活性。实践中，多数人都是先住院后接受非自愿社区治疗，但也可在未住院的情况下，先接受非自愿社区治疗。[2]

（五）澳大利亚

澳大利亚所有州都建立了非自愿社区治疗制度，其中维多利亚州是世界上第一个采取非自愿社区治疗的地区（1986年）。以维多利亚州为例，其社区治疗命令和非自愿住院的条件相同：①患者患有精神疾病要求立即治疗，且治疗具有可及性；②非自愿治疗必须是为了患者健康或安全之必要（防止其身心或其他方面的恶化），或为了保护公众安全；③患者拒绝治疗或不具有同意能力；④不能以更小限制自由的方式接受充分治疗；⑤患者所应接受的治疗能够从社区治疗命令中获得。在维多利亚州，社区治疗命令由精神科医

---

〔1〕 John E. Gray, Margaret A. Shone, Peter F. Liddle, *Canadian Mental Health Law and Policy*, LexisNexis, 2008, pp. 287~288.

〔2〕 John E. Gray, Margaret A. Shone, Peter F. Liddle, *Canadian Mental Health Law and Policy*, LexisNexis, 2008, pp. 277~284.

生作出，期限不超过 12 个月。[1]

二、非自愿社区治疗的实体要件

从以上分析可见，各国（地区）非自愿社区治疗的模式并不统一，其中英国的社区治疗命令与美国的附条件出院类似，加拿大的社区治疗命令与美国的预防性社区拘禁相似，而新西兰和澳大利亚的非自愿社区治疗实际上都是作为住院治疗的替代模式，系最小限制原则在非自愿医疗中的贯彻和体现，与美国"作为非自愿住院替代方式的非自愿社区治疗"基本相同。考虑到这一非自愿社区治疗模式所采取的标准与非自愿住院相同，本节重点考察英国、美国、加拿大非自愿社区治疗的实体要件及实施程序。

尽管相关国家和地区有关社区非自愿医疗的要件差异较大，但比较分析可见，其核心要件主要包括：①精神疾病要件。即要求社区治疗的对象必须患有精神疾病或精神障碍，其中，英国仅限于非自愿住院患者，而其他国家和地区无此要求。②住院史。采取这一要件的仅限于美国、加拿大等实行预防性非自愿社区治疗的国家，这一社区治疗模式旨在解决精神疾病治疗中存在的"旋转门"问题，因而将患者不遵从治疗而导致多次住院的记录作为非自愿社区治疗的依据。③病情恶化。预防性非自愿社区治疗的另一目的是通过社区治疗，避免患者因拒绝或不遵从治疗而导致病情或状况的恶化，以致对本人或他人造成严重危险或严重失能。因此，采取预防性非自愿社区治疗的国家和地区往往将患者因拒绝或不遵从治疗而可能导致病情恶化作为社区治疗的核心要件之一。④社区治疗的可及性。非自愿社区治疗中患者所需的治疗应是在社区环境中能够获得的，且患者能够在社区治疗中获益。基于此，一方面各国（地区）法律一般将此作为社区治疗的法定条件，另一方面很多国家（地区）要求在作出社区治疗命令或决定时应附有治疗机构或医生提供的社区治疗计划，以证明社区治疗的可行性。⑤患者拒绝治疗或无同意能力。

---

[1] John E. Gray, Margaret A. Shone, Peter F. Liddle, *Canadian Mental Health Law and Policy*, LexisNexis, 2008, p. 308.

图表 7　非自愿社区治疗实体要件之比较

国家	患有精神疾病	住院史	病情恶化	社区治疗的可及性	拒绝治疗或无同意能力
英国 （社区治疗命令）	√	×	×	√	×
美国 （预防性社区拘禁）	√	√	√	√	√
加拿大 （社区治疗命令）	√	√	√	√（多数省）	√（部分省）

非自愿社区治疗的实体要件一般由上述要件的组合构成，并可能附上其他要件。例如，英国的社区治疗命令本质上类似于附条件出院，其实体要件与非自愿住院的要件基本相同，因而除了上述①、④要件外，还以"需要治疗"作为实质要件。而新西兰和澳大利亚的非自愿社区治疗的实体要件与非自愿住院相同，因而仍然以"危险性"作为核心要件。相反，预防性非自愿社区治疗一般都包含上述 5 个要件，最具特色的为②、③要件。

三、非自愿社区治疗的程序

根据非自愿社区治疗的决定主体及程序，可将非自愿社区治疗的程序大致分为两种模式：医学模式和法律模式，前者由精神医疗机构或精神科医生决定患者是否接受非自愿社区治疗，此种模式以英国和加拿大为代表；后者则是由法院或其他中立机构就非自愿社区治疗进行审查和决定，如，在美国，预防性社区拘禁必须由法院作出决定。在不同模式下，非自愿社区治疗所应遵循的程序也不无差异。

（一）非自愿社区治疗的决定主体及其程序模式

英国的社区治疗命令由责任医生会同 AMHP 作出，但是如果患者对责任医生作出的社区治疗命令不服，可在社区治疗决定作出后的 6 个月内随时向精神卫生审查裁判所申请就决定的合法性进行审查。就此而言，社区治疗命令的最终决定权仍然是由法院行使。加拿大各省的社区治疗命令也是由医生作出，但是患者或其代理人可向审查委员会（review board）申请撤销该命令。

与医学模式不同,法律模式采取事先审查模式,医疗机构或医生的社区治疗建议在取得法院或中立第三方的审查决定后,方可对患者产生效力。换言之,非自愿社区治疗的决定权属于法院或审查会,而非医疗机构及精神医疗从业人员。其中,以美国为代表的司法审查模式是由法院行使非自愿社区治疗的决定权,在申请人向法院提出申请后,法院应在规定的期限内举行听证。在听证过程中,患者享有充分的、对抗式听证的权利,包括自我陈述、获得律师代理、提交证据、申请证人出庭和对证人交叉询问等权利。法院经听证,如有清晰和令人信服的证据证明患者符合预防性社区拘禁的条件,可作出社区治疗命令。也有的地区则采取行政审查模式,非自愿社区治疗的审查由具有资质的专业人员组成的委员会行使,指定精神医疗机构认为严重病人符合非自愿社区治疗条件且有接受社区治疗必要的,应向审查会提出申请许可非自愿社区治疗。审查会在受理案件后,对案件的审查以会议方式为原则,必要时以书面或访查方式为之。上述两种模式各有利弊,司法审查模式充分保障了患者的程序参与权利,最大限度地防止非自愿医疗权的滥用,从而达到保护患者人身自由之根本目的,但这一繁冗的诉讼程序可能不利于患者及时获得适当的治疗。相反,委员会模式摒弃了对抗式听证方式,采取会议审查或书面审查方式,限制当事人在审查程序中的程序性权利,充分体现了程序的灵活、便捷和高效,但也可能牺牲程序公正,并最终影响裁决的公正性和公信力。

(二) 非自愿社区治疗的期限

各国或地区有关社区治疗的期限并不完全一致,一般为 6 个月,但是美国有的州可达 1 年,最短的为 3 个月,如加拿大的萨斯喀彻温省。然而,不少研究表明,6 个月的治疗期限太短,不足以达到或巩固治疗效果,因而建议将治疗期限延长为 1 年。[1]但这一问题似乎并不难解决,因为多数国家和地区都允许在治疗期限届满前延长治疗期限,有的甚至并不限制延长的

---

[1] Anita G. Wandzura, "Community Treatment Orders in Saskatchewan: What Went Wrong?", *Saskatchewan Law Review*, 71 (2008), 294.

次数。

（三）治疗方式

非自愿社区治疗所采取之精神卫生措施并非仅限于精神医学方面，还包括经济上、社会上或甚至居住管理等方面的措施。以纽约州为例，该州《精神卫生法》所规定的辅助性社区治疗是指依据法院命令作出的一系列社区服务，包括个案管理服务和提供协调照护的主动式社区治疗团队服务（assertive community treatment team services），并可能包括以下治疗方式：药物治疗，定期的血液检测或尿检以认定是否遵从药物治疗；个人或团队治疗；日间或半日间活动；教育和职业训练或活动；酒精或物质滥用治疗；日常生活管理监督；以及法律规定的其他服务。[1]值得注意的是，纽约州的社区治疗尽管可以采取药物治疗，但并不能以强制方式为之。换言之，尽管法院作出的治疗计划中包括药物治疗，但其实施完全有赖于患者的主动配合，不可以采取强制措施。

（四）执行与保障方式

非自愿社区治疗面临的较为突出的问题是欠缺有效的手段确保患者遵守社区治疗命令，尤其是当患者违反社区治疗命令时，可采取何种制裁或约束机制，迫使患者履行义务。

在美国，尽管很多州将非自愿住院作为患者不遵从社区治疗的后果，但是非自愿住院仍应符合法律规定的条件，否则不能直接将该患者转为非自愿住院。如纽约州规定，如果患者拒绝遵守社区治疗命令，1名医生认定患者需要住院治疗的，可将该患者从社区转移至医院72小时，此期间用以评估患者是否符合非自愿拘禁的标准。[2]也有的州规定了其他的措施，如印第安纳州规定，如果患者不能遵守社区治疗决定，法院可授权对患者采取其他治疗措施，包括受监督的团体生活。也有的州规定，在患者怠于遵守社区治疗命令时，法院应重新评估社区治疗的适当性。例如，犹他州规定，法院经听证可作出以下决定：①考虑其他替代措施，修正原治疗命令，指示患者接受另一

---

〔1〕 N. Y. MENT. HYG. L. § 9.60（a）（1）.

〔2〕 N. Y. Mental Hyg. Law § 9.60（h）（i）.

替代治疗计划；②作出新的命令，指示患者接受住院治疗。然而，至少一半的州没有规定执行问题。

　　一般而言，不能直接以患者怠于遵从非自愿社区治疗命令作为非自愿住院的依据，甚至有的州规定不能将患者的不遵从行为作为其符合非自愿住院条件的证据。但也有个别州持相反观点，即允许将不遵从行为作为具有非自愿住院必要性的证据之一。如果患者没有即刻危险性或符合非自愿入院的其他条件，其拒绝遵从非自愿社区治疗命令，可能并无实质性救济措施。[1]实践中，执行机制的欠缺被视为是导致非自愿社区治疗适用率低的原因之一。[2]

　　结合相关国家和地区的实践，非自愿社区治疗的保障方式主要包括：①召回住院。此种方式只见于英国的社区治疗命令与美国的附条件出院，因为这两种社区治疗方式的条件与非自愿住院的条件完全相同，两者的相互转换也就没有任何法律上的障碍。②非自愿住院。从美国各州的规定看，患者怠于遵守预防性社区拘禁命令不能作为非自愿住院的依据，还必须符合州法规定的非自愿住院标准，且需经法院的审查决定。相比而言，这一方式并不具有直接的威慑力，给人造成预防性社区拘禁不过是"橡皮图章"、没有"牙齿"之印象。③警察或消防机关协助执行。

图表8　代表性国家（地区）非自愿社区治疗程序比较

国家（地区）	决定主体	决定程序	救济途径	治疗期限	保障方式
英国（社区治疗命令）	医生	内部程序	精神卫生审查裁判所	6个月；可延长	召回住院
美国（预防性社区拘禁）	法院	诉讼程序	上诉	一般为6个月或1年；可延长	召回住院（符合非自愿住院条件）
加拿大（社区治疗命令）	医生	内部程序	审查委员会（魁北克为法院）	一般为6个月；可延长	非自愿住院

---

〔1〕　Richard C. Boldt, "Perspectives on Outpatient Commitment", *New England Law Review*, 49 (2015), 68~70.

〔2〕　Paul Sarlo, "Financing Mental Healthcare: A Budget-Saving Proposal for Rethinking and Revitalizing Florida's Involuntary Assisted Outpatient Treatment Law", *Stetson Law Review*, 42 (2012), 212.

四、我国建立非自愿社区治疗制度的必然趋势

长期以来，我国的精神卫生服务模式基本上还是"医院精神病学"的格局，[1]其服务对象主要是"重性"或"严重"精神病患者，且以住院治疗为主要方式。即便如此，我国住院精神卫生服务资源仍然供给不足，且分布极度不均衡。据统计，2014 年末，我国医院中的精神科床位数共计 287 770 张，每 1 万人口占有 2.10 张，床位资源远低于中高等收入国家的平均水平——7.5 张/万人，[2]也没有达到全球平均 4.36 张/万人的水平。[3]同时，精神卫生资源主要集中于发达地区和城市，中西部地区和广大农村的精神卫生资源和床位数十分匮乏，如宁夏、青海、西藏，每 1 万人口的床位数分别是 0.69 张、0.33 张和 0.07 张。[4]一方面，我国的社区精神卫生服务依附于精神疾病专科医院和综合医院精神科，没有形成独立的运作机制，[5]且不少地区的社区精神卫生服务仍是空白。可以说，我国精神卫生服务仍处于"机构化"时期，日益增加的床位需求问题亟待解决。另一方面，在居家精神障碍管理制度背景下，公众对社区精神卫生服务的需求更为紧迫，而社区精神卫生服务的匮乏几乎成为当前精神卫生服务体系的短板。

在以住院治疗为主导的精神医疗模式下，我国《精神卫生法》建立了非自愿住院制度。通过对患者施以封闭式的隔离治疗，非自愿住院可有效提升治疗的依从性，使患者在监控环境下接受持续治疗，并在客观上消除患者的人身危险性。然而，非自愿住院是一项严重限制人身自由的强制措施，患者的人身自由、自主权等基本权利受到严重限制或剥夺，在与外界完全隔离的治疗环境下，很多长期住院患者逐渐丧失社会生活能力。精神病院成为重症

〔1〕 栗克清："中国精神卫生工作回顾与展望"，载《医学研究与教育》2012 年第 2 期。

〔2〕 范鑫等："2015 年上海市精神卫生医疗机构与床位资源现状分析"，载《中国卫生经济》2017 年第 12 期。

〔3〕 马宁等："2010 年中国精神卫生机构和床位资源现状分析"，载《中国心理卫生杂志》2012 年第 12 期。

〔4〕 2016 年中国及全球医院精神科床位数量、精神卫生床位数及精神卫生医护人员数量分析，http://www.chyxx.com/industry/201701/490182.html，最后访问时间：2019 年 2 月 20 日。

〔5〕 栗克清："中国精神卫生工作回顾与展望"，载《医学研究与教育》2012 年第 2 期。

患者的唯一且往往是最后一站，很多人住了几年、十几年，乃至几十年，甚至在医院中度过余生，[1]医院的精神科成为精神障碍患者的"养老院"。[2]究其根源，一方面在于我国非自愿住院制度的内在局限性，其突出表现之一是非自愿住院的解除难问题。监护性住院的解除须取得监护人（送治人）的同意，如送治人不同意出院，患者即便符合出院条件，也很难自行出院；而对于具有危害他人安全危险的患者的非自愿住院，医疗机构出于公共安全的考量往往更加谨慎。另一方面，则是缺乏非自愿住院的替代方式，住院系唯一选择。其根源在于社区精神卫生服务缺乏可及性，以及社区治疗中监督和约束机制的缺失，无法有效促使患者在社区环境下持续接受治疗。因此，有必要建立非自愿社区治疗制度，在非自愿住院和社区治疗之间建立顺畅的通道，实现住院与社区治疗之间的转换。一方面促使精神障碍患者从医疗机构转移至社区，使患者能够在更小限制的社区环境中接受治疗；另一方面通过对患者的早期干预和治疗，避免患者的病情恶化和非自愿住院，有利于消除精神障碍患者的潜在危险性，降低医疗费用，提升患者的生存质量，解决患者的无家可归、犯罪化以及精神卫生体系所存在的"旋转门"等问题。[3]

非自愿社区治疗以健全的精神卫生服务体系和充分的社区精神卫生服务供给为前提，包括门诊治疗、急诊、住院治疗、日间或夜间住院、社区康复（社区康复中心、康复之家或社区服务中心等）及居家治疗等。[4]然而，我国社区精神卫生服务发展缓慢，不少地区的社区精神卫生服务体系付诸阙如，这对于建立和发展非自愿社区治疗制度带来很大的挑战。尽管如此，社区治疗仍然是精神卫生服务的未来发展趋势，以此为依托的非自愿治疗模式也值得进一步探索。对此，上海市在2014年修订的《上海市精神卫生条例》中引入了非自愿社区治疗制度，该条例第44条第1款规定："严重精神障碍患者

---

〔1〕 李妍："我们的病人——中国精神病患者报告"，载《中国经济周刊》2011年第28期。

〔2〕 任金涛等："辽宁省精神卫生床位资源状况与理论配置比较研究"，载《四川精神卫生》2017年第5期。

〔3〕 Ken Kress, "An Argument for Assisted Outpatient Treatment for Persons with Serious Mental Illness Illustrated with Reference to a Proposed Statute for Iowa", *Iowa Law Review*, 85（1999），1323.

〔4〕 陈绍辉：《精神障碍患者人身自由权的限制——以强制医疗为视角》，中国政法大学出版社2016年版，第99页。

出院时，经具有主治医师以上职称的精神科执业医师病情评估，认为有接受定期门诊治疗和社区随访必要的，严重精神障碍患者的监护人应当协助其接受定期门诊治疗和社区随访。"该条规定的"定期门诊和社区随访"类似于附条件出院这一非自愿社区治疗模式，尽管该法没有明确规定更为具体的实体条件和程序规范，但无疑开启了国内非自愿社区治疗立法和实践探索的先河，为我国今后建立非自愿社区治疗制度积累了宝贵的实践经验。

五、我国非自愿社区治疗程序的构建

(一) 非自愿社区治疗的类型选择

如前所述，非自愿社区治疗存在多种模式，其价值取向、制度功能和构成均存在一定的差异。因此，在借鉴和移植国外制度经验，构建我国非自愿社区治疗制度时不能不考虑未来应采取何种具体模式或类型。对此，国内也有学者认识到引入非自愿社区治疗制度的必要性，并提出了相应的具体建议，但上述研究似乎并没有明确要构建的非自愿社区治疗制度的具体模式。[1]

由于不同类型的非自愿社区治疗具有不同的功能，且相互之间具有互补性，不少国家（地区）存在两种以上的非自愿社区治疗类型。就我国而言，附条件出院，以及预防性非自愿社区治疗或非自愿社区治疗都值得借鉴。考虑到预防性非自愿社区治疗可能会引起不必要的误解，在我国，此种类型的非自愿社区治疗可称之为"辅助性非自愿社区治疗"。基于这两种非自愿社区治疗类型的互补性和各自优点，我国可考虑同时建立这两种类型的非自愿社区治疗。

附条件出院针对的非自愿住院患者，仍然符合非自愿住院的条件，但适合在社区环境下接受治疗，可有条件地出院，并在社区中接受监督性治疗。附条件出院的优点是可以实现非自愿住院和社区治疗的衔接与转换，使患者能够在限制性更小的社区环境下接受治疗，从而纾解住院的长期化和"机构化"问题。辅助性非自愿社区治疗针对的是非住院患者。患者拒绝治疗或不

---

〔1〕 李筱永、叶小琴："关于构建严重精神障碍患者强制社区医疗制度的思考"，载《中国全科医学》2016 年第 16 期；刘勇、谢斌："强制社区治疗的国际经验及对我国的启示"，载《中国心理卫生杂志》2017 年第 12 期。

配合治疗而致其病情恶化，可能致本人或他人危险，或严重失能的，可对其在社区中予以强制治疗。辅助性非自愿社区治疗可将符合条件的具有住院史或没有住院史但不符合非自愿住院条件的精神障碍患者纳入非自愿社区治疗的范围，从而弥补附条件出院的不足。

（二）非自愿社区治疗的价值取向

非自愿社区治疗的首要目的是提高患者治疗的依从性，通过一定的措施协助患者在社区环境中接受治疗，避免患者自愿或主动治疗情形下的动力缺乏从而导致治疗中断，乃至出现病情反复恶化，最终导致反复住院、出院这一"旋转门"问题。因此，不少国家（地区）将此种非自愿社区治疗称为"辅助性社区治疗"，如加拿大的一些省份、美国的纽约州等。即便是采取预防性非自愿社区治疗模式的国家和地区，其目的仍然是通过社区治疗，防止患者健康状况的恶化，以及非自愿住院的发生。此种预防性首先在于维护患者的健康，避免患者因健康恶化而发展成非自愿住院这一对个人自由限制更为严重的状态，尽管这在客观上也能达到消除患者的潜在危险性，并且达到维护公众安全之目的，但这并不构成预防性社区拘禁的直接、首要的目的。之所以如此，是为了避免将非自愿社区治疗作为实现社会管控的手段，甚至被扭曲为区分、隔离、排斥或驱逐精神病人的规训机制。[1]如此，社区治疗不仅无法发挥其内在功能，反而可能成为一套"污名"机制。因此，不宜将公共安全作为非自愿社区治疗的价值取向，至少不应是首要的、唯一的目标。

（三）非自愿社区治疗的条件

附条件出院首先应符合非自愿住院的一般条件，即我国《精神卫生法》第30条规定的条件，同时还应考虑以下条件：①患者在被监督情况下可以在社区中生活或接受治疗；②患者所需的治疗能够从社区中获得，并能够使其获益。

从前面分析可见，相关国家和地区的辅助性非自愿社区治疗的条件宽严不一，其中美国和加拿大所采取的条件更为严格，适用对象比较狭窄，但这

---

〔1〕 杨锃、陈婷婷："多重制度逻辑下的社区精神康复机构研究———兼论本土精神卫生公共性建设的可能路径"，载《社会科学战线》2017年第3期。

些地方所关注的核心要件是患者不遵从医嘱或拒绝治疗，从而可能导致其状况恶化。因此，此种类型的非自愿社区治疗的条件应包括：①患者患有严重精神障碍；②患者不遵从治疗可能致其病情反复或恶化；③经诊断患者有必要在监督情况下接受社区治疗的；③患者拒绝治疗或无法表达的；④患者能够从治疗中获益。

（四）非自愿社区治疗的一般程序

1. 决定主体。就本质而言，非自愿社区治疗系国家基于其警察权和国家监护权对个人自由的限制，其实施理应受到法律的严格规制。因此，相关国家和地区对非自愿社区治疗所采取的程序与非自愿住院的程序基本一致。就非自愿社区治疗的决定主体而言，有的国家要求由中立的第三方作出审查决定，医疗机构及精神科医师并不享有社区治疗的决定权；尽管英国和加拿大规定由医生作出决定，但患者可随时向中立的审查机构就该决定的合法性进行审查。就我国而言，应由医疗机构行使非自愿社区治疗的决定权。当然，在建立非自愿医疗司法审查制度的情况下，也可考虑将非自愿社区治疗的决定纳入法院审查决定的范围。即非自愿社区治疗的决定权应由法院行使，医疗机构经诊断评估认为患者符合非自愿社区治疗条件的，应向法院申请作出非自愿社区治疗的许可决定。

2. 非自愿社区治疗的执行。在法院作出非自愿社区治疗决定后，患者应在规定的期限内去当地的社区卫生服务中心报到，并且积极参与后续治疗方案的制定，治疗方案应包括服用的抗精神病药物种类、药物的剂型（口服药物或者长效针剂）及定期检测血药浓度等，参考英美国家的个案管理，可以指定患者的监护人全程参与治疗方案的制定及后续治疗的监督。[1]

对于患者拒绝治疗或违反治疗计划等情况，可由医疗机构申请公安机关协助执行。同时，对于附条件出院的患者，医疗机构经评估，可将其召回住院。但是，在辅助性非自愿社区治疗中，患者如怠于遵守治疗计划，除非患者此时符合非自愿住院条件，否则不应将此行为作为非自愿住院的依据。

---

〔1〕 刘勇、谢斌："强制社区治疗的国际经验及对我国的启示"，载《中国心理卫生杂志》2017年第12期。

3. 解除和终止。医疗机构经诊断评估如认为患者病情缓解无需继续接受社区治疗，可随时解除非自愿社区治疗决定。同时，治疗期限届满或法院认定患者无需继续接受非自愿社区治疗时，应及时解除或终止治疗。

4. 治疗期限。相关国家和地区都规定了非自愿社区治疗的期限，一般为6个月，期满可以延长，延长的期限为半年到1年不等。我国《精神卫生法》没有规定非自愿住院的期限，能否出院是由精神科医师诊断评估决定。对此，也有学者建议非自愿社区治疗不规定期限，改为医疗机构定期评估。[1]笔者认为，治疗期限是实现对非自愿治疗过程性规制的重要方式，尤其是可以避免强制治疗不受期限限制。借鉴境外经验，非自愿社区治疗的期限宜规定为6个月，期满前经评估可以延长，延长期限每次为1年。

---

〔1〕 刘勇、谢斌："强制社区治疗的国际经验及对我国的启示"，载《中国心理卫生杂志》2017年第12期。

第 六 章

非自愿医疗审查程序的构建

第一节　非自愿医疗审查模式及其比较

在非自愿住院程序中，最为核心的环节是非自愿入院的决定权由谁行使，是医疗机构，还是法院或其他中立机构？基于对非自愿住院性质的不同认识和非自愿住院制度的不同价值取向，各国（地区）的非自愿入院的决定程序大致可以分为两种模式：医学模式和法律模式。前者将非自愿入院的决定权赋予医疗机构及精神科医生，并建立以医学专业为主导的非自愿医疗程序。目前，只有少数国家和地区采取医学模式，例如马耳他、罗马尼亚、芬兰等。后者将非自愿入院纳入司法程序或准司法程序，医疗机构的非自愿医疗建议需经法院或中立的机构审查决定，方可强制收治患者，多数国家和地区均采取该种模式。[1]

法律模式在国际规则上的体现则是联合国《保护精神病患者和改善精神保健的原则》明确要求应设立对非自愿住院或留医进行审查的复查机构，且"复查机构是国内法设立的司法或其他独立和公正的机构，依照国内法规定的程序行使职能"。同样，欧洲理事会部长委员会颁布的《关于保护精神障碍患

---

[1] 唐忠民、陈绍辉："论精神病人强制医疗程序之完善——以人身自由保障为视角"，载《河北法学》2014年第10期。

者的人权和尊严的建议》第 20 条规定非自愿收容和治疗应由"法院或其他能胜任的机构"决定，法院或相关机构在作出决定时应当考虑本人的意见，依照法律规定的程序会见当事人并听取其意见。在此背景下，越来越多的国家和地区将非自愿医疗纳入司法或准司法程序，由法院或其他中立机构行使非自愿医疗的决定权。根据审查决定主体的不同，各国（地区）非自愿医疗审查制度大致包括三种模式：司法审查模式、行政审查模式和裁判所审查模式，这三种模式各有特色与优势，以下通过对这三种模式的比较分析，总结其中可供借鉴的经验。

一、司法审查模式

由法院行使非自愿医疗的审查决定权是各国（地区）最为普遍的模式。以欧盟为例，27 个成员国中有 21 个采取司法审查模式，一般都是由法院或法官决定患者的非自愿入院。例如，在比利时，患者的入院观察由法官根据任何利害关系方的请求作出，延长住院也需经法官的许可。在卢森堡，每个司法管辖区都有 1 名特别任命的法官专门负责精神障碍患者的非自愿住院决定。[1]采取司法审查模式的国家中最具代表性是美国和德国，其中美国由普通法院行使非自愿医疗的审查决定权，且审查程序采取对抗式诉讼程序，甚至有的州所采取的审查程序接近于刑事诉讼程序。在德国，对精神障碍患者的非自愿医疗（安置事件）由家事法院依照非讼程序进行审理并作出裁定，其审理程序相比诉讼程序更为灵活便捷。

司法审查模式具有以下特点：①非自愿医疗的决定主体是普通法院，也可以是法院所设立的专门法庭。例如，在美国，通常为遗嘱检验法庭，也有的州为精神卫生法庭。在德国，对精神障碍患者的收容、安置由家事法院裁定。②司法审查程序的目的在于使患者免受错误拘禁，在个人健康、公共利益、人身自由、程序公正与效率之间，明显倾向于个人自由与程序公正。③非自愿医疗案件的审理一般适用民事诉讼程序，且采取对抗式听证程序。听证一般由医疗

---

〔1〕 European Union Agency for Fundamental Rights, Involuntary placement and involuntary treatment of persons with mental health problems, FRA – European Union Agency for Fundamental Rights, 2012, pp. 36 ~ 37.

机构向法院提出申请，并应就申请承担举证责任。患者在听证程序中享有广泛的程序性权利，包括获得通知、律师代理、出席听证、提交证据、质证等。

司法审查模式具有权威性、公正性等优势，通过缜密的司法程序有利于保护患者的合法权利，并最大限度地防止非自愿医疗的滥用。然而，司法审查模式也存在明显的不足：①非自愿医疗审查所采取的听证具有程序繁冗、效率低下、成本高昂等弊病。繁冗的程序不仅增加了非自愿医疗的成本，也可能妨碍患者的入院和治疗，从而不利于患者的健康。②法院审查所采取的对抗式听证将医患双方置于对立立场，从而不利于医患和谐与信任。在听证过程中，患者可能将医生视为法庭上的对手而非医疗服务的提供者，从而削弱患者对医生的信任，并影响其对治疗的遵从与配合。[1]③非自愿医疗的审查具有较强的专业性，但法官普遍不具有相关专业知识，这就造成法官在相关案件的审查和决定中高度依赖专家意见，致使审查结果不过是对医疗机构及医疗专家意见的事后确认，从而使非自愿医疗的审查流于形式。

针对司法审查程序中采取对抗式诉讼程序存在的不足，即便是在美国也有不少人呼吁简化听证程序，甚至主张摒弃对抗式听证而采取更为灵活的听证程序。[2]在德国，精神障碍患者的安置措施适用《家事事件和非讼事件程序法》规定的非讼程序，其审理程序更加灵活、便捷和高效，如审理方式摒弃辩论主义，采取职权主义审理，从而有效提高审理的效率。[3]因此，通过对审理程序的特别安排，能够在很大程度上缓和司法审查程序可能存在的效率低下、程序繁冗等弊病。

二、行政审查模式

行政审查模式是由行政机关或具有行政机关性质的组织行使非自愿医疗决定权。采取这一模式的代表性国家和地区为日本和我国台湾地区，前者由

---

〔1〕 Joel Haycock，"Mediating the Gap：Thinking About Alternatives to the Current Practice of Civil Commitment"，*New England Journal on Criminal and Civil Confinement*，20（1993），274～276.

〔2〕 陈绍辉：《精神障碍患者人身自由权的限制——以强制医疗为视角》，中国政法大学出版社2016年版，第242页。

〔3〕 王葆莳、张桃荣、王婉婷译注：《德国〈家事事件和非讼事件程序法〉》，武汉大学出版社2017年版，第5页。

行政首长决定非自愿住院，后者则是由具有行政机关性质的审查会行使非自愿医疗决定权。根据《日本精神卫生福利法》的规定，一般民众、警察、检察官、保护观察所负责人、矫治机构负责人等，若发现精神障碍患者或疑似患者，都可以向当地都道府县知事申请或通报；在接到申请或通报后，都道府县知事认为有调查之必要时，应指定 2 名以上专科医师进行诊断。若 2 名医生一致认为该病人符合强制住院条件的，都道府县知事应决定将该病人强制住院治疗。[1]同时，《日本精神卫生福利法》还建立了"精神医疗审查会"，负责病人出院或住院之必要等事项的审查。[2]"精神医疗审查会"由具有医学、法律及其他专业知识的人组成，经审查如认为病人不应住院的，应通知都道府知事安排患者出院。可见，在日本，精神障碍患者的强制住院由行政机关决定，"精神医疗审查会"主要发挥定期审查和事后救济之功能。日本采取这一模式是由行政权力强势的传统决定的，并且日本司法具有强烈依赖政治部门的倾向，政治上无法得以保障的少数人的人权在司法上仍然难以获得救济。[3]我国台湾地区根据"精神卫生法"建立了"精神疾病强制鉴定、强制社区治疗审查会"，负责非自愿医疗的审查决定事宜。审查会由相关领域具有资质的专业人士组成，就强制住院治疗、强制社区治疗、延长治疗期限等事项作出审查决定。

鉴于日本所采取的由都道府县知事以行政命令的方式强制住院并不具有代表性，以下以审查会模式为对象，分析行政审查模式所具有的特点：①审查机构为具有行政机关性质的委员会，其成员由医疗、法律和相关专业人员组成，

---

〔1〕 根据《日本医疗观察法》的规定，对于实施了刑法规定的放火、失火、强制猥亵、强奸、杀人、抢劫、故意伤害等行为的无刑事责任能力或限制刑事责任能力精神病人，其强制住院应由法院作出裁定。相关介绍参考董林涛："日本《医疗观察法》内容与启示——兼谈我国刑事强制医疗程序的完善"，载《西部法学评论》2015 年第 2 期。

〔2〕 根据《日本精神保健福祉法》的规定，"精神医疗审查会"对出院之审查，主要两种情形：一是精神病医院或指定医院的负责人在病人强制住院后，应依照厚生省的规定之事项向都道府知事报告，都道府知事应将该报告及其他规定事项通知精神医疗审查会，并请求审查病人是否有住院之必要（第 38 条之二、第 38 条之三）；二是强制住院患者或其保护人可向都道府县知事或医院负责人请求出院，都道府县知事在收到申请后，应通知精神医疗审查会，并请求审查病人是否有住院之必要（第 38 条之四、第 38 条之五）。

〔3〕 郝振江："论精神障碍患者强制住院的民事司法程序"，载《中外法学》2015 年第 5 期。

以避免单一法律专业人员审查所存在专业性不足之弊端，从而提升审查决定的公正性和科学性。②审查机关的权限较为全面，包括非自愿住院、非自愿社区治疗的许可决定，以及延长非自愿住院和非自愿社区治疗期限的许可等。③审查程序不必恪守诉讼程序的繁文缛节，可根据案件的需要采取书面或口头方式。在审查过程中，可采取灵活的方式听取双方意见，而不必采取对抗式听证方式。④裁决结果不具有终局性。精神障碍患者或其保护人对非自愿住院决定不服的，可向法院申请裁定停止非自愿住院。

行政审查模式具有某些突出优点，如摒弃对抗式听证程序而采取更为灵活的会议、书面或其他形式的审查方式，从而凸显程序的便捷与高效；案件审理由医学、法律和相关专业人员负责，体现裁决的专业性和科学性。相比司法审查模式，行政审查模式近似于为非自愿医疗提供了一套"简化版"的审查机制，无论是审查方式、步骤和时限，还是审查过程中对证据的认定、当事人意见的听取，行政审查模式更倾向于保障治疗和程序效率，因而过于简单的程序机制，也可能牺牲程序公正，并影响裁决的公正和公信。

三、裁判所审查模式

裁判所模式主要为英联邦国家所采用，即由具有司法性质的精神卫生审查裁判所承担精神障碍患者的非自愿住院审查或出院的事后救济。例如，在苏格兰，包括精神障碍患者的非自愿入院和治疗在内所有强制命令，都必须由精神卫生审查裁判所审查决定。精神卫生审查裁判所由律师、医师和其他人员组成，其他人员必须受过有关专业训练、具有处理精神障碍相关技能或经验，一般为以下人员：执业护士、心理医生、社会工作者、专业治疗师或其他受雇于照护机构的人员。相反，在英国以及加拿大、澳大利亚的多数省或州，精神卫生审查裁判所则主要负责事后救济或延长非自愿住院、定期审查的裁决。例如，在澳大利亚的新南威尔士州，裁判所审查的案件包括：①首次住院期限即将届满时；②非自愿住院患者住院的前 12 个月中，每隔 3 个月审查一次；③住院满 12 个月后，每隔 6 个月审查一次。在上述期限届满之前，被授权的医疗人员（authorised medical officer）应将案件移送裁判所进行审查，裁判所经审查可作出判断，以决定释放或继续拘禁患者。[1]

裁判所审查模式具有以下特点：①审查机关为司法机关，其性质仍为法院，但人员组成并不限于法官等法律专业人员，还包括医学等领域的专业人员。如英国的精神卫生审查裁判所由法官、医师和具有卫生或社会服务经验的人员组成，澳大利亚新南威尔士州的裁判所组成人员包括执业律师、精神科医师和具有其他资质或经验的人员，其中至少有1人从消费者组织推举的人员中抽取。[2]②裁判所所采取的听证程序并不完全与诉讼程序相同，其程序往往更为灵活、便捷。例如，澳大利亚新南威尔士州裁判所采取非正式的听证，并可不受诉讼证据规则的约束。[3]加拿大的审查委员会的听证程序一般没有法院诉讼程序那样正式，多数省采取非对抗听证程序，偏向职权主义和纠问式，可以询问当事人和要求证人出庭等。③裁判所的裁决结果不具有终局性，患者方面对裁决不服的，可以向法院提起上诉。

裁判所审查模式吸收了司法审查模式和行政审查模式的优点，一方面裁判所的性质是司法机关，但其组成人员除了法官、律师等法律专业人员外，还包括精神科医生、相关领域的专业人员，在确保裁决结果具有司法判决的权威性和效力的同时，也保证了裁决的专业性和合理性；另一方面，裁判所所采取的审查程序并不完全遵循普通诉讼的对抗式听证模式，而是选择了更加灵活高效的裁判所听证程序，从而在一定程度上避免了普通诉讼程序所具有的繁文缛节。裁判所审查模式一般采取正式的听证，仍然可以充分保障患者在听证程序中享有的正当程序权利。因此，裁判所能够为患者提供比普通法院更为简便、高效、低成本和更为可及的司法救济，[4]但这一模式明显植根于英国法下独特的行政裁判所制度和司法制度，很难被英联邦以外的国家移植。然而，即便是对于实行司法审查模式的国家，裁判所审查模式仍然具有某些值得借鉴之处，包括审查法庭的人员构成、听证方式、听证程序等。

---

　[1]　Mental Health Act 2007，第37~38条。

　[2]　Mental Health Act 2007，第141条。

　[3]　Mental Health Act 2007，第151条。

　[4]　Elizabeth Perkins，Mental Health Review Tribunals，In Kate Diesfeld，eds.，*Involuntary detention and Therapeutic Jurisprudence*，Ashgate Publishing Limited，2003，p.238.

四、三种模式的比较分析

由独立于医疗专业人员之外的中立机构行使非自愿医疗的决定权是法律模式的共同特点，其共同理念是通过对非自愿医疗权的制约以达到保障精神障碍患者基本权利之目的。各国（地区）非自愿医疗制度植根于各自独特的制度、文化和观念，并受制于资源和医疗水平，其具体的运行模式存在一定的差异。因此上述三种非自愿医疗审查模式也是各有特点，具体如下表：

图表 9　非自愿医疗审查模式比较

模式 ＼ 项目	机构性质	人员组成	审查程序	审理方式	救济途径
司法审查模式	法院	法官	诉讼程序	言词审理；对抗式	上诉
行政审查模式	行政机关	法律、医学及其他专业人员	非正式听证程序	会议、书面审理；纠问式	起诉（法院）
裁判所审查模式	法院	法律、医学及其他专业人员	正式听证程序	言词审理；偏对抗式	上诉（上级裁判所或法院）

第二节　我国非自愿医疗审查模式的选择及其程序构建

一、建立非自愿医疗审查程序的必要性

（一）弥补非自愿医疗程序的内在缺陷

长期以来，对于精神障碍患者的非自愿医疗普遍存在两个认识误区：①将非自愿医疗视为纯粹的医学问题，忽视甚至否认其剥夺人身自由的属性，进而认为非自愿医疗应由医疗机构依照相关诊疗规范作出决定，体现在立法中则是《精神卫生法》授予医疗机构对具有伤害他人危险的精神障碍患者的非自愿住院决定权。这一观念忽视了非自愿医疗作为剥夺人身自由的措施所具有的公权力属性，无法解释为何作为私法主体的医疗机构有权违背当事人意愿而剥夺其人身自由。②认为精神障碍患者是无行为能力或限制行为能力人，

其住院和治疗应由监护人或近亲属代为行使同意权或决定权。在这一观念下，非自愿住院和治疗也就被包含在民法上的监护和代理的内涵中，体现在立法中则是授予监护人同意或决定精神障碍患者的非自愿住院，体现在实践中则是以家属签字同意作为精神障碍患者入院的普遍方式。这一观念和相应的制度安排混淆了私法上的监护与具有公法属性的非自愿医疗决定权，将私法上的监护权和替代决定扩张至公法行为领域。非自愿医疗本质上是限制人身自由的强制措施，其决定主体只能是国家，私人对私人没有强制限制自由的权力。[1]在精神卫生领域，私法上监护人的替代决定仅适用于自愿医疗领域，在此种情况下，法律推定监护人最为了解患者本人的意愿，并能够本着患者的最大利益行使决定权。然而，在非自愿医疗领域，其本质是国家基于其固有权力，为保护患者本人的人身健康利益或公共利益，径直对符合法定条件的精神障碍患者违背其意愿采取治疗，而根本不用考虑患者的主观意愿，亦无需取得患者本人或其监护人的同意。只有如此，"才能够避免作为私主体的监护人也成为强制权主体"。[2]正是基于上述考虑，《德国民法典》第1906条规定，监护人（辅助人）对精神障碍患者的移送安置应取得法院的许可，监护人无权决定患者的非自愿住院。

因此，我国非自愿医疗制度的问题是授予医疗机构和监护人不受约束的非自愿医疗决定权，患者的非自愿入院不受法院或适当中立机构的审查决定，且缺乏有效的法律救济和外部监督。[3]因此，解决这一问题的根本出路在于改革现有的非自愿医疗决定模式，建立便捷高效的非自愿医疗审查制度。

（二）保障精神障碍患者的基本权利

非自愿医疗涉及精神障碍患者的健康权与人身自由、自我决定权、人格尊严等基本权利，且上述两组权利之间可能存在冲突。非自愿医疗以治疗疾病和维护健康为目的，因而具有健康促进功能，但也在客观上构成对个人自由的限制。非自愿医疗的正当性在于通过违背个人意愿的治疗来维护个人的健康利益和公共利益，其理论假设是在涉及基本权利冲突时，个人的健康权、

---

〔1〕 孙也龙："精神卫生法中入院治疗制度的完善"，载《中国卫生政策研究》2015年第4期。

〔2〕 孙也龙："精神卫生法中入院治疗制度的完善"，载《中国卫生政策研究》2015年第4期。

〔3〕 相关分析详见第三章第三节。

他人的人身财产安全比个人的自由权更值得保护。即便如此，在制度设计时应合理实现这两类基本权利之间的平衡，即在保障个人健康权和公共利益之时不应过度限制个人自由。然而，我国现行非自愿医疗程序尚不足以充分保障上述两类权利。一方面，《精神卫生法》授予监护人同意非自愿住院的权利可能会导致监护人滥用其权利，其突出表现是对于应该住院的精神障碍患者，监护人可能会出于经济等因素而拒绝同意其住院，从而导致这部分患者无法获得适当的治疗和照护。其直接后果之一则是不少精神障碍患者要么流落社会，要么被囚禁于家中，致使家庭拘禁成为严重的社会问题；[1]另一方面，由于缺乏中立的非自愿入院审查程序，医疗机构和监护人的非自愿入院决定权缺乏约束，患者的非自愿入院可能会受医学和法律以外因素的影响，从而导致非自愿入院率高居不下，且存在住院长期化、出院难等普遍问题。

因此，解决问题的关键在于：一方面，应将非自愿医疗决定权回归其公权力属性，无论精神障碍患者具有何种危险（对本人的危险或对他人的危险），是否对其采取非自愿医疗都应由法院或其他中立的机构决定，从而最大限度地保障符合法定条件的精神障碍患者能够接受治疗，并充分保障其健康权；另一方面，通过建立非自愿医疗审查程序，为精神障碍患者的入院、治疗和出院提供充分的程序保障，从而在源头和制度上解决非自愿医疗的滥用和人身自由的过度限制等问题。

（三）实现与国际人权规范的接轨

建立非自愿医疗审查机构及其程序是国际人权规范的要求。例如，MI 原则要求各国应设立对非自愿住院或留医进行审查的复查机构，且该复查机构应是依据国内法设立的司法机构或其他独立和公正的机构。《残疾人权利公约》第 14 条规定，缔约国应确保残疾人"不被非法或任意剥夺自由，任何对自由的剥夺均须符合法律规定，而且在任何情况下均不得以残疾作为剥夺自由的理由。"对此，联合国残疾人委员会发布的第 1 号一般性意见认为："剥夺残疾人的法律行为能力，并违反他们的意愿，未征得他们的同意或只征得

---

〔1〕 相关分析参见陈绍辉：《精神障碍患者人身自由权的限制——以强制医疗为视角》，中国政法大学出版社 2016 年版，第 2 页。

替代决定者的同意就将他们关押在机构中，这是一个经常出现的问题。这种做法构成任意剥夺自由，违反《公约》第 12 条和第 14 条。各缔约国不得采取这种做法，必须建立机制，审查涉及残疾人在未经同意前提下被安置在收容机构的案件。"[1]

MI 原则作为国际上保障精神障碍患者权利的普遍标准，尽管不具有国际公约的法律地位，但作为"软法"对各国仍具有事实上的约束力。同时，我国政府已缔结《残疾人权利公约》，应对包括精神残障在内的残障者履行《残疾人权利公约》和相关人权标准所确立的义务。就此而言，建立非自愿住院审查制度有助于实现国内法与国际人权规范的接轨。

二、有关非自愿医疗审查模式的观点评析

（一）学说观点

关于非自愿医疗审查制度的具体模式的选择，学界主要存在三种观点：①认为非自愿医疗的司法化应当定位为司法救济，即确保医院作出的非自愿医疗决定具有可诉性。这种观点认为，我国精神障碍患者数量众多，绝大多数的非自愿医疗都能够得到家属的支持和理解，一概要求司法提前介入反而会给正当的非自愿医疗带来不必要的障碍。[2]这一观点实际上仍是维持现有的医疗机构决定住院模式，只是强化对非自愿住院的司法救济，但并未触及非自愿医疗第三方审查决定这一根本问题，因而并非可选择的方案。②认为应由法院行使非自愿医疗决定权。该观点认为民事强制住院并不是纯粹的医学问题，它涉及公权力的行使与精神障碍患者的人权保障，是否强制住院应由法院而非精神病科医师决定。具体而言，法院决定强制住院应采用民事非讼程序。[3]③认为应采取审查会模式，建立由精神医学专家、患者代表、法律专家及其他相关专业人士组成的审查机构，负责对医疗机构强制住院决定

---

〔1〕 联合国残疾人委员会第 1 号《一般性意见：第十二条 在法律面前获得平等承认》第 40 自然段。

〔2〕 周光富、谢慧阳："精神病人强制医疗程序司法化研究"，载《中国检察官》2015 年第 15 期。

〔3〕 郝振江："论精神障碍患者强制住院的民事司法程序"，载《中外法学》2015 年第 5 期。

的审查。[1]刘白驹教授也曾建议在地级市一级设立"地区精神卫生伦理委员会"，负责非自愿住院的审查，"地区精神卫生伦理委员会"由医学、心理学、法学、社会学等方面的专家组成，具体成员由同级人民政府任命。[2]

（二）审查会模式之问题

审查会模式无疑是值得特别考虑的选择，这一模式具有专业、便捷、高效等优势，并能避免法院审查所带来的案件受理压力和审查能力之不足等问题。然而，采取审查会模式可能会存在以下问题：

1. 审查会模式面临质疑。在采取审查会模式的地区，由审查会决定精神病人的非自愿住院面临越来越多的质疑，主张采取司法审查模式的呼声日趋强烈。不少学者认为，非自愿住院涉及对人身自由和医疗自主权的限制，对这一位阶之基本权利的限制应适用法官保留，由审查会行使强制住院决定权有违人身自由保护之意旨。[3] 司法实践中，也有判例认为此种模式下的强制住院制度违反了《残疾人权利公约》第14条有关身心障碍患者人身自由保护的规定和联合国残疾人权利委员会的一般意见。尽管这一判决引发诸多争议，但理论和实务界开始认识到现行强制治疗制度亟待完善，其路径是将非自愿住院回归法官保留，将其纳入司法审查程序。因此，对于一项具有争议，且可能被取代的制度，是否仍有借鉴的价值和必要性，无疑值得慎重考虑。

2. 审查决定不具有终局性，仍需司法救济。审查会的决定一般被视为是行政决定，该决定并不具有终局性，患者及其家属不服的，还可向法院提起救济。可见，非自愿医疗的审查决定仍绕不开司法审查，就此而言，审查会模式也可能徒增成本和诉累，并不利于患者的住院和治疗。

3. 审查会模式的行政本位及其弊端。就我国而言，采取审查会模式还应考虑行政本位、中立性等问题。若采取审查会模式，则需在地方（区县或设区市）建立具有行政主体性质的"强制医疗审查委员会"，且应由卫生行政部

---

〔1〕 唐忠民、陈绍辉："论精神病人强制医疗程序之完善——以人身自由保障为视角"，载《河北法学》2014年第10期。

〔2〕 刘白驹：《非自愿住院的规制：精神卫生法与刑法（下）》，社会科学文献出版社2015年版，第638～640页。

〔3〕 王子荣："在宪法脉络下强制就医制度的重新检视——兼论实务上可行的操作对策"，载《月旦医事法报告》2018年第20期。

门主管。审查会的行政属性及其地位可能使其在非自愿医疗审查的过程中倾向于考虑公共政策与公共安全，从而可能影响审查制度的权利救济效果。审查会隶属于卫生行政部门之关系难免使其中立性遭受质疑，如同以往"医疗事故鉴定委员会"对医疗事故的鉴定被视为"老子鉴定儿子"一样。同时，设立一个新的机构需要动用大量的资源和投入巨大的资金，从机构设立、人员选聘与任用、经费保障，到相关制度与运行程序的建立与完善，都将面临诸多挑战和难题，其难度可想而知。

三、司法审查模式之可行性

司法审查模式具有权威、公正、中立等突出优势，可避免审查会模式可能存在的某些弊病，包括中立性不足、制度构建的高成本等。由法院行使非自愿医疗决定权则可充分利用现有的司法资源和司法程序，无需构建新的审查机构及其程序。

（一）理论依据：法官保留

法官保留是基于权力分立相互制衡的原理，将有些权力的行使保留给法官独占之意。[1]法官保留理论认为，某些基本权利有着更为重要的位阶，甚至是一切基本权利的先决基础，此时制宪者给予的不只是法律保留，而是针对此等权利的限制与否，进一步指明只有法官能作出决定，此为比法律保留更谨慎的法官保留。[2]以人身自由为例，人身自由系个人最为重要的基本权利，且是行使其他基本权利的前提，因此人身自由的限制不仅应只采取法律保留，而应采取法官保留。例如，《德国基本法》第104条区别人身自由之限制与剥夺，其中，人身自由之限制只能以法律明文规定之事由为限，人身自由之剥夺只能依法官之判决为之。换言之，人身自由的剥夺，除依照宪法和法律规定的程序作出外，还必须由法官作出裁决，适用法官保留原则；而人身自由的限制，除按照法律规定的程序外，并不必然适用法官保留。但《德国基本法》并未对人身自由之剥夺与限制作出界定，例如，法官保留是否仅

---

〔1〕 李震山：《人性尊严与人权保障》，元照出版有限公司2009年版，第198页。

〔2〕 王子荣："在宪法脉络下强制就医制度的重新检视——兼论实务上可行的操作对策"，载《月旦医事法报告》2018年第20期。

限于刑事被告之处遇，是否包括非刑事被告人身自由限制的情形，如精神病人之收容。对此，《德国人身自由剥夺法》规定，所谓人身自由之剥夺，是指违反个人意愿或在其无意识状态下，将之安置于司法处遇机构、监狱、拘留所或其他封闭式强制工作、保护管束、辅育、医疗等院所；人身自由之限制是指机关依法以直接强制措施，短时间内限制当事人之行动自由。[1]人身自由之剥夺系在较长时间内完全排除一个人的自由，包括对传染病病人的隔离治疗和对精神病人的强制安置，这些均适用法官保留，应由法官裁决。对此，《德国民法典》第1906条规定，除非紧急情况，否则强制安置必须获得法院之许可。

非自愿医疗涉及对个人人身自由和自主权的剥夺，且其对人身自由的剥夺并不亚于刑罚，其在保障强度上仅适用法律保留还远远不够，还应采取法官保留。非自愿医疗采取法官保留，符合保障精神障碍患者人权之趋势，亦使我国非自愿医疗制度更加符合《残疾人权利公约》、MI原则等国际人权规范之要求。

（二）建立统一的非自愿医疗决定制度

针对不同的对象，我国建立了刑事强制医疗和非自愿医疗为一体的二元化强制性治疗制度。这一制度安排试图通过刑事强制医疗与非自愿医疗的分工合作，在各自的适用对象和范围内依照法定程序，实现对精神障碍患者的强制性治疗。两大非自愿医疗体系看似泾渭分明、相互协作，在各自适用范围内彼此发挥功能，其中存在的弊病却也不容忽视：①针对不同对象采取不同的决定模式和程序保护，有违平等保护原则。对于违背精神病人意愿的住院决定，刑事强制医疗采取司法审查模式，由法院通过诉讼程序作出决定，其程序保护接近和达到刑事正当程序的基本要求；相反，非自愿医疗却依然采取医学模式，由医疗机构经诊断评估作出决定，不受法院或其他中立机构的审查。此种模式下，医疗机构及精神科医师的诊断评估和决定权几乎不受严格的程序约束和外部监督，且缺乏中立性，有违正当程序的基本要求，这就使得非自愿医疗的程序保障水平远不及刑事非自愿医疗。很明显，这种区别

---

〔1〕 李震山：《人性尊严与人权保障》，元照出版有限公司2009年版，第200页。

对待并不具有充分的合理性。正常而言，非刑事精神病人的权利保护至少不应低于作为刑事被告的精神病人，然而，现有制度安排似乎并没有注意到这一不合理之处。②由于非自愿医疗不受司法审查，医疗机构可径直作出决定，程序简便，缺乏公开透明，相比于程序繁冗的刑事强制医疗程序，非自愿医疗无疑更为"便利"和"好使"。这一差异可能诱导公安机关优先选择非自愿医疗，从而使得刑事强制医疗被刻意规避，这在处于《刑事诉讼法》第302条和《精神卫生法》第30条模糊地带的案件中可能会体现得更为突出。因此，《精神卫生法》所规定的非自愿医疗程序"可能产生司法程序的'后门效应'，使强制医疗司法化的意义大打折扣，存在制度性风险"。[1]③刑事强制医疗和非自愿医疗相互分离，缺乏有效的衔接机制。我国刑事强制医疗的适用范围十分狭窄，《刑事诉讼法》第302条对强制医疗的对象作了四方面的限制：实施暴力行为；危害公共安全或者严重危害公民人身安全；经法定程序鉴定因精神疾病而无刑事责任能力；具有危险性，即有继续危害社会可能。这就意味着实施了非暴力犯罪的精神病人、实施暴力行为但未侵害公共安全或公民人身安全的精神病人、限制刑事责任能力的精神病人、服刑期间发病的精神病人，以及在刑事追诉程序中发病的精神病人，都不在刑事强制医疗的适用范围内。就理解而言，刑事强制医疗适用范围以外的精神病人，如符合《精神卫生法》第30条规定的非自愿医疗条件，都可被纳入其范围。然而，由于刑事程序的封闭性，不符合强制医疗条件的被告人或犯人应当如何转入非自愿医疗程序，这一过程缺乏相应的法律规定和衔接机制。

尽管现有制度强化了刑事强制医疗和非自愿医疗之间的区别，但两者在性质、治疗方式、法律后果等方面实际上并无本质区别，将两者合并，建立统一的非自愿医疗制度并没有理论上的重大障碍。就实践而言，一元化制度能够降低非自愿医疗程序的运行成本，实现制度的统一，避免制度分离所带来的沟通、衔接等方面存在的问题。在刑事强制医疗由法院决定的背景下，非自愿医疗的决定权亦由法院行使无疑更具合理性。如此，非自愿医疗采取

---

〔1〕 刘哲："预防'被精神病'的制度性思考"，https://mp.weixin.qq.com/s/ELa9I4xG3Yn46lkx-hxRCtw，最后访问时间：2019 年 5 月 31 日。

司法审查模式有利于构建统一的精神病人强制性医疗制度，从而实现非自愿医疗决定程序的一元化。

（三）司法审查模式弊病的弥补

司法审查模式无疑有其内在的弊病，如司法程序冗长繁杂，徒增非自愿入院成本，不利于患者治疗；法官不具有医学专业知识，难以胜任审理决定；我国精神障碍患者数量巨大，如此大规模的案件涌入法院将使得法院不堪其负。上述问题往往也构成反对法院行使非自愿医疗审查权的理由，但笔者认为这些问题均可通过一定的制度安排予以克服或缓解。

首先，要解决的是法官审查存在的专业性不足问题。这是任何涉及专业问题的司法审判都会遇到的问题，司法程序一般通过司法鉴定、专家证人、陪审制度等予以解决。就非自愿医疗而言，英国、澳大利亚等采取裁判所模式的国家，以及加拿大等采取审查会模式的国家或地区，是在裁判所或审查委员会的组成人员中引入精神医学专家和其他专业人员，以弥补法官或法律专业成员在专业知识上的不足，通过审查会组成人员的多样化来保证裁决的科学性、合理性。就我国而言，则可通过陪审员制度聘请具有精神医学背景的专业人员担任陪审员，从而发挥专业人员在非自愿医疗审查中的优势和作用，并实现与法官的优势互补。此外，法官在决定时，仍需各领域专家的协助，在个案中决定患者是否强制就医时，考虑其当下已处于医疗院所，为避免戒护患者的人力与相关人员的路程劳顿，此时法官应以至医疗院所询问患者为原则，也可迅速在医疗院所内召集相关专业人士作出决定。[1]

其次，针对诉讼程序缓不济急之弊病，非自愿医疗的审查可采取非讼程序，通过非讼程序的职权主义、自由证明和便捷灵活的程序设置，摒弃对抗式诉讼程序，以实现公正与效率的平衡。非讼裁判权具有积极性、主动性的特点，它依助非讼程序中的职权主义、自由证明、非公开审理等程序技术，尤其是法官可依职权进行事实探知和必要的证据调查，可以积极、迅速地参与到对精神障碍患者的监护和保护中去。[2]因此，非讼程序对程序的追求和

〔1〕 王子荣："在宪法脉络下强制就医制度的重新检视——兼论实务上可行的操作对策"，载《月旦医事法报告》2018 年第 20 期。

〔2〕 郝振江："论精神障碍患者强制住院的民事司法程序"，载《中外法学》2015 年第 5 期。

设定，既能够最大程度避免误判或者"被精神病"的可能性，也有利于避免因程序过于复杂导致强制住院程序迟缓和成本过高的可能。[1]

最后，法院受理案件的压力，亦可通过一定的途径予以缓和。一方面，纳入法院审查的案件仅限于拒绝住院或治疗且符合非自愿医疗条件的精神障碍患者，实际纳入审查的案件数量可能并没有预期那么大。另一方面，可设立专门法庭，或将非自愿医疗案件纳入专门法庭审理，以提高审理的效率。例如，有条件的地方法院可设立精神卫生法庭，专门审理、决定非自愿医疗案件。设立家事法庭的法院也可将非自愿医疗案件纳入家事法庭的受案范围。此外，为避免大量案件涌入法院，且尽量减少非自愿住院的适用，可考虑借鉴英国、加拿大等国家或地区的经验，建立"非正式入院"制度，即对于不具有决定能力，且没有明确反对或拒绝住院的精神障碍患者，经监护人同意，可将其收治入院。如此，非自愿住院的适用对象和范围将极大地缩小，法院审查的案件当事人也仅限于拒绝住院的精神障碍患者。

四、我国非自愿医疗审查程序的构建

在司法审查模式下，结合我国民事诉讼的基本制度以及非自愿医疗审查的特殊性，其具体程序设想如下：

（一）受案范围

从比较分析可见，各国（地区）非自愿医疗审查机构的权限较为广泛，不仅包括非自愿医疗的审查决定，还包括非自愿医疗的延长、出院等事项，有的国家（地区）甚至还包括与治疗相关的决定，如行为能力的认定、约束措施、转院等。就我国而言，法院的审查决定事项应限于非自愿医疗中的重大事项，包括非自愿住院、非自愿社区治疗的决定；延长非自愿住院和非自愿社区治疗；解除非自愿住院和非自愿社区治疗，等等。

（二）管辖

非自愿医疗案件的管辖应以便于非自愿医疗的申请和患者治疗为原则。鉴于非自愿医疗的审查一般由医疗机构提出申请，且患者的住院和治疗也是

---

〔1〕 郝振江："论精神障碍患者强制住院的民事司法程序"，载《中外法学》2015 年第 5 期。

在医疗机构所在地进行，因而应由医疗机构所在地的基层法院行使管辖权。

（三）申请

非自愿医疗的审查申请主体不同于送诊主体或入院诊断评估申请主体，后者为护送或协助患者到医院就诊的相关主体，根据《精神卫生法》的规定，送诊主体包括近亲属、所在单位、公安机关、民政机关等。在患者入院后，经诊断评估，医疗机构如认为患者符合非自愿住院条件而应接受住院治疗，对于拒绝治疗的患者，医疗机构应向法院申请非自愿住院许可。因此，非自愿医疗审查的申请主体应仅限于收治患者的医疗机构。但解除非自愿医疗的申请主体，可以是患者及其监护人。

同时，医疗机构应在紧急住院或诊断评估的期限届满前向法院提出非自愿医疗的申请。申请原则上应采取书面形式，填写相应格式和内容的非自愿医疗申请书，并附有相关证据材料，包括诊断评估结论、病历资料等。

（四）审理

1. 审理程序之选择。大陆法系国家和地区普遍将民事程序分为诉讼程序和非讼程序，并设定不同的程序规则和技术予以调整。非讼程序对应通常诉讼程序，是法院审理各类非讼案件所适用的程序总和。[1]与诉讼程序不同，非讼程序具有以下特点：①非讼程序具有浓厚的职权主义色彩,法官具有较大的裁量权和自由，而不必奉行诉讼程序中的当事人主义和辩论主义。②非讼程序可采行书面审理主义,不要求公开审理。③诉讼程序要求有严格的证明标准，而非讼程序采用自由的证明标准。[2]④适用非讼程序的案件为非民事权益争议案件，大多数为确认之诉，法庭不需要经过实体审理就可以对利害关系人申请的事项作出结论，裁判结果多为裁定或决定。[3]⑤非讼案件的审理，原则上是由法官独任审理，甚至可由不具法官资格的司法人员处理。[4]可见，相对传统的诉讼程序，非讼程序具有经济、便捷、灵活、高效等优点。

---

〔1〕 舒瑶芝："非讼程序机理及立法发展"，载《法学杂志》2014 年第 12 期。

〔2〕 庞小菊："司法体制改革背景下的诉讼分流——以非讼程序的诉讼分流功能为视角"，载《中外法学》2016 年第 5 期。

〔3〕 刘海渤："民事非讼审判程序初探"，载《中国法学》2004 年第 3 期。

〔4〕 庞小菊："司法体制改革背景下的诉讼分流——以非讼程序的诉讼分流功能为视角"，载《中外法学》2016 年第 5 期。

我国《民事诉讼法》没有规定非讼程序，但不少学者认为《民事诉讼法》第十五章所规定的特别程序实质上就是非讼程序，[1]尽管该章的规定与大陆法系国家和地区的非讼程序尚有差别。我国《民事诉讼法》规定的特别程序或域外的非讼程序为非自愿医疗案件的审查提供了程序选择。一方面，法院对非自愿医疗的审查决定本质上具有许可性质，而非讼程序的重要功能之一即为确认和许可。换言之，通过非讼程序的许可功能，授权医疗机构对精神障碍患者实施非自愿医疗。因此，非自愿医疗审查与非讼程序具有高度的契合性。另一方面，非自愿医疗的审查必须兼顾程序公正与效率，实现个人自由、公共利益和健康权利的合理平衡。因此，选择对抗式的诉讼程序固然可以充分保证患者的程序公正和自由权利，但也可能牺牲患者的健康利益，甚至是给公共安全带来危险。相反，非讼程序具有灵活便捷之特点，可通过迅速的程序进展完成非自愿医疗的审查，而非讼程序所提供的程序保障亦能最低限度地保障患者的程序权利。

在特别程序下，尽管非自愿医疗的审查无需采取对抗式诉讼程序，但依然应该提供最低程度的程序保障，包括：①必须听取关系人对于作为裁判基础事实的意见；②应当告知关系人有关的事实；③记录阅览权的保障。其中，第一项属于非讼程序的最低限度保障。[2]因此，非自愿医疗案件的审理应遵循以下基本程序：①考虑到非自愿医疗涉及人身自由等基本权利，其审理原则上应采取合议庭方式，其组成人员除法官外，还应考虑具有精神医学背景的陪审员；②法院应采取开庭审理方式，患者有权出席庭审，除非患者的出庭可能严重扰乱庭审秩序，或者可能给本人或他人造成严重伤害；③审理过程中，患者有权委托代理人参加庭审，有权提交证据、质证，享有陈述、抗辩等程序权利；④法院在审理程序中享有较为广泛的职权，包括依职权主动收集相关证据、询问当事人、查清相关事实。

2. 审理方式。鉴于非自愿医疗案件的审理涉及个人隐私，且精神疾病与非自愿医疗都可能给当事人带来污名效应，因而非自愿医疗的审理一般都采

---

〔1〕 廖中洪：“制定单行《民事非讼程序法》的建议与思考”，载《现代法学》2007 年第 3 期；郝振江：“论非讼程序在我国的重构”，载《法学家》2011 年第 4 期。

〔2〕 郝振江：“论非讼程序在我国的重构”，载《法学家》2011 年第 4 期。

取非公开审理的方式。例如，美国多数州都规定非自愿拘禁听证不应向公众公开，除非是患者申请公开听证，或者法院出于"公共利益或其他正当因素考量"而采取公开听证。[1]在英国，精神卫生审查裁判所的听证一般也是采取非公开方式。一般而言，非公开审理有利于保护患者的隐私，避免公开听证给患者造成负面影响。因此，就我国而言，除非具有法律上的正当理由，否则，非自愿医疗案件的审理应采取非公开的方式。

3. 审理地点。在美国，非自愿拘禁的听证地点可以是法院，也可以是患者住院的精神卫生机构内，且实践中多数听证都是在精神卫生机构内举行，但将听证地点设置于精神卫生机构内却存在不少争议，不乏反对的观点。[2]在英国，听证地点一般在患者住院的医院，也可以是裁判所的办公地。医疗机构内审理无疑具有一定的优势，包括便于患者、医生出席庭审，避免正式法庭环境给患者带来的负面影响，降低医院和患者方面的成本等。就我国而言，法院可根据实际情况决定在医疗机构还是在法院内审理案件。

4. 审理决定。非自愿医疗案件具有时效性和紧迫性，需迅速处理。所谓时效性是指某种法律事实或法律行为发生时法院必须尽快作出裁判，以避免给关系人生活带来严重影响甚至危害。[3]以非自愿医疗案件为例，患者处于被拘禁状况，且接受相关精神科治疗，需要法院及时作出裁决以判定是否继续强制住院。因此，考虑到非自愿医疗审查的紧迫性，法院对非自愿医疗案件的审理应不同于其他非讼案件，而是采取更为迅速的程序，其审理期限宜限定为 15~20 天。同时，法院审查决定的送达可采取灵活的方式，如在正式决定书送达之前，可采取灵活的通讯方式告知医疗机构或患者审查之结果。

（五）审查决定的救济

无论采取何种审查模式，各国（地区）均允许患者针对审查决定向法院提起诉讼或上诉。如采取司法审查模式的国家，患者可向上级法院提起上诉；在加拿大，患者对审查委员会的决定不服的，可向法院上诉，英国则是向上

---

〔1〕 Michael L. Perlin, *Mental Disability Law: Civil and Criminal* (volume 1), Virginia: Lexis Law Publishing, 1998, p. 329.

〔2〕 参见第三章第二节。

〔3〕 郝振江："德日非讼程序审理对象介评"，载《国家检察官学院学报》2012 年第 5 期。

级裁判所上诉。就我国而言，《民事诉讼法》规定依照特别程序审理的案件实行一审终审，但考虑到非自愿医疗决定关乎个人自由等基本权利，应为患者提供相应的上诉机制。对此，可考虑借鉴《刑事诉讼法》第 305 条第 2 款的规定，允许患者及其近亲属向上一级法院申请复议。所谓复议是指对司法机关作出的具体决定不服，因而向上级机关提起的重新审查的程序。[1]复议不同于上诉，复议审理程序较为简便、灵活，一般不采取开庭审理方式，且审理期限较短，并不完全采取二审诉讼程序。以刑事强制医疗的复议为例，对不服强制医疗决定的复议申请，上一级人民法院应当组成合议庭审理，并在 1 个月内作出复议决定，[2]实践中大多数法院采取不开庭的方式进行审查。尽管《刑事诉讼法》和最高人民法院的相关司法解释都没有明确复议的具体审理方式和程序，但其程序性明显弱于二审程序，且实践中存在"复议庭审虚化的现象"。[3]

具体到《精神卫生法》，非自愿医疗的复议应考虑以下方面：①复议申请人仅限于精神障碍患者及其近亲属，医疗机构对决定不服的，不得申请复议。②上级法院对复议案件的审理，原则上应采取开庭方式审理，其具体审理程序与初次审查程序基本相同。法庭应会见患者，了解其精神状况，并充分听取患者本人及其代理人的意见，进而作出决定。③考虑到非自愿医疗案件的特殊性，为最大程度降低错误非自愿医疗产生的影响，应加快对复议案件的审理，缩短审理的周期，可考虑将复议案件的审理期限规定为 15 天。即上一级人民法院应在受理案件后 15 日内作出复议决定。

---

〔1〕 郎胜主编：《〈中华人民共和国刑事诉讼法〉修改与适用》，新华出版社 2012 年版，第 500 页。
〔2〕 参见《最高人民法院关于适用〈中华人民共和国刑事诉讼法〉的解释》第 537 条。
〔3〕 王君炜："我国强制医疗诉讼救济机制之检讨"，载《法学》2016 年第 12 期。

结　论

　　无论是中世纪的收容、隔离，还是近现代的强制医疗，将精神障碍患者拘禁于机构或设施内从来都面临巨大的争议。对于当今以治疗为名所施加的强制医疗或非自愿医疗，无论是本着患者本人的健康利益，还是基于公共秩序之考量，人们仍然会追问，为什么是精神障碍患者？为何患有其他疾病的人不可以违背其意志采取强制治疗？非自愿医疗的正当性依据是什么？尽管我们"发明"了一整套理论论证非自愿医疗的正当性，以及国家以非自愿医疗剥夺人身自由的正当性，如国家监护权理论和警察权理论，但谁又能保证公权力机关或他人不会以"治疗"为名任意剥夺精神障碍患者乃至正常人的人身自由呢？纵观"疯癫"的历史，"疯癫"的两端从来就不是医生与患者，而是整个社会与被排斥的一方。[1]如同福柯曾所言："疯狂不是一种自然现象，而是一种文明的产物。没有把这种现象说成疯狂并加以迫害的各种文化的历史，就不会有疯狂的历史。"[2]尽管福柯的观点有其独特的历史背景，但不可否认的是，时至今日我们仍旧对精神障碍患者有偏见、歧视和排斥。面对弱势人群中最为脆弱的群体，如何尊重、保护和促进精神障碍患者的权利恐怕是立法和政策需要特别关注的方面。

　　从维护患者本人的健康利益和公共安全的目的出发，对拒绝治疗的精神

---

〔1〕　王岳：《疯癫与法律》，法律出版社 2014 年版，第 21 页。

〔2〕　［法］米歇尔·福柯：《疯癫与文明》，刘北成、杨远婴译，生活·读书·新知三联书店 2007 年版，封四。

障碍患者采取非自愿医疗或许具有其必要性。但我们必须认识到非自愿医疗并非纯粹的医学措施，它本身构成对个人自由和权利的剥夺或限制，就其程度而言，甚至不亚于刑法。因此，法律在授予国家以强制治疗为名剥夺人身自由的权力的同时，必须实现对这一权力的严格规制。法律对非自愿医疗的规制主要是从实体和程序两个层面展开，前者明确非自愿医疗的适用对象和条件，从而限制国家权力对个人自由的干涉范围和强度；后者则明确实施非自愿医疗所应遵循的法律程序，从而避免权力恣意行使。

从境外经验看，各国（地区）均通过立法构建非常完善的法律程序以实现对非自愿医疗的规制，其中最为关键的环节是将非自愿医疗的决定权授予医疗专业人员以外的中立机构或组织，如法院、独立的委员会等。这一非自愿医疗的决定模式可称为"法律模式"。根据各国（地区）非自愿医疗审查机构的性质不同，又大致可分为三种模式：一是以美国、德国、澳大利亚等为代表的国家采取司法审查模式，由法院行使非自愿医疗的决定权；二是以日本为代表的国家采取行政审查模式，由专门设立的具有行政机关性质的委员会或行政机关决定患者的非自愿医疗；三是以苏格兰为代表的裁判所模式，由具有法院性质的行政裁判所行使非自愿医疗的审查权。无论采取哪种具体模式，非自愿医疗的最终决定权都不属于医疗机构及精神科医师，而是由具有司法或准司法性质的中立机构行使。

本质上而言，我国的非自愿医疗程序仍然采取典型的"医学模式"，非自愿医疗程序从启动、诊断到作出决定基本上由医疗机构一家独揽。同时，《精神卫生法》没有充分认识到非自愿医疗严重限制人身自由之属性，更没有围绕这一属性构建相对完备的法律程序。针对我国非自愿医疗程序存在的问题，本书得出以下研究结论与建议：①建立多元化的非自愿医疗类型及其程序，即建立非自愿住院、紧急非自愿住院和非自愿社区治疗为一体的非自愿医疗体系。一方面，需借鉴境外经验，构建适合我国国情的紧急非自愿住院制度和非自愿社区治疗制度；另一方面，应进一步完善非自愿住院程序。核心理念是实现送治、诊断评估和入院决定之间的分工制约，关键是实现诊断评估与入院决定的分离，形成送治人、医疗机构和审查机构之间的制衡关系，并以此为基点构建相应的程序制度。②建立非自愿医疗审查程序，即建立由法院行使非自愿医疗决定权的司法审查程序。具体而言，我国法院对非自愿医疗案件的审查应采取非讼程序，并给予相应的程序保护，以达到正当程序原则的基本要求，并兼顾程序效率。在此基础上，进一步明确法院审查的受案范围、管辖权分工和案件审理的一般程序，包括申请、受理、审理方式、审理地点、审理期限、审理决定的作出等。③完善非自愿住院治疗程序。鉴于患者非自愿入院后的治疗对患者权益具有重大影响，应考虑将那些对患者权利产生严重影响的特殊治疗手段和强制性措施纳入法律规制的范围，包括建立治疗期限、定期评估制度，实现对精神科外科治疗、电抽搐治疗、实验性临床治疗和重大外科治疗等特殊治疗措施的程序规制。

参考文献

一、中文著作

1. 本书编写组编：《中华人民共和国精神卫生法医务人员培训教材》，中国法制出版社 2013 年版。

2. 蔡枢衡：《中国刑法史》，广西人民出版社 1983 年版。

3. 陈瑞华：《程序正义理论》，中国法制出版社 2010 年版。

4. 陈绍辉：《精神障碍患者人身自由权的限制——以强制医疗为视角》，中国政法大学出版社 2016 年版。

5. 戴庆康等：《人权视野下的中国精神卫生立法问题研究》，东南大学出版社 2016 年版。

6. 何勤华等：《大陆法系》[《法律文明史（第 9 卷）》]，商务印书馆 2015 年版。

7. 季卫东：《法律程序的意义——对中国法制建设的另一种思考》，中国法制出版社 2004 年版。

8. 贾西津：《心灵与秩序：从社会控制到个人关怀》，贵州人民出版社 2004 年版。

9. 姜明安主编：《行政程序研究》，北京大学出版社 2006 年版。

10. 姜明安主编：《行政法与行政诉讼法》，北京大学出版社、高等教育出版社 2007 年版。

11. 柯葛壮等：《诉讼法的理念与运作》，上海人民出版社 2005 年版。

12. 郎胜主编：《〈中华人民共和国刑事诉讼法〉修改与适用》，新华出版社 2012 年版。

13. 李清福、刘渡舟主编：《中医精神病学》，天津科学技术出版社 1989 年版。

14. 李霞：《精神卫生法律制度研究》，上海三联书店 2016 年版。

15. 李震山：《多元、宽容与人权保障——以宪法未列举权之保障为中心》，元照出版有限公司 2007 年版。

16. 李震山：《行政法导论》，三民书局股份有限公司 2011 年版。

17. 李震山：《人性尊严与人权保障》，元照出版有限公司 2009 年版。

18. 梁其姿：《面对疾病——传统中国社会的医疗观念与组织》，中国人民大学出版社 2011 年版。

19. 刘白驹：《非自愿住院的规制：精神卫生法与刑法（上、下）》，社会科学文献出版社 2015 年版。

20. 沈渔邨主编：《精神病学》，人民卫生出版社 2009 年版。

21. 宋冰编：《程序、正义与现代化——外国法学家在华演讲录》，中国政法大学出版社 1998 年版。

22. 王葆莳、张桃荣、王婉婷译注：《德国〈家事事件和非讼事件程序法〉》，武汉大学出版社 2017 年版。

23. 王觐：《中华刑法论》，中国方正出版社 2005 年版。

24. 王利民：《司法改革研究》，法律出版社 2000 年版。

25. 王名扬：《美国行政法（上、下）》，中国法制出版社 2005 年版。

26. 王名扬：《英国行政法》，北京大学出版社 2007 年版。

27. 王锡锌：《行政程序法理念与制度研究》，中国民主法制出版社 2007 年版。

28. 王岳：《疯癫与法律》，法律出版社 2014 年版。

29. 翁腾环：《世界刑法保安处分比较学》，商务印书馆 2014 年版。

30. 信春鹰主编：《中华人民共和国精神卫生法解读》，中国法制出版社 2012 年版。

31. 熊秉元：《正义的成本——当法律遇上经济学》，东方出版社 2014年版。

32. 熊秉元：《正义的效益：一场法学与经济学的思辨之旅》，东方出版社 2016 年版。

33. 杨念群：《再造"病人"——中西医冲突下的空间政治（1832 – 1985）》，中国人民大学出版社 2019 年版。

34. 余根先主编：《中国民政工作全书（下）》，中国广播电视出版社 1999年版。

35. 张步峰：《正当行政程序研究》，清华大学出版社 2014 年版。

36. 张丽卿：《司法精神医学——刑事法学与精神医学之整合》，中国检察出版社 2016 年版。

37. 张翔：《基本权利的规范建构》，法律出版社 2017 年版。

38. 周煌智：《强制住院及强制社区治疗临床参考指引》，台湾精神医学会编制 2009 年版。

39. 周维德：《强制医疗中精神障碍患者人格权保护研究》，中国政法大学出版社 2016 年版。

二、中文论文

1. 陈绍辉："精神障碍患者约束和隔离措施的法律规制"，载《证据科学》2016 年第 3 期。

2. 陈绍辉："精神疾病患者强制医疗的证明标准研究"，载《证据科学》2014 年第 2 期。

3. 陈绍辉："美国精神卫生法庭的制度构造及其借鉴"，载《证据科学》2019 年第 3 期。

4. 陈绍辉："美国马萨诸塞州精神病患者非自愿治疗制度初探"，载《医学与法学》2014 年第 2 期。

5. 陈绍辉："强制社区治疗的域外经验及其本土构建"，载《残疾人研究》2021 年第 2 期。

6. 陈绍辉："'治疗可能性'要件：遵从抑或摒弃"，载《西南政法大学学报》2014 年第 1 期。

7. 陈绍辉：“论精神障碍患者强制医疗中的最小限制原则”，载《中国卫生政策研究》2016 年第 3 期。

8. 陈绍辉：“论强制医疗程序中危险性要件的判定”，载《河北法学》2016 年第 7 期。

9. 陈绍辉：“论精神障碍者非自愿治疗的要件——以 O'Connor v. Donaldson 为例”，载《医学与法学》2014 年第 4 期。

10. 陈绍辉：“论精神障碍患者强制医疗中的最小限制原则”，载《中国卫生政策研究》2016 年第 3 期。

11. 陈卫东、程雷：“司法精神病鉴定基本问题研究”，载《法学研究》2012 年第 1 期。

12. 陈竺：“关于《中华人民共和国精神卫生法（草案）》的说明”，载《中华人民共和国全国人民代表大会常务委员会公报》2012 年第 6 期。

13. 戴庆康、葛菊莲：“精神障碍患者保安性非自愿住院的主体与标准问题研究”，载《南京医科大学学报（社会科学版）》2013 年第 3 期。

14. 董林涛：“日本《医疗观察法》内容与启示——兼谈我国刑事强制医疗程序的完善”，载《西部法学评论》2015 年第 2 期。

15. 范鑫等：“2015 年上海市精神卫生医疗机构与床位资源现状分析”，载《中国卫生经济》2017 年第 12 期。

16. 房国宾：“精神病强制医疗与人权保障的冲突与平衡”，载《中国刑事法杂志》2011 年第 7 期。

17. 郝振江：“论精神障碍患者强制住院的民事司法程序”，载《中外法学》2015 年第 5 期。

18. 胡肖华、董丽君：“美国精神病人强制住院治疗法律制度及其借鉴”，载《法律科学》2014 年第 3 期。

19. 李从红、李素霞：“以实现‘和谐共生社会’为目标的日本精神康复”，载《国际精神病学杂志》2015 年第 2 期。

20. 李冬、王岳：“中国与加拿大亚伯达省精神卫生立法之比较研究”，载《中国卫生法制》2012 年第 3 期。

21. 李俊颖、周煌智："从精神病患住院实例探讨精神卫生法中强制就医权疑义"，载《医事法学》2003 年第 1 期。

22. 李妍："我们的病人——中国精神病患者报告"，载《中国经济周刊》2011 年第 28 期。

23. 栗克清："中国精神卫生工作回顾与展望"，载《医学研究与教育》2012 年第 2 期。

24. 梁其姿："麻风隔离与近代中国"，载《历史研究》2003 年第 5 期。

25. 廖中洪："制定单行《民事非讼程序法》的建议与思考"，载《现代法学》2007 年第 3 期。

26. 刘东亮："'被精神病'事件的预防程序与精神卫生立法"，载《法商研究》2011 年第 5 期。

27. 刘东亮："什么是正当法律程序"，载《中国法学》2010 年第 4 期。

28. 刘芳、徐兴文："试论人类精神疾病观的发展与演变"，载《湖北科技学院学报》2014 年第 6 期。

29. 刘海渤："民事非讼审判程序初探"，载《中国法学》2004 年第 3 期。

30. 刘仁仪、李嘉富："社区精神医学专题：强制住院试办计划经验分享"，载《精神医学通讯》2008 年第 6 期。

31. 刘瑞爽："精神障碍患者非自愿收治程序设计的若干法律问题研究（上、下）"，载《中国卫生法制》2014 年第 2、3 期。

32. 刘协和："中国的精神卫生法曙光初现"，载《上海精神医学》2011 年第 4 期。

33. 刘鑫、赵彩飞、马长锁："精神障碍医学鉴定的不可行性分析"，载《中国司法鉴定》2018 年第 1 期。

34. 刘鑫："精神卫生法的理想与现实"，载《中国卫生法制》2013 年第 5 期。

35. 刘勇、谢斌："强制社区治疗的国际经验及对我国的启示"，载《中国心理卫生杂志》2017 年第 12 期。

36. 罗丽新等："《精神卫生法》实施后精神病人长期住院原因调查"，载《中国健康心理学杂志》2014 年第 12 期。

37. 马华舰等："精神科医生对患者非自愿住院决定的影响因素研究进展"，载《中国卫生资源》2017 年第 5 期。

38. 马宁等："2010 年中国精神卫生机构和床位资源现状分析"，载《中国心理卫生杂志》2012 年第 12 期。

39. 潘忠德、谢斌、郑瞻培："我国精神障碍患者的住院方式调查"，载《临床精神医学》2002 年第 5 期。

40. 庞小菊："司法体制改革背景下的诉讼分流——以非讼程序的诉讼分流功能为视角"，载《中外法学》2016 年第 5 期。

41. 任金涛等："辽宁省精神卫生床位资源状况与理论配置比较研究"，载《四川精神卫生》2017 年第 5 期。

42. 舒瑶芝："非讼程序机理及立法发展"，载《法学杂志》2014 年第 12 期。

43. 宋显忠："宪政与程序保障"，载《法制与社会发展》2006 年第 5 期。

44. 孙大明："精神卫生立法中鉴定条款的改进及相关问题研究——以《精神卫生法（草案）》为基础"，载《中国司法鉴定》2011 年第 4 期。

45. 孙东东、曾德荣："精神障碍患者非自愿住院医疗与强制医疗概念之厘清——与陈绍辉博士商榷"，载《证据科学》2014 年第 3 期。

46. 孙莉："程序控权与程序性立法的控权指向检讨——以《行政诉讼法》立法目的为个案"，载《法律科学》2007 年第 2 期。

47. 孙也龙："精神卫生法中入院治疗制度的完善"，载《中国卫生政策研究》2015 年第 4 期。

48. 唐忠民、陈绍辉："论精神病人强制医疗程序之完善——以人身自由保障为视角"，载《河北法学》2014 年第 10 期。

49. 万传华："论非自愿留院观察诊断制度及其救济——兼评我国《精神卫生法》第二十九条"，载《医学与哲学 A》2018 年第 5 期。

50. 汪建成："《刑事诉讼法》的核心观念及认同"，载《中国社会科学》2014 年第 2 期。

51. 王安其、李筱永："精神障碍患者非自愿医疗的法律问题研究（上、下）"，载《中国卫生法制》2015 年第 2、3 期。

52. 王冬："'法理念'问题研究的反思与重塑——基于进路与方法论上的再思考",载《前沿》2014 年第 15 期。

53. 王君炜："我国强制医疗诉讼救济机制之检讨",载《法学》2016 年第 12 期。

54. 王小平、MurphyEmlene："加拿大不列颠哥伦比亚省精神卫生法简介",载《国外医学（精神病学分册）》2004 年第 3 期。

55. 王岳："反思精神障碍强制医疗的'危险性'原则",载《中国卫生法制》2014 年第 5 期。

56. 王子荣："在宪法脉络下强制就医制度的重新检视——兼论实务上可行的操作对策",载《月旦医事法报告》2018 年第 20 期。

57. 魏晓娜："从'被精神病'再现看我国非刑强制医疗制度之疏失",载《国家检察官学院学报》2015 年第 4 期。

58. 吴建依："程序与控权",载《法商研究》2000 年第 2 期。

59. 夏红："实体真实与人权保障",载《国家检察官学院学报》2013 年第 5 期。

60. 谢斌、唐宏宇、马弘："精神卫生立法的国际视野和中国现实——来自中国医师协会精神科医师分会的观点",载《中国心理卫生杂志》2011 年第 10 期。

61. 谢斌："中国精神卫生立法进程回顾",载《中国心理卫生杂志》2013 年第 4 期。

62. 严冬雪、王靖、陈卓琬："《精神卫生法》难产 24 年后",载《中国新闻周刊》2009 年第 23 期。

63. 杨玉隆："法院审查精神病患强制住院之密度",载《医事法学》2011 年第 2 期。

64. 杨锃、陈婷婷："多重制度逻辑下的社区精神康复机构研究——兼论本土精神卫生公共性建设的可能路径",载《社会科学战线》2017 年第 3 期。

65. 姚丽霞："以法律层面的立法完善精神病人强制治疗程序",载《法学评论》2012 年第 2 期。

66. 李筱永、叶小琴："关于构建严重精神障碍患者强制社区医疗制度的思考",载《中国全科医学》2016 年第 16 期。

67. 殷濛濛等:"精神卫生中心长期住院患者现状调查分析",载《上海医药》2018 年第 12 期。

68. 于欣:"'亦余心之所善兮,虽九死其犹未悔':写在《精神卫生法》即将实施之际",载《中国心理卫生杂志》2013 年第 4 期。

69. 詹清和等:"精神障碍非自愿住院的患方主观体验",载《国际精神病学杂志》2018 年第 1 期。

70. 张步峰:"强制治疗精神疾病患者的程序法研究——基于国内六部地方性法规的实证分析",载《行政法学研究》2010 年第 4 期。

71. 张鹤:"精神病患者社区非自愿治疗域外考察",载《四川警察学院学报》2018 年第 6 期。

72. 张世诚、张涛:"精神卫生法的立法过程和主要内容",载《中国卫生法制》2013 年第 1 期。

73. 周光富、谢慧阳:"精神病人强制医疗程序司法化研究",载《中国检察官》2015 年第 15 期。

74. 卓彩琴、张慧:"社会排斥视角下隔离式康复模式反思——以 T 麻风康复村为例",载《河南社会科学》2011 年第 4 期。

三、译著

1. [德] 汉斯·J. 沃尔夫、奥托·巴霍夫、罗尔夫·施托贝尔:《行政法 (第一卷)》,高家伟译,商务印书馆 2002 年版。

2. [德] 汉斯·海因里希·耶赛克、托马斯·魏根特:《德国刑法教科书(下)》,徐久生译,中国法制出版社 2017 年版。

3. [法] 米歇尔·福柯:《疯癫与文明》,刘北成、杨远婴译,生活·读书·新知三联书店 2007 年版。

4. [美] 阿兰·艾德斯、克里斯托弗·N. 梅:《美国宪法:个人权利、案例与解析》,项焱译,商务印书馆 2014 年版。

5. [美] 艾伦·林德、汤姆·泰勒:《程序正义的社会心理学》,冯健鹏译,法律出版社 2017 年版。

6. ［美］伯纳德·施瓦茨:《美国法律史》,王军等译,法律出版社 2011 年版。

7. ［美］富勒:《法律的道德性》,郑戈译,商务印书馆 2005 年版。

8. ［美］理查德·波斯纳:《法律的经济分析(第 7 版)》,蒋兆康译, 法律出版社 2012 年版。

9. ［美］马克斯韦尔·梅尔曼等:《以往与来者——美国卫生法学五十 年》,唐超等译,中国政法大学出版社 2012 年版。

10. ［美］迈克尔·D. 贝勒斯:《法律的原则——一个规范的分析》,张 文显等译,中国大百科全书出版社 1996 年版。

11. ［美］保罗·萨缪尔森、威廉·诺德豪斯:《微观经济学(第 18 版)》,萧琛主译,人民邮电出版社 2008 年版。

12. ［美］威廉·J. 鲍莫尔、艾伦·S. 布林德:《经济学原理与政策(第 9 版)》,方齐云等译,北京大学出版社 2006 年版。

13. ［美］约翰·罗尔斯:《正义论》,何怀宏等译,中国社会科学出版 社 1988 年版。

14. ［日］棚濑孝雄:《纠纷的解决与审判制度》,王亚新译,中国政法 大学出版社 2004 年版。

15. ［英］A. J. M. 米尔恩:《人的权利与人的多样性——人权哲学》,夏 勇等译,中国大百科全书出版社 1995 年版。

16. ［英］安德鲁·斯卡尔:《文明中的疯癫———一部关于精神错乱的文 化史》,经雷译,社会科学文献出版社 2020 年版。

17. ［英］丹宁勋爵:《法律的正当程序》,李克强等译,法律出版社 1999 年版。

四、外文著作

1. Brdnda M. Hoggett, *Mental Health Law*, London: Sweet & Maxwell, 1996.

2. Brenda Hale, *Mental Health Law*, Thomson Reuters Limited, 2010.

3. Christopher Slobogin et al., *Law and the Mental Health: Civil and Criminal Aspects*, Eagan: West Publishing Company, 2009.

4. Debra A. Pinals, Douglas Mossman, *Evaluationfor Civil Commitment*, New York: Oxford University Press, 2012.

5. Eric Rosenthal, Clarence J. Sundram, *The Role of International Human Rights in National Mental Health Legislation*, Department of Mental Health and Substance Dependence, 2004.

6. Gary B. Melton et al. , *Psychological Evaluations for the Courts: A Handbook for Mental Health Professional and Lawyers*, New York: The Guilford Press, 2007.

7. George J. Alexander et al. , *Law and Mental Disorder*, North Carolina : Carolina Academic Press, 1998.

8. John E. Gray, Margaret A. Shone, Peter F. Liddle, *Canadian Mental Health Law and Policy*, Toronto : LexisNexis Canada Inc. , 2008.

9. Jonathan Butler, *Mental Health Tribunals Law*, Practice and Procedure, Jordan Publishing Limited, 2013.

10. Robert Brown, *The Approved Mental Health Professional's Guide to Mental Health Law*, SAGE Publications Inc. , 2013.

11. Kris Gledhill, *Defending Mental Disordered Persons*, LAG Education and Service Trust Limited, 2012.

12. Lawrence Gostin, *Principles of Mental Health Law and Policy*, Oxford: Oxford University Press, 2010.

13. Michael L. Perlin, *Mental Disability Law : Civil and Criminal (volume 1)*, Virginia: LEXIS Publishing, 1998.

14. Miller Robert D. , *Involuntary civil commitment of the mentally ill in the post-reform era*, Charles C ThomasPublisher, 1987.

15. Nicola Glover-Thomas, *Reconstructing mental health law and policy*, London: Butterworths LexisNexis, 2002.

16. Paul Barber, *Mental Health Law in England & Wales: A Guide for Mental Health Professionals* , California: SAGE Publications Inc, 2017.

17. Peter Bartlett, et al. , *Mental Disability and the European Convention on Human Rights*, Leiden: Martinus Nijhoff Publishers, 2007.

18. Peter Bartlett, RalphSandland, *Mental Health Law: Policy and Practice*, Oxford: Oxford University Press, 2014.

19. Ralph Reisner, Christopher Slobogin, Arti Rai, *Law and the Mental Health: Civil and Criminal Aspects*, St. Paul, MN: Thomson/West, 2009.

20. Richard M. Jones M. A, *Mental Health Act Manual* (*Fifteenth Edition*), London: Sweet & Maxwell, 2012.

21. Richard M. Jones, *Mental Health Act Manual*, Lonolon: Sweet & Maxwell, 2012.

22. Robert Brown, *The Approved Mental Health Professional's Guide to Mental Health Law*, California: SAGE Publications Inc, 2013.

23. Robert D. Miller, *Involuntary civil commitment of the mentally ill in the post-reform era*, Springfield, Illinois: Charles C Thomas, Pub. , 1987.

24. WHO, *WHO Resource Book on Mental Health*, *Human Rights and Legislation*, WHO Press, 2005.

五、外文论文

1. Alexander Scherr, "Daubert and Danger: The 'Fit' of Expert Predictions in Civil Commitments", *Hastings Law Journal*, 55 (2003).

2. Alexander Tsesis, "Due Process in Civil Commitments", *Wash & Lee L. Rev*, 68 (2011).

3. Alexandra S. Bornstein, "The Facts of Stigma: What's Missing from the Procedural Due Process of Mental Health Commitment", *Yale J. Health PoVy L. & Ethics*, 18 (2019).

4. Alison Pfeffer, " 'Imminent Danger' and Inconsistency: The Need for National Reform of the 'Imminent Danger' Standard for Involuntary Civil Commitment in the Wake of the Virginia Tech Tragedy", *Carolozo Law Review*, 30 (2008).

5. Amy Allbright, et al. , "Outpatient Civil Commitment Laws: An Overview", *Mental & Physilal Disability Law Reporter*, 26 (2002).

6. Anita G-Wandzura, "Community Treatment Orders in Saskatchewan: What

Went Wrong?", *Saskatchewan Law Review*, 71 (2008).

7. Antonyb. Klapper, "Finding a Right in State Constitutions for Community Treatment of the Mentally Ill", *University of Pennsylvania Law Review*, 142 (1993).

8. Betty L. Drumheller, "Constitutionalizing Civil Commitment: Another Attempt——In Re Harris, 98 WN. 2D 276, 654 P. 2D 109 (1982).", *Wash. L. Rev*, 59 (1984).

9. Bruce J. Winick, et al. , "Outpatient Commitment: A Therapeutic Jurisprudence Analysis", *Psychology*, *Public Policy and Law*, 9 (2003).

10. Bruce J. Winick, "The Right to Refuse Mental Health Treatment: First Amendment Perspective", *Universty of Miami Law Review*, 44 (1989).

11. Bruce J. Winick, "Therapeutic Jurisprudence and the Civil Commitment Hearing", *J. Contemp. Legal Issues*, 10 (1999).

12. Candice T. Player, "Involuntary Outpatient Commitment: The Limits of Prevention", *Standford Law & Policy Review*, 26 (2015) .

13. Christopher Slobogin, "A Jurisprudence of Dangerousness", *NW. U. L. REV.* , 98 (2003).

14. Christyne E. Ferris, "The Search for Due Process in Civil CommitmentHearings: How Procedural Realities Have Altered Substantive Standards", *Vand. L. Rev.* , 61 (2008).

15. Collin Mickle, "Safety or Freedom: Permissiveness vs. Paternalism in Involuntary Commitment Law" , *Law & Psychology Review* , 36 (2012).

16. Dan Moon, "The Dangerousness of The Status Quo: a Case For Modernizing Civil Commitment Law", *Widener L. Rev.* , 20 (2014).

17. David B. Kopel, Clayton E. Cramer, "ARTICLE : Reforming Mental Health Law to Protect Public Safety and Help the Severely Mentally Ill", *How. L. J.* , 58 (2015).

18. Donald H. J. Hermann, "Barriers to Providing Effective Treatment: A Critique of Tensions in Procedural, Substantive, and Dispositional Criteria in Involuntary Commitment", *Vanderbilt Law Review*, 39 (1986).

19. Donald Stone, "There Are Cracks in the Civil Commitment Process: A Practitioner's Recommendations to Patch the System", *Fordham Urban Law Journal*, 43 (2016).

20. European Union Agency for Fundamental Rights, "Involuntary placement and involuntary treatment of persons with mental health problems, FRA-European Union Agency for Fundamental Rights", (2012).

21. Hans Joachim Salize, Harald DreBing, Monika Peitz, "Compulsory Admission and Involuntary Treatment of Mentally Ill-Legislation and Practice in European Union Member States", *European Journal of Public Health*, 12 (2002).

22. Henry A. Dlugacz, "Involuntary Outpatient Commitment: Some Thoughts on Promoting a Meaningful Dialogue Between Mental Health Advocates and Lawmakers", *New York Law School Law Review*, 53 (2008).

23. Hon. Milton L. Mack, "Involuntary Treatment For The Twenty-First Century", *Quinnipiac Prob. L. J.*, 21 (2008).

24. Janice Lim, "Civil Commitment in the 21st Century", *U. S. F. L. Rev.*, 50 (2016).

25. Jennifer Honig, "New Research Continues to Challenge the Need for Outpatient Commitment", *New England Journal on Criminal and Civil Confinement*, 31 (2005).

26. Jerry L. Mashaw, "Administrative Due Process : The Quest for a Dignitary Theory", *Boston University Law Review*, 61 (1981).

27. Jessica L. MacKeigan, "Violence, Fear, and Jason's Law: The Needless Expansion of Social Control Over the Non-Dangerous Mentally Ill in Ohio", *Clev. St. L. Rev.*, 56 (2008).

28. Joel Haycock, "Mediating the Gap: Thinking About Alternatives to the Current Practice of Civil Commitment", *New England Journal on Criminal and Civil Confinement*, 20 (1993).

29. John Kip Cornwell, "Exposing the Myths Surrounding Preventive Outpatient Commitment for Individuals with Chronic Mental Illness", *Psychology, Public*

Policy, and Law, 9 (2003).

30. John Q. La Fond, Mary L. Durham, "Cognitive Dissonance: Have Insanity Defense and Civil Commitment Reforms Made a Difference?", *Villanova Law Review.*, 39 (1994).

31. Joseph Leopardi, "Nj'S Involuntary Outpatient Commitment Law Poses Civil Liberties Issues For People With Mental Illness", *Rutgers L. Rec.*, 43 (2015 ~ 2016).

32. Jurgen Zielasek and Wolfgang Gaebel, "Mental health law in Germany", *BJPsych International*, 12 (2015).

33. Katherine B. Cook, "Revision Assisted Outpatient Treatment Statutes in Indiana: Providing Mental Health Treatment for Those in Need", *Indiana Health Law Review*, 9 (2012).

34. Kazuo Yoshikawa and Pamela J, "Taylor. New forensic mental health law in Japan", *Criminal Behavior and Mental*, 13 (2003).

35. Ken Kress, "An Argument for Assisted Outpatient Treatment for Persons with Serious Mental Illness Illustrated with Reference to a Proposed Statute for Iowa", *Lowa Law Review*, 85 (1999).

36. Lingle. G, et al, "Psychiatric Commitment: Patients' Perspectives", *Medicine and Law*, 22 (2003).

37. Macdonald, R. A., "Procedural Due Process in Canadian Constitutional Law: Natural Justice and Fundamental Justice", *University of Florida Law Review*, 39 (1987).

38. Marybeth Walsh, "Due Process Requirements for Emergency Civil Commitments: Safeguarding Patients' Liberty Without Jeopardizing Health and Safety", *B. C. L. Rev.*, 40 (1999).

39. Note, "Civil Commitment of the Mentally Ill: Theories and Procedures", *Harv. L. Rev.*, 70 (1966).

40. Note, "Developments in the Law: Civil Commitment ofThe Mentally Ill", *Harv. L. Rev.*, 87 (1974).

41. Note, "Developments in the Law: The Law of Mentally Ill", *Harv. L. Rev.*, 121 (2008).

42. Pamela Schwartz Cohen, "Psychiatric Commitment in Japan: International Concern and Domestic Reform", *Pacific Basin Law Journal*, 14 (1995).

43. Paul Sarlo, "Financing Mental Healthcare: A Budget-Saving Proposal for Rethinking and Revitalizing Florida's Involuntary Assisted Outpatient Treatment Law", *Stetson Law Review*, 42 (2012).

44. R. A. Bernfeld, "Outpatient Commitment: The Role of Counsel in Preserving Client Autonomy", *SuffolkJ. Trial& App. Adv.*, 17 (2012).

45. Rachel A. Scherer, "Toward A Twenty-First Century Civil Commitment Statute: A Legal, Medical, and Policy Analysis of Preventive Outpatient Treatment", *Indiana Health Law Review*, 9 (2012).

46. Richard C. Boldt, "Perspectives on Outpatient Commitment", *New England Law Review*, 49 (2015).

47. Richard C. Boldt, "Emergency Detention And Involuntary Hospitalization: Assessing The Front End of The Civil Commitment Process", *Drexel L. Rev.*, 10 (2017).

48. Stuart A. Anfang, Paul S, "Appelbaum, Civil Commitment——The American Experience", *Isr J Psychiatry Relat*, 43 (2006).

49. Valerie L. Collins, "Camouflaged Legitimacy: Civil Commitment, Property Rights, and Legal Isolation", *Howard L. J.*, 52 (2009).

50. Van Duizend, Zimmerman, "The Involuntary Civil Commitment Process in Chicago: Practices and procedures", *Depaul Law Review*, 33 (1983).

六、学位论文

1. 邓钧豪:"强制社区治疗制度之社会治理机能",台湾大学法律学院2011 年硕士学位论文。

2. 董丽君:"我国精神病人行政强制治疗法律制度研究",湘潭大学 2014年博士学位论文。

3. 雷娟：“强制医疗法律关系研究”，苏州大学 2015 年博士学位论文。

4. 李霞：“成年监护制度研究”，山东大学 2007 年博士学位论文。

5. 林思苹：“强制治疗与监护处分——对精神障碍者之社会控制”，台湾大学法律系 2009 年硕士学位论文。

6. 马华舰：“立法后精神障碍患者非自愿住院的影响因素及对策研究”，上海交通大学医学院 2019 年博士学位论文。

7. 吴秉祝：“整体法秩序对精神障碍犯罪者之处遇与对待”，东吴大学法律学系 2008 年硕士学位论文。

8. 郑懿之：“论精神卫生法中强制住院治疗对人身自由之限制”，东吴大学法律学系 2011 年硕士学位论文。

后 记

　　本书是我有关精神卫生法研究的第三部专著，也是博士论文《精神障碍患者人身自由权的限制——以强制医疗为视角》的延续和深化。本书是从程序视角探讨非自愿医疗的法律规制问题，研究对象和内容更为集中，尽管与以往研究有所重合，但相关学术观点和论证均有深化和发展，例如，有关非自愿医疗的类型化及其程序构建，有关紧急非自愿住院程序和非自愿社区治疗程序的理论构想等。随着研究的深入，本书修正了个别学术观点。例如，关于非自愿医疗的审查模式，我曾主张应借鉴我国台湾地区的经验建立委员会审查模式，但鉴于这一模式在台湾地区存在的争议及其内在的弊端，本书改变了这一观点，认为应采取司法审查模式，即由法院行使非自愿医疗的审查决定权。对于非自愿医疗的审查模式，本书重新概括为司法审查模式、行政审查模式和裁判所审查模式，并就这三种模式的具体运行作出了补充和深化。此外，对于日本法规定的精神医疗审查会和英国法律规定的精神卫生审查裁判所，实际上都属于事后救济方式，并不属于非自愿住院的事前审查制度，本书在第三章的比较研究中有专门论述。就本质而言，本书的研究仍属于理想化的理论构建研究，不少观点无疑具有超前性，甚至可能被认为不切实际、脱离现实。尽管如此，我依然相信这或许代表着我国精神卫生法和非自愿医疗制度的未来发展趋势，假以时日，也并非不可实现。

　　本书的写作和出版可谓一波三折，一言难尽，最终得以付梓，已属幸运。感谢课题匿名评审专家对初稿提出的修改意见，本书正是在吸收专家意见的基础上反复修改而成，尤其是在概念使用、体系结构、观点论证等方面较初稿有着质的变化。当然，由于学科间的隔阂、学术观点的分歧及其他方面的原因，本书无法采纳全部修改意见，亦对一些评价观点持保留态度，是否得当，留给时间去检验吧。

本书的写作和出版得益于诸多师友的支持和帮助，没有他们的鼎力相助，或许将无法面世。特别感谢江西财经大学法学院的谢小剑教授、周维德教授、熊云辉副教授，北京大学医学人文研究院的王岳教授，他们为本书的修改提出了许多颇具见地、富有启发的建议。衷心感谢江西师范大学政法学院院长沈桥林教授在工作、科研方面给予的支持，尤其是为本书写作所提供的帮助和建议。资料匮乏一直是制约本书比较研究难以深入展开的重要原因，感谢西政校友丁书怡律师在繁忙学业的间隙为我查找德文文献，以解德国文献匮乏的燃眉之急。台南医院陈俞沛主任百忙中帮忙查找了台湾地区的最新文献，为本书第三章和第六章的写作提供了宝贵的参考文献，在此表示诚挚感谢。我的研究生肖沁、孙亚茹、张颖雅、认真校对了书稿，李昌灵整理了参考文献，待本书出版时，他们中的多数已经陆续毕业，愿他们都有美好的前程。

特别感谢中国政法大学大健康法治政策创新中心（以下简称"中心"）提供的出版资助，感谢中心评审委员会专家公平、公正的评审，以及中心闫俊波老师的热心帮助。衷心感谢中国政法大学出版社艾文婷编辑的辛苦付出，尤其是在本书出版面临波折时所作出的努力和争取。

写作不易，出版亦难。在学术评价"唯论文"的当下，潜心写作一部专著似乎已经不是高"性价比"的选择。感谢自己的执着——在如此小众的领域坚持了十年！希望下一个十年能够在更广阔的领域有所收获。

陈绍辉

2022 年 8 月 15 日